中国社会科学院创新工程学术出版资助项目

中韩房地产研究

STUDIES ON THE REAL ESTATE
IN CHINA AND SOUTH KOREA

李景国　尚教蔚　李恩平　李奇伶　◎著
徐昇焕　孙在英　曹　满　郑义澈

社会科学文献出版社
SOCIAL SCIENCES ACADEMIC PRESS (CHINA)

前　言

同属东北亚的中国和韩国，不仅在地理上相邻，而且在文化等方面也有诸多相似甚至共同之处。韩国深受中国儒家文化影响，至今仍在诸多方面保持着儒家传统文化，中韩两国因此被许多人认为同属于儒家文化圈。两国的经济都在较短时期快速发展，韩国于 1962 年开始实施第一个五年经济开发计划，其后经济一直保持持续增长；中国 1978 年实施改革开放并建立市场经济体系后，经济也进入持续快速增长期。中国与韩国在房地产发展过程中，基本影响因素也有很多相似点。韩国房地产发展时期正处于城镇化加速阶段，1960 年韩国城镇化水平为 28%，1975 年提高到 48.4%；1990 年达到 74.4%；中国也正在经历快速城镇化过程。两个国家同样具有人口密度大、土地资源紧张的特点。更为重要的是，在房地产市场监管等方面，中国与韩国也有许多相似之处，其中最重要的是两国政府都干预市场。韩国房地产已经走过的路，在许多方面或许可以给我们启示。

正因为在文化特别是房地产的发展、监管等方面的诸多相似性，在进行房地产中外对比研究时，许多人希望选择韩国作为对比借鉴对象。加之韩国房地产市场发展远早于中国，也有许多人希望在前瞻中国房地产时参照韩国。但是，关于韩国房地产的中文资料或研究并不多见。几年来，我们与韩国开发研究院、韩国建国大学等学术机构的房地产研究专家、学者一直进行学术交流，希望为提供韩国房地产的研究做出一点贡献。2010 年 10 月，我们与韩国同行商定携手开展中韩房地产研究，本书正是这一合作研究的成果。同时，为深化研究和交流，2011 年 8 月中韩双方学者在中国社会科学院举办了中韩房地产学术研讨会。

中国社会科学院亚洲研究中心对本研究工作和中韩房地产学术研讨会给予了资助，在此表示十分感谢。

感谢中国社会科学院、中国社会科学院国际合作局、中国社会科学院亚洲研究中心、中国社会科学院科研局和中国社会科学院城市发展与环境研究所的有关领导对中韩房地产学术研讨会给予的支持。

感谢中国社会科学院研究生院当时在读的韩国留学生（博士研究生）李奇伶先生，为中文、韩文稿件互译付出的辛劳。

本研究由中国社会科学院城环所李景国主持，中国社会科学院城环所尚教蔚、李恩平、李奇伶，韩国开发研究院曹满，韩国建国大学孙在英和郑义澈，韩国延世大学的徐昇焕共同于 2011 年完成，由李景国对全文统稿。出版前作者对稿件做了一些修改，由李景国再次统稿。各章节执笔人分别是：第一章徐昇焕，第二章孙在英，第三章李景国（其中第四节李景国、李奇伶合作），第四章的第一、第二节曹满，第三节李恩平和李奇伶，第五章李恩平，第六章郑义澈，第七章尚教蔚。

房地产涉及社会、经济、土地资源等各种因素，又是生活的基本需求，与人们的切身利益息息相关，而人们的价值取向、知识背景、收入水平、购房意愿、购房目的等方面的差异，导致对房地产问题的认识存在差异，作者的认识也难免存在各种局限，使本书可能存在这样那样的不足，敬请指正。

李景国

2013 年 4 月

Preface

China and South Korea, both in Northeast Asia, are not only neighboring countries, but also similar or even share commonality in culture and other aspects. South Korea has been deeply influenced by Chinese Confucian culture, and it keeps many traditional Confucian cultures; therefore, China and South Korea are considered by many people to belong to the Confucian cultural circle. These two countries both experienced rapid economic development in a relatively short time. In 1962, South Korea started its first "Five – year Economic Development Plan", and after that its economy has maintained sustained growth. While after China implemented "Reform and Opening Up" in 1978 and established the market economy, its economy also entered into a period of sustained and rapid growth. During the real estate development process in China and South Korea, there are many similarities between the two countries in the basic impact factors. The real estate industry of South Korea developed at a time of accelerating urbanization, with urbanization levels of 28% in 1960, 48.4% in 1975 and 74.4% in 1990. China is also experiencing rapid urbanization. What's more, both countries are characterized by high population density and severe strain on land resource. More importantly, in regulating the real estate market, China and South Korea also have many similarities, the most important of which is that both countries' governments intervene in the market. In many aspects, we can learn from the experience of South Korea in real estate.

Because of these similarities of culture, especially in real estate development and regulation, many people want to choose South Korea as a reference in international comparative studies of real estate. In addition, the development of South Korea's real estate market happened much earlier than in China, so there are many people who want to take it as a reference in forecasting for China's real estate. However, the amount of materials and studies on this topic in Chinese is very limited. In recent years, we and experts and scholars in real estate research from Korea Development Institute, Konkuk University and other academic institutions have engaged in academic exchanges, hoping to make some contribution to studies on South Korea's real estate.

In October 2010, we agreed with our counterparts in South Korea to carry out studies on the real estate in the two countries, and this book is just a result of that cooperative research. Meanwhile, in order to deepen the research and communication between the two countries, "Academic Symposium on Real Estate of China and South Korea" was held in August 2011 attended by scholars from both sides at the Chinese Academy of Social Sciences (CASS).

We owe special thanks to Centre of Asian Studies of CASS for funding this research program and the Academic Symposium on Real Estate of China and South Korea.

We are also indebted to the leaders from the Chinese Academy of Social Sciences, Bureau of International Cooperation of CASS, Centre of Asian Studies of CASS, Bureau of Scientific Research Management of CASS and Institute for Urban and Environmental Studies of CASS for their support to the Academic Symposium on Real Estate of China and South Korea.

We also thank Mr. Li Qiling for his hard work in translating this book between Chinese and Korean. At that time he was a PhD student in the Graduate School of CASS from South Korea.

Real estate involves various factors, such as society, economy and land resources, and it is also a basic necessity of life. However, different people have different values, knowledge background, income levels, purchasing will and purposes, so they have different understandings of the real estate problems. Therefore, these authors are inevitably limited in their understanding, and the book could certainly be better than it is. We welcome your comments.

Li Jingguo

April 2013

目　录

◉ 第一部分　房地产市场 ◉

◉ 第二部分 房地产政策 ◉

◉ 第三部分 住房保障 ◉

Contents

● Part I Real Estate Market ●

第一部分　房地产市场

第一章
房地产景气与价格变动因素：
宏观视角分析

第一节　房地产市场与宏观经济

一　理论基础

在分析房地产市场与宏观经济变量之间的关系时，主要采用房地产价格作为房地产市场的相关变量。房地产价格的波动影响总需求与总供给，从而对 GDP 和物价等诸多宏观经济变量产生影响；反过来，宏观经济因素的变化也会影响房地产价格。

1. 房地产市场对总需求产生影响的路径

国民经济的总需求包括消费、投资、政府支出与净出口。这里所谓的消费、投资、政府支出与净出口，在不特别说明是"名义数值"的时候，均为实际数值。

房地产价格变动影响消费的路径是通过财富效应（Wealth Effect），即房地产价格上升，房地产的实际价值也随之上升，这会导致消费的增加，这种效果无论如何处置房地产都会出现。当然财富效应引起的消费增加，在资产增值部分变现的可能性越大时增加得越快。徐昇焕

（1994）对韩国的研究结果显示，土地价格上升主要导致以非耐用品为主的民间消费增加。而采用了不同分析方法的金炳和、文素祥（2001）、尹圣勋（2002）、郑汉永（2003）等的研究，也得出了1990年以后房地产价格确实引起了财富效应的结论。金世浣（2009）建立STAR模型进行了Granger-Sims因果关系检验，也证实了住房价格对消费产生动态影响。

这样的财富效应在其他国家也很常见。米尔鲍尔（Muellbauer，1990）在研究中发现，20世纪80年代英国住房价格上升，住房相关贷款增加，通过资产增值抵押借款（Equity Withdrawal）促使耐用品的消费增加。而日本在1970～1988年，土地资产总额每增加10%，消费就增加1.14%。此外，土地资产增值对消费影响最大的时期就是泡沫经济达到最高潮的1987～1988年。

消费和储蓄犹如一枚硬币的两面，房地产价格的变动也给储蓄带来影响。一般来说，房地产价格上升，低于房地产收益率的金融储蓄会减少。从韩国来看，住房价格大幅上涨的1988～1990年，平均储蓄率从31.7%减少到30.7%，将收入的45%以上用来储蓄的家庭的比重从22.7%下降到18.8%。

投资可以分成设备投资和建设投资，建设投资包括住房建设投资、非住房建设投资以及其他建筑投资。房地产价格上升理论上会导致设备投资的增加或减少。在名义利率不变的情况下，房地产价格上升引发一般物价上涨时，实际利率的下跌会引起设备投资的增加。相反，在名义设备资金贷款不变的情况下，房地产价格上升导致一般物价上涨时，实际设备资金贷款下跌，设备投资减少。在韩国，后者的效应强过前者，所以房地产价格上升导致设备投资减少。房地产价格之一的土地价格上升时，作为生产资料之一的土地的投入成本增加，因此住房建设投资、非住房建设投资以及其他建筑投资全部减少。

房地产价格的上涨导致一般物价上涨时，出口竞争力下降，出口减少，财富效应导致进口增加。因此净出口减少，这就意味着国际收支恶化。综上所述可知，房地产价格的上涨是导致总需求曲线（Aggregate Demand Curve）

向右上方移动的原因。

2. 房地产市场对总供给产生影响的路径

一般来说，房地产价格上升会使总供给曲线（Aggregate Supply Curve）向左下方移动，其具体路径如下：住房价格上涨会使购房的希望落空，导致劳动生产率下降。此外，住房价格上升也会使劳动者的生活开支增加。在劳动生产率低下的情况下，如果为了补贴劳动者的生活开支而加薪，则会抬高生产成本，企业活动可能受到打击。

商用建筑和工厂用地的价格或租赁费的上升大幅高于土地生产力时，会导致生产成本的增加。此外，对于需要一定规模用地的行业，土地价格上涨会将进入门槛拉高。这就会导致市场垄断和寡占现象日趋严重，使得资源分配的效率低下，产出物的价格也可能上升。

房价上涨阻碍了劳动力的地区间流动，会造成各地人力供需不平衡，从而对实际工资产生影响。譬如，劳动力需求大的地区租赁费上涨的话，即使劳动力供不应求，其他地区的劳动力也很难转移到此地。因此一些地区出现劳动力供不应求，另一些地区则出现供大于求，导致资源分配的扭曲。有报道称，20 世纪 90 年代初，英国的失业率就因此上升了 2 个百分点［世界银行（1993）］。

3. 宏观经济对房地产市场产生影响的路径

对房地产市场产生影响的宏观经济变量中最具代表性的就是实际收入和一般物价等。实际收入增加会使住房用地和工厂用地等的需求增加，从而推动相关房地产价格的上涨。一般物价上涨时，作为对冲通货膨胀（Inflation Hedge）的手段，房地产的需求增加，房地产价格也因而上涨。

综上所述，一般来说，房地产价格和宏观经济变量是互相影响的。1975～2007 年，韩国住房价格、土地价格、名义 GDP 和消费者物价指数（CPI）变动率之间的相关系数如表 1－1 所示，从中可知各变量在 5% 的显著性水平之内有着很强的相关关系。

表 1 - 1　房地产价格和宏观经济变量之间的相关关系（1975 ~ 2007 年）

指标	1975 ~ 2007 年			
	住房价格	土地价格	名义 GDP	CPI
住房价格	1.00			
土地价格	0.76 *	1.00		
名义 GDP	0.76 *	0.74 *	1.00	
CPI	0.71 *	0.40 **	0.71 *	1.00

注：①各变量是变动率。
　　②＊表示显著性水平为1%，＊＊表示显著性水平为5%。
　　③参见徐昇焕、金京焕：《城市经济》，弘文社，2010，第4版。

二　实证分析

采用宏观经济数据对房地产市场进行分析可以分宏观视角和微观视角分析。宏观分析就是考虑房地产市场来建立宏观经济计量模型，微观分析虽然也使用宏观经济变量，但是一般只用于个别回归方程中。

1. 宏观分析

在韩国，首先将房地产纳入宏观经济计量模型的，是徐昇焕、韩成信（1992）的模型。该模型包括总需求、对外贸易、物价与工资、总供给4个方面的26个随机方程式和17个恒等式。其中采用了将土地价格除以一般物价得到的相对土地价格作为消费函数的解释变量，将住房价格作为内生变量，并将住房建设和非住房建设的投资函数分开计算。在工资和就业方面，特别考虑到，将建筑业的工资作为建设工程费用和建设许可面积的函数。

在这一联立方程模型中，着重考虑住房投资对于总需求的影响，单独考虑住房部门时，住房新建会增加住房供给量，使住房价格下跌。但是，这一模型的一般均衡分析的结果与此不同，住房投资增加、总需求也增加时，实际 GDP 提高，会使一般物价上涨。而土地价格由一般物价和建筑许可面积决定，而住房价格从长期来看，由一般物价、建筑许可面积、住房建设费用决定，短期也受土地价格的影响，因此新建住房的增加从长期来看会导致住房价格的上涨。这一模型的模拟试验结果显示，住房的建筑许可面积每增加 10%，住房价格短期会上涨 1.4%，长期会上涨 2.0%。

徐昇焕（1994）的模型囊括了对外贸易、总需求、物价与工资、总供给与雇佣、金融、财政共 6 个方面的 41 个随机方程式和 35 个恒等式。以住房建设投资、非住房建设投资、其他建设投资、住房价格、土地价格等作为内生变量。这一模型的模拟试验结果显示，土地价格上涨导致非耐用品消费的增加，刺激建筑业的发展使国民收入增加。但是从长期看，土地价格上涨推动一般物价大幅上涨，阻碍设备投资，导致出口减少、进口增加，从而致使国际收支恶化。

韩国银行研究人员构建的模型包括最终需求、财政、金融、对外贸易、股票、房地产、工资与物价、劳动及生产共 8 个方面的 60 个随机方程式和 37 个恒等式。模拟实验结果显示，土地价格涨幅大大高于一般物价时，耐用品消费支出、建设投资、设备投资、现金货币需求增加，而个人储蓄存款的需求和企业的货币总需求减少。

根据这一模型，土地价格由 GDP、CPI 的预期涨幅和金融资产的实际价值所决定，土地价格上涨，则股价下跌，可见这两种资产为相互替代的关系。但是这一模型中没有考虑货币供应量、利率和汇率等主要的宏观经济变量对土地价格的影响，联立方程体系难以成立。韩国银行研究人员的后续研究中的宏观计量模型也沿袭了上述思路。

2. 微观分析

微观分析一般以宏观经济变量来解释房地产价格的变动。具体分析方法十分多样，包括简单回归分析，格兰杰－西姆斯（Granger-Sims）因果关系检验，VAR 模型等。但是，上述研究中采用的宏观经济变量也都局限于一定范围，主要有物价、利率、货币供应量、股价、经济增长率、工资、汇率等。

综合关于房地产价格的决定因素的研究，影响房地产价格变动的因素可以归为两类：一类是市场基本面价值（Market Fundamental），另一类是资产选择行为。市场基本面价值的波动引起房地产价格的变化，指的是作为生产要素的土地的需求变化引起的土地价格变动，这一类最具代表性的经济变量无疑是经济增长率。也就是说，经济繁荣，经济增长率上升，对作为生产要素的土地的需求就增大，市场基本面价值相应提升，土地价格也随之上涨。

资产选择行为带来的房地产需求源于对资本收益的期待。也就是说，对土地、住房、股票和债券等各种资产进行选择的结果，影响了对房地产的需求，这种需求的变化导致房地产价格的起落。股价上扬，对房地产的需求增加有滞后影响，这一结果已经为多次实证分析所证实。与资产选择行为相关的变量主要包括股价波动率、利率等。

将利率作为解释变量时，可以有两种解释。第一，上调利率意味着债券价格的下跌，作为替代资产的房地产需求会减少，从而导致房地产价格下跌。第二，调高利率会加重房地产购买费用，会导致房地产的需求萎缩，从而引起房地产价格下滑。

对于房地产是否具有对冲通货膨胀的功能，实证分析结果显示，不同期间的数据结果相异。普遍的结论是，一直到房地产价格泡沫较多的 20 世纪 80 年代末，确实可以认为有对冲通货膨胀的功能，但是从房地产价格趋向稳定的 90 年代初开始，就难以发现其具有对冲通货膨胀的功能。

出于上述考量，徐昇焕（2003）对于土地价格波动率 P_t 的计算结果如下：

$$P_t = -6.8949 + 0.7034Y_t - 0.7419Y_t \times SD + 0.1374PS_{t-2} +$$
$$\quad\ (2.93)\quad\ (2.67)\qquad (2.25)\qquad\quad (3.82)$$
$$0.0667PS_t \times SD + 0.3569CPI_t + 2.2316CPI_t \times SD -$$
$$\quad (1.68)\qquad\qquad (1.98)\qquad (6.06)$$
$$0.1756R_{t-1} + 0.2089R_{t-2} \times SD + 0.3706P_{t-1}$$
$$\quad (2.18)\qquad\ (1.68)\qquad\quad (4.18)$$

$$DW:1.63 \quad adj-R^2:0.9105$$

这里的 R_t 是 3 年期公司债收益率的上年同比变动率，Y_t 是实际经济增长率，CPI_t 是消费者物价指数的上年同比变动率，DW 值是 Durbin-Watsond 统计量，$adj-R^2$ 是根据自由度调整后的决定系数，括号里的数值分别显示的是 t 统计量，SD 是房地产经济周期处于上升期的斜率虚拟变量（Slope Dummy Variable）。具体而言，SD 值在 1975 ~ 1978 年、1987 ~ 1989 年以及 1999 ~ 2002 年为 1，其他时期为 0。

回归分析的结果显示，各经济变量对 P_t 的影响随着房地产经济周期的不同阶段而有所不同。Y_t 在下行期的系数为 0.7034，而在上行期的系数则为 $0.7034 - 0.7419 = -0.0385$。$Y_t$ 的系数 0.7034 和 $Y_t \times SD$ 的系数 -0.7491 都具有统计显著性。正负符号相反，绝对值的大小接近，可见房地产上行期的系数在统计上几乎为 0。也就是说，在下行（衰退）期，作为生产要素的土地的需求是影响土地价格上升率下跌的因素，但是到了上行（扩张）期，即使经济增长率增大，对于土地价格上升率也没有什么影响。笔者认为出现上述现象的原因是，在上行期，资产选择行为因素的效果要大大高于市场基本面价值的因素。

R_t 的系数在下行期为 -0.1756，上行期为 $-0.1756 + 0.2089 = 0.0333$，也可以看作上行期的系数接近 0。也就是说，在下行期，降息成为刺激土地价格上升率的因素，但是到了上行期，即便升息，也难以影响土地的需求从而引起土地价格的变动。

股市行情节节高攀时，对土地价格上升有滞后的影响，其效应在上行期更为显著。也就是说，资产选择行为对房地产市场影响的程度在房地产市场处于上升期时更明显地表现出来。通货膨胀也会出现类似的结果，但是其意义有区别。下行期对冲通货膨胀的功能很弱，但是在上行期，这种功能就很强。上述结果提醒我们，仅仅凭借对房地产经济周期处于下行期的 20 世纪 90 年代初、中期的数据得出土地具有对冲通货膨胀功能的话，有可能会得出错误的结论。而构建 Fama、Schwertz（1977）模型对 1992 ~ 2008 年韩国住房市场的数据进行实证检验的崔熙甲、林炳俊（2009）则发现，韩国住房市场反而具有负的对冲通货膨胀的功能。

第二节　房地产经济周期

一　理论基础

与一般的经济周期相同，房地产经济周期（景气循环）指的是房地产市场随着时间的变化而出现扩张和收缩交替反复运动的过程。解释房地产景气的理论模型是主要通过由市场预期（Expectation）、开发时差和市场弹性等因素构成的存量－流量模型（Stock-flow Model）来判断房地产周期波动。存量－流量模型的一般结论就是房地产经济是否存在周期波动基本上依据的是预期机制（Expectation Mechanism）。也就是说在适应性预期（Adaptive Expectation）或短视价格（Myopia Prices）的情况下，房地产景气存在周期波动的可能性很大，而在合理预期（Rational Expectation）或完全预测（Perfect Foresight）的情况下，则不存在房地产周期波动。

在合理预期的情况下，房地产价格的解释变量能预测周期波动，房地产周期波动也可能存在。此外，即便是在完全预测的情况下，预测也存在不确定性，贷款资金筹措或多个承租人等外生结构因素也会影响到房地产市场的运用，考虑长期反馈（Feedback）关系时，房地产经济周期也可能存在 [Wheaton（1999）]。

二　房地产经济周期的认识对象

对于能否识别出不同于一般经济周期的房地产周期波动的相关研究主要以房地产收益率相关变数为分析对象。因为种类繁多，问题就在于采用何种收益率。有采用 Cap Rate [Roulac（1978），Ambrose & Nourse（1993）]、采用加权方程（Value-weighted Equation）构建收益率时间序列（Time Series）[Liu、Grissom & Hartzell（1990）]、采用投资模型 [Ricks（1969），Guntermann & Smith（1987）]、采用加权收益率 [Sirmans & Webb（1980），Liu、Grissom & Hartzell（1990）]、采用特定产业的收益率 [Liu & Mei（1992）] 和间接收益率 [Burns & Epley（1982），Webb & Rubens（1986），Gyourko & Siegel（1994）] 的，等等。

关于构建房地产经济周期的实证分析模型，可以按房地产经济周期相关变量中想强调的变量的不同，分为各种类型。有强调物价上升等宏观经济层面的 [Liu、Hartzell、Greig & Grissom（1990），Phyrr、Born & Webb（1990），McCue & Kling（1994）]，有强调利率等资本市场情况的 [Sagalyn（1990），Mueller（1994），Mueller & Pauley（1995）]，有强调投资收益率的 [Liu &

Mei（1992），Born & Phyrr （1994），Gyourko & Siegel （1994）]，也有强调所得税和资本收益的模型［Grenadier（1995）]，以及强调结构性变化的模型［Grissom & DeLisle（1999），Khoo、Hartsell & Hoesli（1993）]，等等。

韩国学界前人的研究也没有超越上述范畴，而且研究数量也不多。关于韩国房地产经济周期的既有研究也主要侧重于解释房地产经济周期的识别和决定因素。在分析房地产周期波动的时候，可以将货量和价格都作为房地产周期波动的研究对象。大部分的研究都将土地价格和住房价格的波动率作为分析的对象，但是金宽永（1998）则将新建住房供应量作为分析对象。上述所有研究成果都认识到房地产的周期波动，但是对于房地产经济周期的严格的定义、采用计量经济学方法的严密性、对于周期识别等的研究都处于初级阶段。

研究房地产经济周期的论文都对影响房地产经济周期的变量进行了论述，其中几乎包括所有的宏观经济变量，而共同采用的变量包括经济增长率、利率、股价、一般物价和其他房地产价格等。

三　对房地产经济周期的认识方法

以房地产价格为对象来把握房地产经济周期，首先要从第一手资料中提取出反映周期波动的数据。主要方法有两个：一是采用上年同比变化率；二是从时间序列中剔除趋势成分，留下周期成分。对于上年同比变动率显示出循环波动的方法就无需赘言了。

将时间序列数据分解为平稳变化的趋势成分和周期成分有多种方法。金宽永（1998）以回归分析法求出趋势值之后，从时间序列数据中除去趋势成分，求出了周期变动值。具体而言，对于原时间序列 X_t，以 $X_t = \exp(a + bt + ct^2)$ 求出趋势值。而有的学者则采用了 Hodrick-prescott 滤波法。在分析一般经济周期时，采用 HP 滤波法的情况很常见。

HP 滤波法是在趋势值的变动率不超过一定限度的前提下，通过最小化原时间序列和趋势值之差的平方来找出一个光滑的时间序列。假设 X_t 为 t 期的原时间序列，τ_t 为 t 期的趋势值，r_t 为 t 期的周期波动值时，τ_t 可以通过以下方程式求解。

$$\min \sum (x_t - \tau_t)^2$$

$$\text{s. t. } \sum \{(\tau_t - \tau_{t-1}) - (\tau_{t-1} - \tau_{t-2})\}^2 \leqslant \lambda$$

求解上述方程，可得趋势值 $\tau_t = x_t / [\lambda L^{-2} (1-L)^4 + 1]$，这里的 L 是滞后算子（Lag Operator）。而周期波动值 $r_t = HP(L) x_t$，这里的 $HP(L) = \lambda L^{-2} (1-L)^4 / [1 + \lambda L^{-2} (1-L)^4]$，$\lambda$ 的定义规定 $\lambda = 0$ 时，τ_t 为 x_t，$\lambda = \infty$ 时，τ_t 为直线。对于 λ 值的取值，Prescott（1986）假设周期成分的方差是趋势成分波动方差的 1/8，建议年度数据，λ 取 100；季度数据取 1600，月份数据取 14400。

在采用上年同比季度变动率分解出趋势值，并找出光滑的时间序列的方法中，从实用性的角度判断什么是更恰当的方法，可以说取决于原时间序列数据的特性。但是相当多的时候，在把握周期以及顶点和底点等时可能没什么差异。为了确认这一点，让我们来看一看 1987 年 1 月~2010 年 2 月韩国的住房买卖价格指数。

在图 1-1 中，P_1 是住房价格对比上年同比月变动率，P_2 是用 HP 滤波除去趋势成分后得到的住房买卖价格的周期波动成分。P_1 和 P_2 存在细微差异，但是可以推测，在识别波动周期上没有什么差别．事实上，用菲利普斯－佩荣单位根检验（Philips-Perron Test）时，可以发现 P_1/P_2 值为 -16.35，大大超过了 1% 的显著性水平上的 -3.44，可以认为是白噪声。

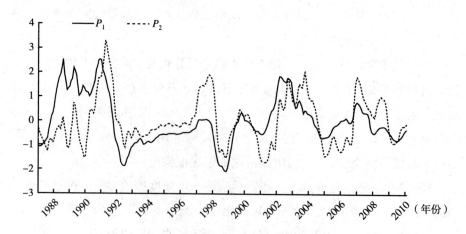

图 1-1 房地产经济周期认识方法的差异

四　周期的判定方法

分解出房地产相关的时间序列的周期波动部分后，进行的工作是识别顶点和底点，并由此来判断波动周期。在韩国，大部分的研究都是观察周期波动图识别出顶点与底点后做出判断。但是从图 1－1 中可见，周期波动的形态相当复杂的时段，不依赖特定的标准而只凭肉眼的观察来决定顶点与底点的话，有可能过于随意。

为了减少这种随意性，需要利用有体系地判定顶点与底点的方法。徐昇焕（2003）的研究中判断顶点与底点的过程如下：首先观察上年同比土地价格上升率 $P_t = (P_t - P_{t-1}) \times 100/P_{t-1}$ 的图形，找出可能存在的拐点。此时，可能会发现一个明确的拐点，也可能发现 2 个以上不太明确的拐点。这两种情况确定拐点的方法不同。

首先来看图形上可以判断出拐点仅为 t^* 的情况，以 $P_t = \alpha_0 + \alpha_1 t$ 进行回归分析，检验 t^* 是否确实为拐点。第一个时点为 1，t^* 为第一个可识别的拐点的时候，以 $3 \leqslant t \leqslant (t^* + k)$ 的时段为对象进行回归分析。对 t^* 之后的时段进行回归分析时，α_1 的显著性水平明显提高或 α_1 的符号改变时，可将 t^* 视为唯一的拐点。

第二种是能识别出两个以上拐点的情况．这在以下情况时可能发生：以 t^* 之后的时间为对象进行回归分析，比如，到 $t^* + h$，显著性水平提高，之后系数的符号不变，而且 α_1 的显著性水平又降低（$h < k$）。对于这种情况，t^* 以外还能识别出其他拐点 t^{**}（$t^* \leqslant t^{**}$）。假定识别出 t^0 这一拐点后，通过回归分析来判定其后的拐点的过程中，能识别出 t^* 和 t^{**} 两个拐点。对于这种情况，拐点可以根据标准的检验程序来判定样本期间内是否能够识别出拐点。

以 $t^0 - t^{**}$ 为样本期间，以递归最小二乘法（Recursive Least Square）得到的递归残差（Recursive Residuals），进行递归残差检验。t^* 的递归残差不到标准差的 2 倍的话，无法将 t^* 视为拐点。为了提高检验的稳健性（Robustness），同时进行 CUSUM 检验和 CUSUMSQ 检验。如果检验统计量都在 5% 的显著性水平之内，可以视为样本期间内不存在拐点。在上述三项检验中，两项以上的检验中 t^* 不能视为拐点的话，就可断定 t^* 不是拐点。

按照上述步骤，从图1-2中所显示的1974~2002年的土地价格上升率数据来寻找拐点的结果列于表1-2。判定的结果与仅凭肉眼观察图形得到的结果不尽相同。

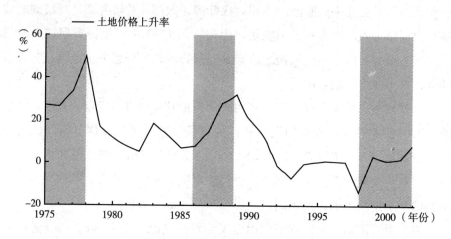

图1-2　韩国土地市场的周期波动

表1-2　土地价格波动的顶点与底点

年　度		1978		1986		1989		1998		2002
顶点、底点	↗	顶点	↘	底点	↗	顶点	↘	底点	↗	顶点
循环周期	上行（3年）		下行（8年）		上行（3年）		下行（9年）		上行（4年）	

第三节　房地产价格预测模型

房地产价格预测模型包括纯粹时间序列模型、结构式模型和基于先行指标的模型等，这些模型都有各自的优缺点。

一　时间序列模型

建立基于纯粹时间序列数据的模型的方法包括 ARIMA 模型和 VAR 模型等。在韩国，以纯粹时间序列模型来预测房地产价格的研究也没有突破国外研究中设定的范围。

1. ARIMA 模型

假设对 x_t 进行 d 次差分得到的变数 $y_t = (1-L)^d x_t$ 是一个平稳的时间序列，t 期的误差项为 ε_t，那么 x_t 的 ARIMA (p, d, q) 模型如下。这里的 L 是滞后算子，$L^k x_t = x_{t-k}$。

$$\rho(L) y_t = \theta(L) \varepsilon_t$$

其中，$\rho(L) = 1 - \rho_1 L - \rho_2 L^2 - \cdots - \rho_p L^p$，$\theta(L) = 1 + \theta_1 L + \theta_2 L^2 + \cdots + \theta_{qp} L^q$。可利用 $\rho(L)$ 和 $\theta(L)$ 的推算结果求预测值，ARIMA 模型必须要以平稳的时间序列为对象建立。由此可知，在发生亚洲金融危机等外部经济环境急剧动荡，或房地产政策出现根本性变化等情况时，时间序列本身发生根本性的变化，预测能力会急剧下降。

采用 ARIMA 模型进行实证分析的例子包括以公寓买卖和传贳①价格为数据进行的研究，以及以住房买卖和传贳价格为分析数据进行的研究。研究结果显示，ARIMA 模型比状态空间模型和传递函数模型的预测能力低。这一结果，在房地产政策对房地产市场影响较大的韩国住房市场环境下，是显而易见的。

2. VAR 模型

VAR 模型基本上呈以内生变量的前期值和外生变量来解释几个内生变量的形态。假设 y_t 表示以 t 期的 k 个内生变量观测值构成的 $(k \times 1)$ 维向量，x_t 表示 t 期的 d 个外生变量观测值构成的 $(d \times 1)$ 维向量，$(k \times k)$ 维矩 A_i 是内生变量相关的系数矩阵，$(d \times d)$ 维矩阵 B 为外生变量相关的系数矩阵，ε_t 是 $(k \times 1)$ 维随机误差向量，则 VAR 模型可以用下式表示。

$$y_t = A_1 y_{t-1} + A_2 y_{t-2} + \cdots + A_p y_{t-p} + Bx_t + \varepsilon_t$$

---

① "传贳"是韩国特有的房产物权制度，是非常普遍的一种租房方式。房客在签约入住时交给房东一定额度的押金（传贳金），合同期满后，房东则将全部传贳金返还给租户。传贳合同一般两年有效，双方可以协议续签。在合同有效期内，房客无须再向房东交任何房租，即获得房屋的使用权。——译者注

在该模型中要估算 A_1, …, A_p 和 B，估算结果因 K 个内生变量如何排序、滞后阶数 p 如何取值等而不同。为了使推算过程的随意性最小化，先进行 Granger-Sims 因果关系检验，利用检验结果来决定内生变量的顺序，也可采用赤池（Akaike）信息、施瓦茨（Schwartz）等准则来确定恰当的滞后阶数。但是，我们依然难以否认即便进行这样的检验过程，也无法完全排除随意性。

以 VAR 模型计算 A_1, …, A_p 和 B 时，可利用内生变量的前期值 y_{t-1}, y_{t-2}, …, y_{t-p} 和外生变量 x_t 的预测值来求 y_t 的预测值。为了评估预测值是否适当，一般可以通过不在样本期间的、可以利用的期间之外（out of sample）的预测值而求得的均方根误差（Root Mean Square Error，RMSE）值等来求解。

除了用于预测，VAR 模型的推算结果也用于判断变量的性质，为此，可采用方差分解分析和脉冲响应分析等。方差分解是将系统中每个内生变量的波动（K 步预测均方误差）按其成因进行分解，分析每一结构对内生变量变化的贡献度。脉冲响应函数描述的是 VAR 模型中的误差项发生变化时给其他内生变量所带来的动态影响。

以 VAR 模型对韩国房地产市场进行分析的研究包括：李周用（1992），徐昇焕（1993），姜元喆、金福顺（1997），金甲星、徐昇焕（1999）、Kim Ilkwon（1999），尹珠贤（2001），Son Jeongsik、金宽永、Kim Yongsun（2002）等。徐昇焕（1993）采用住房价格变动率、土地价格变动率、消费者物价变动率、通货膨胀率、矿工业工资上升率、股价变动率等建立 VAR 模型。姜元喆、金福顺（1997）则采用了土地价格变动率、货币供应量、人均 GDP、利率、汇率等。徐昇焕、金甲星（1999）采用实际 GDP 增长率、股价变动率、利率变动率、GDP 平减指数上升率、矿工业工资上升率、货币供应量（M3）的变动率、建筑许可面积变化率等。而 Son Jeongsik、金宽永、Kim Yongsun（2002）等则采用土地价格、住房买卖和传贳价格、实际 GDP、货币供应量、消费者物价、股指、利率、对美元的汇率、失业率、建筑许可、建筑投资、土地交易等数据。

一般来说，VAR 模型的预测误差比 ARIMA 模型小，预测能力更佳。进行脉冲响应分析时，受到脉冲的响应方向基本上与理论一致。也就是说，调息时房地产价格上升率下跌，股价、经济增长率等上升时，房地产价格上升率也上升。此外，从长期看，冲击的影响一般呈现收敛形态。采用方差分析研究中，徐昇焕、金甲星（1999）的结果显示，土地价格、住房买卖价格、住房传赁价格能解释资产和房地产价格变动的大部分方差，而实际 GDP、股价、利率等的解释力则很弱。

有的研究结果也显示，住房买卖价格和住房传赁价格能解释大部分自身的变化，但是土地价格和实际 GDP 对地价变动率的解释力相似。然而，我们可以推测，这是没有将住房买卖价格等相关房地产价格包括在 VAR 模型内的结果。

一般而言，VAR 模型的预测能力比 ARIMA 模型强，但是不如结构式模型或包括先行指标的结构式模型。此外，即使事先知道政策的变化也无法反映到预测中去，因此像韩国这样受政策影响大的房地产市场，采用纯粹时间序列模型来预测存在根本上的局限性。

二　结构式模型

结构式模型包括基于 Hedonic 价格模型的模型、回归分析模型和宏观计量模型的模型。这些结构式模型中采用的解释变量有雇佣水平、预期通货膨胀率、收入、人口和按揭贷款（Mortgage）支付额等，这些解释变量中考虑的中长期解释因素主要是人口。有些极端观点认为，目前的成年人口会影响今后 20 年间的住房价格变动，但是对此仍有争议。

结构式模型包括回归分析模型和宏观计量模型。在韩国学界，基于结构式模型的研究中有仅由几个回归方程建成的小规模模型，也有由 100 多个结构方程式和恒等式组成的中等规模的宏观计量模型。但是不管哪种模型，都共同将有理论依据的宏观经济变量作为房地产价格的解释变量。利用构建的结构式模型，可以基于外生变量的预测值来预测房地产的价格，也可以进行模拟实验（Simulation），把握外生变量的变动引起的房地产价格波动的方向和程度。

各个模型中使用的变量如下：金宽永、Choe Beomsu 采用了住房投资、住房买卖价格上升率、民营住房资金贷款、国民住房基金贷款、消费者物价指数等。孙炅焕、金惠承则采用收入、货币供应量、住房建设工程费用指数、宅地供应量、住房建设量、住房买卖价格指数、住房传贳价格指数、住房资金贷款、住房投资等。徐昇焕使用的变量包括土地价格、住房买卖价格、住房传贳价格、股价、货币供应量、建筑许可、住房投资、GDP、消费、汇率、出口、进口、利率、物价、失业率等。

房地产市场主要通过房地产价格变动影响国民经济，同时也受到国民经济的影响。房地产价格上升通过财富效应引起消费的增加，房地产价格上升会使担保价值上升从而促进投资。而作为生产要素的房地产价格上升时，要素投入量减少，从而也可能引起投资的减少。房地产价格的上升推动一般物价上升时，出口减少，进口增加，经常收支恶化。房地产价格变动引起的收入变化会引起房地产需求的变化，从而再次影响房地产价格的变动。也就是说，房地产市场和国民经济其他部门的关系可以构建起联立方程式。

完成结构式模型的建立和推算之后，利用其结果可以进行政策模拟实验，外生变量也可以取一个适当的值对未来进行预测。但进行预测时，如何引进外生变量、调整常数项是个问题。一般而言，大部分只依靠 ARIMA 模型等来决定外生变量预测值，但是对于受政策影响大的外生变量以这种方法预测取值存在局限性，而且对于联立方程形式的宏观计量模型，调整具有一定大小的常数项是个问题。

三　基于先行指标的模型

这种模型是构建先行于房地产周期波动的指标来进行预测的方法。构建先行指标的方法主要包括：NBER 景气指数法、主成分分析（Principal Component Analysis）和利用 Stock-Watson 型景气指数等。

利用 NBER 景气指数法、主成分分析的概念如下：假设 LI_t 是房地产价格变化率 P_t 的 K 阶数的先行指标，则 $P_t = \alpha + \sum_k \beta_k LI_{t-k}$ 成立，而 LI_t 是以几个先行性指标 X_{tm} 构建而成的，因而 $LI_t = \sum_m \gamma_m X_{tm}$ 成立。在这种情况下，为了求得 γ_m，可以采用 NBER 景气指数法或主成分分析等，求得 γ_m 之后，在

t 时点上，$X_{t-1,m}$，$\cdots$，$X_{t-k,m}$ 值可知，所以也可以求得 LI_{t-1}，$\cdots$，LI_{t-k} 的值，因此就可以通过 $P_t = \alpha + \sum_k \beta_k LI_{t-k}$ 来预测 P_t。

利用主成分分析法求解 γ_i 的值，并以此来求得先行指标和 LI_t 的方法（$t = 1$，2，$\cdots$，T）为：假设 X_{tm} 是影响 t 期的 LI_t 的第 m 个因素的值（$t = 1$，2，$\cdots$，T，$m = 1$，2，$\cdots$，M），在这种情况下，对所有时点的先行指标有影响的变量的集合可以用第 i 行第 j 列为 X_{tm} 的（$T \times M$）维矩阵 X 来表示，把 $X'X$ 的第 t 个特征根（Eigen Value）称为 λ_t，λ_t 的特征向量（Eigen Vector）中长为 1 的特征向量称为 E_t 时，E_t 为（$M \times 1$）维向量。

这样定义而得的 E_t 就成为第 t 个主成分，根据 E_t 的定义，$E_t'E_t = 1$ 和 $E_t'E_\tau = 0$ 成立（$t \neq \tau$），X 可以由比 M 小的 n 个主成分来解释，见公式（1 - 1）。

$$X = \sum\nolimits_{(1,n)} E_t' a_t \qquad (1 - 1)$$

其中 $\sum_{(1,n)}$ 指的是 t 从 1 到 n 之和，而 a_t 是可以用 $a_t = X'E_t$ 求得的（$M \times 1$）维向量，根据 a_t 的定义，P_t 可以以公式（1 - 2）表示。

$$E_t = (1/\lambda_t) X a_t \qquad (1 - 2)$$

方程式（1 - 2）是构成 X 的各项因素以 a_t 进行加权平均，对各时点赋予 1 个值。由此可知，E_t 具有作为一个指数的意义，接下来的问题就是利用 n 个主成分，构建起指数 LI。构建指数时考虑各主成分的解释力和各主成分对于各个因素的解释力，进行加权平均。

第 t 个主成分 E_t 的解释力为 $\lambda_t/tr\,(X'X)$。按 E_t 的解释力对主成分进行加权平均时，结果如式（1 - 3）所示。

$$
\begin{aligned}
E_t \text{ 的加权平均} &= \sum\nolimits_{(1,n)} \left[\lambda_i/tr(X'X) \right] E_t \\
&= \sum\nolimits_{(1,n)} \left[\lambda_i/tr(X'X) \right] (1/\lambda_t) X' a_t \\
&= \sum\nolimits_{(1,n)} \left[1/tr(X'X) \right] X' a_t
\end{aligned}
\qquad (1 - 3)
$$

其中 $1/tr\,(X'X)$ 对于所有时点都适用，因此根据 LI 对各时点取值无意义，可以忽略。但是各主成分对于各个因素的解释力不同，因此式（1 - 3）不能照用于 LI。

假设 X_m 为 X 的第 m 列，a_{tm} 是 a_t 的第 m 个元素。此时，第 t 个主成分对

第 m 个因素的解释力为 $a_{tm}^2/(X_m{}'X_m)$，$X_m{}'X_m$ 对所有主成分都适用，a_{tm} 的权值 ω_{tm} 如式（1-4）所示。

$$\omega_{tm} = a_{tm}^2/[\sum i = (1,n) a_{tm}^2] \qquad (1-4)$$

那么第 m 个因素对先行指标的影响程度 W_m 为：

$$W_m = \sum i = (1,n)\omega_{tm}a_{tm} \qquad (1-5)$$

假设 W 的第 m 个元素 Wm 为（$M\times 1$）维向量，那么考虑各主成分的解释力与各主成分的各个因素的解释力的差异进行加权平均得到的指数 LI 则可以如式（1-6）来表示。

$$LI = XW \qquad (1-6)$$

其中 LI 是（$T\times 1$）维向量，则 LI 的第 t 个元素就是 t 时点的先行指标 LI_t。

接下来看一看求解 Stock-Watson 指数，即 SW 景气指数的过程。求解 SW 景气指数的过程可以理解为在同一序列中找出一个因素建立模型的过程。以下方程即构成求解 SW 景气指数的典型模型。

$$Y_t = \beta(B)X_t + \gamma(B)n_t + \zeta_t \qquad (1-7)$$

$$\varphi(B)n_t = \delta + \eta_t, \eta_t \sim i.i.d. N(0,1) \qquad (1-8)$$

$$A(B)\zeta_t = \varepsilon_t, \varepsilon_t \sim MVN(0,\Sigma) \qquad (1-9)$$

其中 B 是滞后算子（Lag Operator），$i.i.d.$ N 为独立同正态分布（Identically and Independently Distributed Normal）。MVN 为多元正态分布（Multivariate Normal）。而 β（B）、γ（B）、φ（B）、A（B）等次数分别为（$n\times k$）、（$n\times r$）、（$r\times r$）和（$n\times n$）的参数矩阵。

在观测方程（Observation Equation）（1-7）中，Y_t 作为（$n\times 1$）维向量，是在 t 期可以观测到的 n 个变量构成的变量向量，X_t 为（$k\times 1$）次的向量，是由能解释 Y_t 的可以观察到的 k 个变量构成的向量。而在状态方程（State Equation）（1-8）中，状态向量（State Vector）n_t 的次数为（$r\times 1$），是由可能无法观察到的变量构成的向量，在这种情况下 n_t 即为 SW 景气指数。状态方程式（1 - 8）显示的是状态向量的滞后结构，方程式（1 - 9）表现的是观测方程中包含的误差项的性质。求解 SW 景气指数，就是从上述方程式中推算出 $\beta(B)$，$\gamma(B)$，$\varphi(B)$，$A(B)$，然后动态规划求解 n_t。忽视附加的解释变量 X_t，为求解一个 SW 景气指数假定共同趋势同一时，$k = 0$ 和 $r = 1$ 成立。这样求得的一个 n_t 就是 SW 景气指数。

韩国学界采用基于先行指标的模型对本国数据进行分析的研究不少。Kim Jaeyeong、Jeong Jaeha 创建了同步指标和先行指标用于预测建设业景气，创建指数时使用的变量包括建筑许可面积、水泥供货量、国内建筑接单额、国内机械接单额、钢筋出货量、建设部门贷款额、建设业就业人数等。Im Seungjik、Kim Yongsun 则创建了同步指标和先行指标用于预测住房景气，使用的变量包括住房买卖价格、住房传贳价格、土地价格变动率、建筑许可面积、建筑接单额、建筑材料出货量、建设业工资、GDP、住房投资、股指、消费者物价指数等。徐昇焕、Lee Byeongyeon 等则利用各种宏观经济变量创建出土地价格波动预测指标，使用的变量包括土地价格变动率、M2、消费者物价指数、生产者物价指数、GNP 平减指数、实际 GNP 增长率、建筑许可面积、股价、利率等。利用先行指标构建模型也难以反映政策变化，因此预测时也存在一定的局限性。

四 各预测模型的预测能力比较

徐昇焕（2005）对纯粹时间序列模型、结构式模型和基于先行指标的模型的预测能力进行了比较，该文采用 1992 年第 1 季度到 2003 年第 4 季度的住房价格变动率、P_t，以及其他数据，对时间序列模型、结构式模型、基于先行指标的时间序列模型和基于先行指标的结构式模型的预测能力进行了比较，先行指标是计算得到的 SW 景气指数。

检验上述模型的预测能力时，一般采用样本数据之外的预测数据，但是徐昇焕则将 1992 年第 1 季度到 2003 年第 4 季度数据的推断结果用于各个部分样本来检验其预测能力。从样本期间中住房价格的上年同比变动率、P_t 的波动来看，2002 年按之前的趋势值持续上行，而 2003 年则进入下行期。

根据预测的经验值看，在拐点前后，预测的误差最大。为了确认这一点，构建模型对 2002 年第 1 季度到第 4 季（例 1）和 2003 年第 1 季度到第 4 季度（例 2）的两个时期进行了对比。

采用时间序列模型时，下面的 $ARIMA$（2，1，2）最为适合。

$$\Delta P_t = 0.73 \Delta P_{t-1} - 0.434 \Delta P_{t-2} - 0.16 \varepsilon_{t-1} + 0.94 \varepsilon_{t-2}$$
$$(5.32) \qquad (3.18) \qquad (4.54) \qquad (29.5)$$

$$DW:1.97 \quad adj-R^2:0.55$$

上式中的 $\Delta P_t = P_t - P_{t-1}$，括号中的数值为 $t-$，ρ 为 1 次自回归系数，DW 为 Durbin-Watson 的 $d-$ 统计量，$adj-R^2$ 为自由度调整复决定系数。时间序列模型的预测能力如表 1-3 所示。在表 1-3 中，FP_t 显示的是该期间的 P_t 的预测值，$RMSE$ 为标准误差（Root Mean Squared Errors），是 $(FP_t - P_t)/P_t$ 平方后取平方根。正如预测，例 2 的预测误差比例 1 显著要高。

表 1-3　时间序列模型的预测能力

例 1			
时期	P_t	FP_t	$RMSE$
2002.1	15.16	11.65	0.2317
2002.2	17.44	11.48	0.3413
2002.3	16.95	10.06	0.4067
2002.4	17.02	9.09	0.4655
平均			0.3613
例 2			
时期	P_t	FP_t	$RMSE$
2003.1	11.27	15.25	0.3531
2003.2	10.17	14.37	0.4136
2003.3	8.32	14.47	0.7384
2003.4	6.60	14.92	1.2607
平均			0.6915

结构式模型采用的解释变量包括实际经济增长率 Y_t、住房认购存款账户数变动率 SH_t 和 3 年满期的国家公债利率的利率变动率 R_t 等，推算结果如下。

$$P_t = -1.88 + 0.3168Y_t + 0.19SH_t - 0.03R_{t-3}$$
$$(0.98)\quad(3.14)\quad\quad(7.19)\quad\quad(1.88)$$
$$\rho : 0.8693 \quad DW : 1.36 \quad adj-R^2 : 0.95$$
$$(10.1)$$

例 1 和例 2 的预测结果如表 1 - 4 所示。正如预想，拐点前后 $RMSE$ 的平均值例 2 比例 1 要大 10 倍以上。

表 1 - 4　结构式模型的预测能力

例 1			
时期	P_t	FP_t	$RMSE$
2002. 1	15. 16	14. 42	0. 0489
2002. 2	17. 44	18. 69	0. 0714
2002. 3	16. 95	17. 43	0. 0028
2002. 4	17. 02	15. 82	0. 0070
平均			0. 0326
例 2			
时期	P_t	FP_t	$RMSE$
2003. 1	11. 27	11. 93	0. 0583
2003. 2	10. 17	11. 89	0. 1703
2003. 3	8. 32	11. 66	0. 4001
2003. 4	6. 60	11. 44	0. 7343
平均			0. 3408

对比表 1 - 3 和表 1 - 4 可知，结构式模型的预测能力要优于纯粹时间序列模型，但是该文在对预测能力进行检验时，结构式模型中采用了未来外生变量的实际值，这意味着对外生变量的预测是完全预见（Perfect Foresight），因此使得结构式模型的预测能力提高。考虑到这一点，我们难以得出在一般情况下，结构式模型的预测能力优于时间序列模型的结论。

接下来检验一下，引进 SW 景气指数 SWI_t 时，预测能力是否提高。徐昇焕（2005）计算得到的 SW 景气指数比 P_t 先行 1 个季度，因此决定采用该 SWI_{t-1} 为解释变量，由此可以构建起以下结构式模型和纯粹时间序列模型。

$$P_t = -0.07 + 0.28Y_t + 0.16SH_t - 0.02R_{t-2} +$$
$$(0.06)(2.98) \quad (7.73) \qquad (1.58)$$
$$0.21SWI_{t-1}$$
$$(1.79)$$
$$\rho:0.7924 \quad DW:1.56 \quad adj-R^2:0.96$$
$$(10.1)$$
$$\Delta P_t = 0.69\Delta P_{t-1} - 0.46\Delta P_{t-2} - 0.33\varepsilon_{t-1} + 0.97\varepsilon_{t-2} +$$
$$(4.41) \qquad (3.34) \qquad (12.1) \qquad (59.5)$$
$$0.37\Delta SWI_{t-1}$$
$$(2.69)$$

$$DW:1.97 \quad adj-R^2:0.55$$

从上述结果可知，在结构式模型和时间序列模型中，SW 景气指数都具有有效的解释力，为了检验加入 SW 景气指数时预测能力的变化，依然分成例 1 和例 2 来比较。

时间序列模型的结果如表 1 - 5 所示，对比表 1 - 3 和表 1 - 5 中（例 2）的预测误差的绝对值，在加入 SW 景气指数后，预测误差的平均值从 0.6915 减少到 0.1408，缩减了约 1/5。但是在例 1 中，预测误差反而有所增加，这意味着在例 1 中，SW 景气指数未能使预测能力增加。

表 1 - 5　包含 SW 景气指数的时间序列模型的预测能力

例 1			
时期	P_t	FP_t	RMSE
2002.1	15.16	10.19	0.3275
2002.2	17.44	10.49	0.3981
2002.3	16.95	10.92	0.3553
2002.4	17.02	10.65	0.3738
平均			0.3636

例2			
时期	P_t	FP_t	RMSE
2003.1	11.27	9.09	0.1928
2003.2	10.17	9.22	0.0921
2003.3	8.32	8.73	0.0479
2003.4	6.60	8.12	0.2304
平均			0.1408

对结构式模型进行检验的结果也与纯粹时间序列模型相似。对比表 1-5 和表 1-6 中（例2）的预测误差的绝对值，在加入 SW 景气指数后，预测误差的平均值从 0.3408 减少到 0.1904，几乎减少了一半。但是在例 1 中，预测误差反而有所增加，这意味着在例 1 中，SW 景气指数未能使预测能力增加。

表 1-6　包含 SW 景气指数的结构式模型的预测能力

例1			
时期	P_t	FP_t	RMSE
2002.1	15.16	13.52	0.1081
2002.2	17.44	17.39	0.0029
2002.3	16.95	17.07	0.0022
2002.4	17.02	15.75	0.0742
平均			0.0469
例2			
时期	P_t	FP_t	RMSE
2003.1	11.27	11.61	0.0300
2003.2	10.17	11.33	0.1153
2003.3	8.32	10.65	0.0885
2003.4	6.60	10.08	0.5278
平均			0.1904

五　房地产市场的早期预警系统

房地产市场价格波动的早期预警系统虽然不是直接预测房地产价格的变化，但能事先捕捉到房地产市场价格变动的异常征兆，所以在此进行论述。

关于建立早期预警系统（Early Warning System，EWS）的讨论自 1997 年亚洲金融危机之后开始变得相当活跃，特别是以国际货币基金组织等为中心构建起了早期预警系统。韩国在 1999 年成立了国际金融中心，负责与外汇危机相关的 EWS 系统的开发。

在 EWS 的构建过程中，首先要对危机进行定义。汇率处于压力状态一般定义为外汇市场压力指数超过特定的临界值，这个指数以名义汇率、国际储备、利率等变量的相对变化加权平均构成。该临界值定义为压力指数的平均值加上 k 倍的标准偏差，k 值为 3 ~ 1.1，k 取值的理论依据相当薄弱，最理想的取值应能最好地反映现实。

房地产市场的危机一般表现为房地产价格的暴涨，因此，住房市场的压力指数基本上是根据房地产价格变动率的组合构建而成的。因为存在各种房地产价格指标，仅考虑价格，也可能存在多种压力指数的构建方法。例如，对于住房市场，不仅存在住房买卖价格和住房传贳价格，而且不同地区的价格指数也不同，因此可能的组合很多。住房市场压力指数的构建基本上是根据住房价格指数，但是也可以摸索引进与住房交易量等相关指标的可能性。不管以何种方式构建住房市场压力指数，其临界值都定义为这一压力指数的均值加上 k 倍的标准偏差。如果某一时点压力指数超过临界值，就可以将这一时点视为危机爆发。

构建 EWS 的方法有信号模型（简称 KLR 方法）和 Probit 模型等。信号模型选用对危机的解释力强的变量、先行指标等，当先行指标的数值超过临界值时，视为信号发生，以此来预测危机。而 Probit 模型是假设事件发生概率服从累积正态分布函数的二分类因变量模型。考虑到模型使用的便利性，以信号模型来构建 EWS 更为可取。

徐昇焕（2004）的研究论文中以信号模型来构建住房市场的 EWS，其中使用的宏观经济变量包括综合股指、韩币对美元的汇率、三年期国债利率、总流动性、客户存款、景气先行指数、银行存贷比（总贷款/总存款）、消费者物价指数、工业生产指数和工资等。而房地产市场相关的变量则包括建筑业板块的股指、大规模的建设接单额、公寓房供应套数、住房认购存款账户数、全国居住地区土地交易面积等，分别选定临界值，根据超过临界值的变量值构建危机综合指数，以此来求出危机发生的概率，并对今后 12 个月内住房市场发生危机的概率进行预测。预测结果如图 1－3 所示，比较好地反映了实际发生的危机的情况。

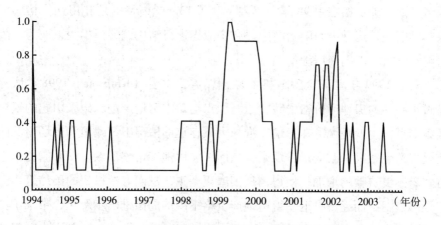

图 1－3　信号模型预测的上行期的危机发生概率

第四节　外部环境变化与房地产市场

　　房地产市场行情与外部环境的变化密切相关，外部环境突然发生急剧变化对房地产市场造成的打击自然很大。在此，对 1997 年亚洲金融危机和 2008 年的国际金融危机发生时的房地产市场情况进行梳理。

　　1997 年亚洲金融危机爆发后，韩国于 12 月获得了国际货币基金组织的救济融通资金，一直到 1998 年年末，韩国的经济都处于极度萧条的局面，房地产价格也出现了暴跌。房地产价格暴跌的主要原因在于需求的减少和供给的增加，需求减少包括实际收入的减少、住房贷款利率的上升、对房地产价格上升的期待心理的重创等，而供给的增加包括企业进行结构调整和部分住房持有人的贷款偿还能力低下等导致出售的房源激增。

表 1 - 7 中的土地、住房和收入等指标分别为土地价格变动率、住房买卖价格变动率、实际 GDP 增长率。如表中的数据所示，1998 年住房买卖价格下滑了 12.4% 。由于住房市场的萎缩，1998 年住房建设套数比 1997 年减少了 49% ，仅 1998 年一年，3600 多家建筑企业中就有 426 家倒闭。房地产企业受到的打击尤其大是因为在负债率高的情况下，预售房拖欠中间款情况很多。而土地价格在 1998 年一年内下跌了 13.6% ，特别是商用地价格的下跌非常明显，这是因为随着金融界和企业界进行结构调整，不少企业为了改善财务结构只能出让房地产。

对于 1997 年亚洲金融危机的原因，克鲁格曼（Krugman，1998）认为是过于高估的房地产价格暴跌，这一观点与日本房地产泡沫破灭引起的复合萧条同理。也就是说，在房地产泡沫大量存在的情况下，政策和市场情况的变化导致金融机构改变贷款规则，从而引起房地产价格下跌。*LTV* 值高，就意味着不良贷款的增加，使得信贷梗塞更严重，从而导致投资的萎缩等，引起经济衰退，而经济衰退使得房地产价格下跌的局面进一步恶化，带来了实体经济和房地产部门的复合萧条（Combined Depression），在这种情况下外资逃逸就导致了外汇危机的发生。

但是上述推论并不适用于韩国，如表 1 - 7 所示，韩国以 1991 年为分界，

表 1 - 7　与房地产价格相关的主要变量的变动趋势

单位：%

年份	1987	1988	1989	1990	1991	1992	1993	1994	1995	1996	1997
土地	14.7	27.6	31.8	20.6	12.8	- 1.3	- 7.4	- 0.6	0.5	1.0	0.3
住房	7.1	13.2	14.6	21.0	- 0.5	- 5.0	- 2.9	- 0.1	- 0.2	1.5	2.0
收入	12.3	11.7	6.8	9.3	9.7	5.8	6.3	8.8	8.9	7.2	5.8

年份	1998	1999	2000	2001	2002	2003	2004	2005	2006	2007	2008	2009
土地	- 13.6	2.9	0.7	1.3	8.7	3.4	3.9	4.9	5.6	3.9	- 0.3	0.9
住房	- 12.4	3.4	0.4	9.0	16.4	5.7	5.7	4.0	11.6	3.1	3.1	1.5
收入	- 5.7	10.7	8.8	4.0	7.2	2.8	4.6	4.0	5.2	5.1	2.2	0.2

节节攀升的房地产价格上升率受挫，因此断定在 1997 年左右韩国房地产市场有很大的泡沫并不合理。徐昇焕等（1998）的研究显示，土地价格到 1991 年第 4 季度、住房价格到第 2 季度为止，泡沫项确实具有统计显著性，但是之后其对土地价格和住房价格的影响消失。有学者研究中的实证分析结果也显示，在对包括 1990 年之后的数据进行分析时，土地价格并不存在泡沫。

1998 年大幅下跌的房地产价格到了 1999 年以后很快就开始恢复，住房买卖价格到了 2001 年就恢复到金融危机之前的水平。从表 1 - 7 可知，金融危机当时房地产价格的下跌和之后的恢复基本上与经济运行的整体情况，即经济增长率有着密切关系。也就是说，1998 年经济增长率的大幅跳水才是当年房地产价格暴跌的原因，之后经济增长率企稳恢复也与房地产价格的恢复有着密切的关系。一些研究发现，到了金融危机之后，收入、利率等市场基本面价值对决定房地产价格的作用增强了。

2008 年 9 月，雷曼兄弟（Lehman Brothers）破产触发的国际金融危机对韩国经济带来的影响比 1998 年的金融危机要小得多，2009 年住房买卖价格上升了 1.5%，土地价格上升了 0.9%，没有出现亚洲金融危机时房地产价格大幅跳水的局面。

如表 1 - 7 所示，亚洲金融危机爆发之后的第二年，即 1998 年的经济增长率跌到了 - 5.7%，而国际金融危机爆发后的第二年，即 2009 年的经济增长率为 0.2%，因此可以认为，整体经济情况的差异导致了房地产价格变化的不同。

近来韩国住房市场变化的一大特征就是出现了与全世界住房价格变动同步的现象，之所以出现这种现象，其原因包括货币政策的同步、金融自律化、与国际金融市场的融合、宏观经济波动的同步等［金京焕、孙在英（2010）］。

参考文献

［1］姜元喆、金福顺：《地价变动要因分析：IMF 体系与地价变动》，韩国鉴定评估研究

院，1997。

［2］权美秀：《韩国土地税制的地价稳定效果分析》《经济学研究》1997 年第 45 （2）
期。

［3］金甲星、ark Juyoung：《住房价格变动率的地区差异分析》，《地区研究》2001 年第
19 （1）期。

［4］金甲星、在龙、Heo Sunho：《IMF 之后房地产市场的范式变化》，三星经济研究所，
1999。

［5］金甲星、徐昇焕：《对房地产市场的结构变化的实证分析》，三星经济研究所，
1999。

［6］金京焕、孙在英：《房地产经济学》，建国大学出版部，2010。

［7］金宽永：《关于住房市场的周期波动的研究》，《住房研究》1998 年第 6 （1）期。

［8］金炳和、文素祥：《股价与消费的关系分析》，《经济分析》2001 年第 7 （1）期。

［9］金世浣：《住房价格对民间消费的影响》，《地区研究》2009 年第 23 （2）期。

［10］金世浣、朴基丁：《关于住房价格的动态特性与地区因果性的研究》，《地区研究》
2006 年第 22 （2）期。

［11］金义埈、金良洙、申明秀：《首都圈的公寓价格的地区因果性分析》，《国土规划》
2000 年第 35 （4）期，第 109～117 页。

［12］朴贞润：《关于股票与房地产对冲通货膨胀的研究》，《经营学研究》1990 年第 20
卷。

［13］朴宪注、郑希男、Park Cheol、文景熙：《土地市场的结构变化与展望研究》，国土
研究院，2000。

［14］徐昇焕：《房地产价格现行指标与综合预测机制的构建》，《地区研究》2005 年第
21 （1）期。

［15］徐昇焕：《关于住房市场的早期预警体系的研究》，《地区研究》2004 年第 10 （1）
期。

［16］徐昇焕：《房地产周期波动的决定因素与房地产政策》，《地区研究》2003 年第 19
（3）期。

［17］徐昇焕等：《IMF 冲击带来的资产通货紧缩现象与对策》，三星经济研究所，1998。

［18］徐昇焕、金京焕：《城市经济》，弘文社，2010，第 4 版。

［19］徐昇焕、金甲星：《房地产价格形态变化的实证分析》，《住房研究》2000 年第 8
（1）期。

［20］徐昇焕、韩成信：《韩国经济的计量分析》，首尔经济研究所，1994。

［21］徐昇焕、韩成信：《KRIHS 宏观计量模型》，国土开发研究院，1992。

［22］孙炅焕：《日本的地价下跌与对策》，国土开发研究院，1997。

［23］沈成勋：《关于住房价格与宏观经济变量的循环变动的研究：外汇危机前后的比较
分析》，《房地产学研究》2006 年第 12 辑。

［24］尹圣勋：《资产价格暴涨对消费的影响》，《金融经济研究》2002 年第 131 期。

［25］李龙万、李相翰：《江南地区的住房价格是否决定周边地区的住房价格?》，《国土规划》2004 年第 39（1）期。

［26］崔明燮、金义埈、朴柾昱：《考虑空间从属性的首尔市公寓价格的空间影响力》，《地区研究》2003 年第 19（3）期。

［27］崔熙甲、林炳俊：《住房的通货膨胀对冲效果》，《房地产学研究》2009 年第 15 辑。

［28］Alberts, W. W. , "Business Cycles, Residential Construction Cycles and the Mortgage Market", *The Journal of Political Economy* LXX（1）, 1962.

［29］Alexander, C. and M. Barrow, "Seasonality and Cointegration of Regional House Prices in the UK", *Urban Studies* 31（9）, 1994.

［30］Ambrose, B. W. and S. A. Phyrr, "Factors Influencing Capitalization Rates", *Journal of Real Estate Research*（3）, 1993.

［31］Ashworth, J. and S. Parker, "Modeling Regional House Prices in UK", *Scotish Journal of Political Economy*（44）, 1997.

［32］Born, W. L. and S. A. Phyrr, "The Effect of Market Property Cycles", *Journal of Real Estate Research*（4）, 1994.

［33］Burns, W. and D. Epley, "Performance of Portfolios of REITs and Stocks", *Journal of Portfolio Management* 8（3）, 1982.

［34］Cook, S. , "A Disaggregated Analysis of Asymmetrical Behavior in the UK Housing Market", *Urban Studies* 43（11）, 2006.

［36］Cook, S. and C. Thomas, "An Alternative Approach to Examining the Ripple Effect in the UK Housing Market", *Applies Economics Letters*（10）, 2003, pp. 849 – 851.

［37］DiPasquale, D. and W. C. Wheaton, *Urban Economics and Real Estate Markets*（NY：Prentice Hall, 2000）.

［38］Drake, L. , "Testing for Convergence between UK House Prices", *Regional Studies*（29）, 1993.

［39］Eitheim, O. and T. Ter svirta, "Testing the Adequacy of Smooth Transition of Autoregressive Models", *Journal of Econometrics*（74）, 1996.

［40］Fama, E. F. and G. W. Schwertz, "Asset Return and Inflation", *Journal of Financial Economics*（5）, 1977,

［41］Grenadier, S. R. , "The Persistence of Real Estate Cycles", *Journal of Real Estate Finance and Economics* 10（1）, 1995.

［42］Grissom, T. and J. R. DeLisle, "A Multiple Index Analysis of Real Estate Cycles and Structural Change", *Journal of Real Estate Research*（18）, 1999.

［43］Gunterman, K. I. and R. I. Smith, "Derivation of Cost of Capital and Equity Rates from

Market Data", *Journal of the American Real Estate and Urban Economics Association* 15 (2), 1987.

[44] Gyourko, J. and D. B. Kiem, "What Does the Stock Market Tell Us about Real Estate Returns", *Journal of the American Real Estate and Urban Economics Association* 20 (3), 1994.

[45] Gyourko, J. and J. Siegel, "Long Term Return Characteristics of Income-Producing Real Estate", *Real Estate Finance* (11), 1994.

[46] Kim, K. H., "Housing and the Korean Economy", *Journal of Housing Economics* (13), 2004.

[47] Liu, C. H., T. V. Grissom and D. J. Hartzell, "The Effect of Market Imperfections on Real Estate Returns and Optimal Investor Portfolios", *Journal of the American Real Estate and Urban Economics Association* 18 (4), 1990.

[48] Liu, C. H. and D. J. Hartzell, W. Greig and T. V. Grissom, "The Integration of Real Estate Market and the Stock Market: Some Preliminary Evidence", *Journal of Real Estate Finance and Economics* 3 (3), 1990.

[49] Liu, C. H. and J. Mei, "The Predictability of Returns on Equity REITs and Their Co-movement with Other Assets", *Journal of Real Estate Finance and Economics* 5 (2), 1992.

[50] McCue, T. E. and J. L. Kling, "Real Estate Returns and the Macroeconomy: Some Empirical Evidence from Real Estate Investment Trust Data 1972 – 1991", *Journal of Real Estate Research* 9 (4), 1994.

[51] Meen, G., "Regional House Prices and the Ripple Effect: A New Interpretation", *Housing Studies* (14), 1999.

[52] Muellbauer, John, "The Housing Market and the UK Economy: Problems and Opportunities", in *Housing and the National Economy*, ed. by J. Ermisch, Avebury, 1990.

[53] Mueller, G. R., "Understanding Real Estate's Physical and Financial Market Cycles", *Real Estate Finance* 10 (3), 1994.

[54] Mueller, G. R. and K. R. Pauley, "The Effect of Interest Rate Movements on Real Estate Investment Trusts", *Journal of Real Estate Research* (103), 1995.

[55] Phyrr, S. A., W. L. Born, and J. R. Webb, "Determinants of a Dynamic Investment Strategy under Alternative Inflation Cycle Scenarios", *Journal of Real Estate Research* 5 (2), 1990.

[56] Ricks, R. B., "Imputed Equity Returns on Real Estate Finance with Life Insurance Company Loans", *Journal of Finance* 33 (2), 1969.

[57] Roulac, S. E., "The Influence of Capital Market Theory on Real Estate Returns and the

Value of Economic Analysis", *Real Estate Appraiser and Analyst* 4 （6）, 1978.

［58］ Sagalyn, L. B. , "Real Estate Risk and the Business Cycle：Evidence from Security Markets", *Journal of Real Estate Research* （5）, 1990.

［59］ Sirmans, C. F. and J. R. Webb, "Expected Equity Returns on Real Estate Financed with Life Insurance Company Loans：1967 – 1977", *Journal of the American Real Estate and Urban Economics Association* 8 （2）, 1980.

［60］ Wheaton, W. C. , "Real Estate Cycles：Some Fundamentals", *Real Estate Economics* 27 （2）, 1999.

第二章
韩国房地产市场：微观视角分析

20世纪60年代韩国从以农业为主的欠发达国家，一度跃升为以高新制造业与知识经济产业为依托的经合组织成员国。随着城市居民所占比例的日趋上升，为满足城市居民住房需求，各种大型住房建设项目纷纷上马。为满足产业结构变化、生产与消费增加的需求，各种工业与基础设施亦得以大幅扩充。房地产业为韩国社会经济发展提供了空间需求。

此外，经济增长是创造大量财富的过程，其中绝大多数财富又转型为房地产。房地产相关产业、政策对空间的创造、分配、使用以及民众依靠房地产积累并增加财富的过程起到了重大影响。众多民众通过房地产业的发展以及相关政策，获取了住房及生产所需空间，整体上家庭与企业资产有所增加，但仍有众多民众认为相对地或确实"吃了亏"。

本章旨在通过统计数据与相关文献，分析了解韩国经济增长与城市化过程对房地产市场所起的影响。在近半个多世纪的压缩式经济增长过程中，相信韩国房地产业面临的诸多问题及政策经验，将会对他国解决类似问题提供一定的帮助与启示。

第一节　经济增长与房地产政策：理论概念

本章特引入下述两大概念，梳理韩国房地产市场在四十余年经济增长与城市化过程中所面临的问题与相关政策。城市经济学家提出的"单中心城市模型"有助于理解城市空间结构的决定因素和租借费、价格的空间分布。以未来现金流动为出发点的"资产价格决定模型"便于说明价格的时间性变动。根据上述两大概念模型，我们可以概述此期间韩国房地产政策所面临的诸多挑战。

一 单中心城市模型

本模型 19 世纪初由 von Thunnen 最早用于解释欧洲农村地区的土地使用形态问题，此后 W. Isard、W. Alonso、R. Muth、E. Mills 等学者更加系统地归纳整理了"单中心城市模型"，使其广泛应用于分析各种城市问题。根据模型使用目的，虽可选择各种简单化假设，但所有单中心城市模型中的土地、住房的异质性均以空间位置上的差别而表现。

根据本文研究目的，我们选择最单纯形态的模型，用来表达城市空间结构。在图 2-1 中，假定土地仅有农业用地及城市用地两种形态，是否接近中心地带（Central Business District，以下简称"CBD"）对农业用地没有带来任何优惠。相反假设城市地区居民需支付交通费前往 CBD 工作，那么居住于城市中心，虽然可节省交通费支出，但却需承担较高的单位居住费用，而且居住空间也相对狭小。若远离城市中心，虽交通费支出较高，但单位居住费用却相对较低，而且居住面积也相应变大。根据这种损益权衡关系（Trade-off），爱好与收入相同的消费者认为无论居住何处都一样时，便可认为是一种用地平衡状态。图 2-1 分别为农业用地与城市用地的平衡租借费曲线 AA 与 UU。正如下面所述，若房地产价格与租借费具有一定比例时，平衡租借费曲线还可理解为平衡地价曲线。

图中 L_1 为离城市更近的地区，其城市土地租借费高于农业用地，因此土地用于城市建设，其周边土地则用于农业建设。因此 L_1 便是城市与农村的分界线，城区占地面积则是以 L_1 为中心圆的面积。城市用地平衡租借费曲线 UU 越陡，城市中心至郊区住房租赁费落差则越大，而且城市的面积也就越小。相反 UU 曲线越缓，市中心至郊区住房租赁费落差小，城市面积也就越大。因此，UU 倾斜度可视为决定城市空间结构、住房租赁费及土地价格的因素。

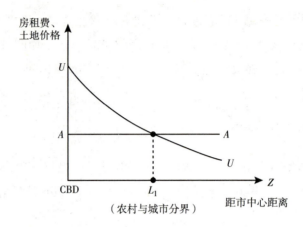

图 2 - 1　单中心城市模型

影响 UU 曲线倾斜度的最重要因素是交通费，单位距离间交通费越高，UU 曲线的倾斜度则越大；相反，单位距离间交通费越低，UU 曲线的倾斜度则越小。这里所说的交通费包括利用货币所支付的交通费、运送费以及所需时间、所耗精力等无形的费用。上述费用随着马车、电车被汽车、火车等交通工具的取代，以及新型技术的发展大幅下降。因此像芝加哥这样早期开发的城市与洛杉矶等较晚开发的城市，在空间利用格局上呈现出明显的区别。其次，公路、铁路等基础设施的数量及质量也是影响交通费用的重要因素，无论汽车普及率多高，公路扩充速度若不能跟上汽车数量的增加，仍将无法降低交通费用。

经济增长势必会带来城市化进程。若图 2 - 1 所示城市的人口增多、收入增加，城市用地的平衡租借费曲线则会从 UU 上移至 U′U′。其结果会造成城市住房租赁费与土地价格上升，城市面积扩张。住房租赁费与土地价格的上升又将引发城市中心土地使用密度增大、建筑物增高以及人口密度增大等结果。

图 2 - 2 中 U′U′所示的变化需要以城市郊区的农业用地自然向城市用地转型，城市外围由 L_1 扩大至 L_2 城市发展所需交通、上下水道、电、通信设施顺利建设为前提。但现实却时常存在限制城市外围土地供给的各种法律、政策及其他限制，或者出现城市建设所需的基础设施无法顺利落成等问题。

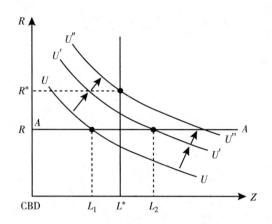

图 2 - 2　经济增长与城市发展

正因为上述问题的存在，若利用图 2 - 2 中的 L^* 表示城市面积无法继续扩大的界线，那么城市面积则比问题不存在时小。若在大城市，土地供给问题将会更加助长住房租赁费上升，最终有可能到达 $U''U''$ 曲线。此时原有城市地区住房租赁费及土地价格将以更大幅度上升，可以使用的城市建设用地与城市正式增长时相比，其价格会更高，使用也将更加细密，居民所享受的各种福利也随之减少。

城市增长所需用地是否能够得以保障，只要比较城市与农村的界线上，城市用地与农业用地价格差即可。如图 2 - 1 中 L_1 或图 2 - 2 中的 L_2 所示，在城市用地供给得以保障的城市农村分界线上，农业用地与城市用地价格相同。然而现实生活中，农业用地转型时需要投入工程建设费及基础设施费，城市用地价格会更高。若与城市用地供给限制较大的 L^* 处于相同状态，农业用地与城市用地之间的价格将会大大超过转型工程费或基础设施投入费。

二　现价值模型

"现价值模型"认为，正如本息收入变化趋势决定债券价值、分红收入变化趋势决定股票价值一样，租赁费变化趋势可决定房地产资产价值。此模型是阐述决定房地产价值因素的重要理论，此模型中由当期租赁费 R、租赁费增加率 g、折扣率 i 而决定的房地产价值，是未来各期租赁费现值之和。

$$V_0 = \frac{R}{(1+i)} + \frac{R(1+g)}{(1+i)^2} + \frac{R(1+g)^2}{(1+i)^3} + \cdots$$

若房地产租赁费增加率小于折扣率（$g < i$ 时），V_0 则为有限数值。

$$V_0 = \frac{\dfrac{R}{(1+i)}}{1 - \dfrac{(1+g)}{(1+i)}} = \frac{R}{(i-g)}$$

房地产价值随着租赁费升高、折扣率降低、租赁费上升率增高而增加，房地产价值直接反映租赁费增加率的变化。租赁费上升率 g 由空间需求、供给相互作用而决定，因为房地产供给突变可能性较小，主要需求增加速度则会起到重大影响。空间需求的增加由需要确保产业的发展而决定，这与整体经济成长率息息相关。总之，国家经济增长速度加快，房地产租赁费将会增高，房地产价格也会增长。

图 2 - 3 说明，若经济增长突然加速或产业结构变化等，导致租赁费上升率增大，房地产价格将会大幅攀升。未来的良好前景直接反映现价值，因此房地产会出现不连续上升现象。租赁费上升率增加造成资产价格猛增的现象可用于说明 18 世纪末美国、20 世纪 80 年代韩国、当今中国、越南等多数国家的情况。相反因为某种原因导致对未来前景的不透明的判断，则会造成房地产价格的不连续猛跌。

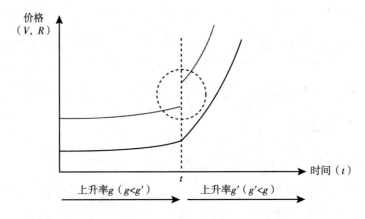

图 2 - 3　租赁费上升率增加时，租赁费与资产价值变化走向

三 面临飞速增长的经济，政府亟须解决的课题

利用上述两种概念大致可以说明从 20 世纪 60 年代以来，像韩国这样飞速增长的经济体中所发生的房地产问题的核心。随着经济的增长，其产业结构由农业转向制造业、服务业发展，导致城市地区急速出现人口密集现象。经济增长 – 产业结构变化 – 城市化相互关联、相互作用。

为保证产业发展及城市化所需空间，农业用地、林业用地应当转型或开发为用于城市经济活动的城市用地。但是产业结构变化会发生在意识及制度变化之前，因此有可能出现限制农业用地转型的法律、社会法规等的限制。例如，在韩国农用地转型为城市用地，会因为粮食安全、农业保护、农村文化保存等各种理由而受到限制。部分国家尚未建立土地所有权制度，土地开发困难较多。不解决这些难点，产业发展及城市增长所需城市建设用地则无法充分确保，土地不足会影响整体经济增长以及居住条件的改善。

即使国家批准土地转型，要开发建设优质城市用地，仍然需要合理的土地利用计划、修建配套基础设施。为此需要积累相关专业能力、强劲的执行能力、建设基础设施所需资金等。土地利用计划的制订与执行、基础设施建设费用的筹集与投入、实际土地开发与建设等过程中，需要中央政府、地方政府、其他公共法人、民营企业、最终需求方等共同参与，因此合理分配个体职责、调节个体关系是政府所面临的重大课题之一。

无论政府颁布何种有效应对措施，受到各种限制因素的制约，城市增长所需的土地供给可能会出现供不应求。此时将农业用地转型为城市用地，会创造大量利益。特别是限制土地开发状态下，若放开对土地开发的限制，如图 2 – 2 中 L^* 所示将会产生大量的利益，这种利益被称为"开发利益"，开发利益会引发诸多社会问题。

此外，在没有任何土地供给限制而正常发展的城市中，原城市房地产所有人不费吹灰之力便可获取资本利益[①]。另一方面因房地产价格上升，低收入群体则会深受基本居住之苦，相反房地产所有人、开发商、政治人物或公

---

① 表示图 2 – 2 中城市中心至 L_1 的原城市地区租赁费及土地价格上升。

务员则会通过房地产获取大量财富，对此抱怨之声将会不断升高。因此如何合理地管理开发利益及资本所得，在不影响社会整合的情况下，实现经济增长及城市化，也是政府面临的重大课题之一。

第二节　韩国住房市场与住房政策

一　经济增长与城市化

韩国 20 世纪 60 年代初正式步入高速经济增长阶段，城市化进程更是突飞猛进。通过表 2 - 1 可知，1990 年前城市人口比率每五年增幅达 8 ~ 9 个百分点，而 1995 年后城市人口比重每五年增幅则降低 1 个百分点。由此可认为韩国城市化进程已步入成熟阶段。

但城市化过程中城市人口增长并不均匀，始于 20 世纪 60 年代初的大规模"离村 - 进城"人口移动目的地主要是为促进经济增长的出口导向型轻工业中心区域，即大城市地区。特别是韩国首尔市 1960 ~ 1966 年，年均人口增长率达 7.59%，而 1966 ~ 1970 年却猛增至 9.91%。同期，韩国全国人口增长率分别为 2.6%、1.9%，由此可以看出大批人口向首尔市集中，引发了诸多社会冲击。当时住房、交通、公共服务等领域都出现严重紧缺，首尔市人口密集及混杂现象极为严重①。

如图 2 - 4 所示，20 世纪 60 年代人口集中增加的重要城市是首尔市，70 年代以后人口增加中心则为广域首都圈地区。1960 年包括现仁川市在内的京畿道地区曾出现人口向首尔流动的趋势，因此人口增加率一度低于全国平均水平或小幅增长，但 1970 年后人口增长率急速攀升，1975 ~ 1980 年间人口增长率已超过首尔市。随着此种趋势的持续，1980 ~ 1985 年，韩国京畿道与仁川地区年均人口增长率为 6.7%，而包括首尔市在内的首都圈的年均人口增长率达 4.36%。

---

① 高地、堤坝边问题住房，埋怨公交，二轮换、三轮换教室等都曾是首尔市的象征。

表 2 - 1　各国城市化率

单位：%

国别	1970 年	1975 年	1980 年	1985 年	1990 年	1995 年	2000 年	2005 年	2010 年
韩　国	40.7	48	56.7	64.9	73.8	78.2	79.6	80.8	81.9
希　腊	52.5	55.3	57.7	58.4	58.8	59.3	59.7	60.4	61.4
德　国	72.3	72.6	72.8	72.7	73.1	73.3	73.1	73.4	73.8
墨西哥	59	62.8	66.3	69	71.4	73.4	74.7	76.3	77.8
美　国	73.6	73.7	73.7	74.5	75.3	77.3	79.1	80.8	82.3
巴　西	55.8	61.7	67.4	71.3	74.8	77.8	81.2	84.2	86.5
瑞　典	81	82.7	83.1	83.1	83.1	83.8	84	84.3	84.7
英　国	77.1	82.7	87.9	88.6	88.7	89	89.4	89.7	90.1
意大利	64.3	65.6	66.6	66.8	66.7	66.9	67.2	67.6	68.4
日　本	53.2	56.8	59.6	60.6	63.1	64.6	65.2	66	66.8
中　国	17.4	17.4	19.6	23	27.4	31.4	35.8	40.4	44.9
法　国	71.1	72.9	73.3	73.7	74.1	74.9	75.8	76.7	77.8

资料来源：UN，http：//esa. un. org/unup，2009. 8。

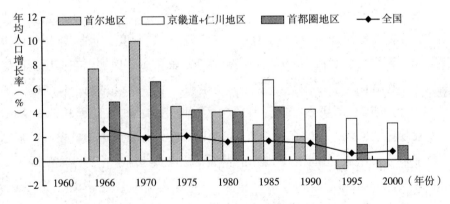

图 2 - 4　首都圈人口增加趋势

首都圈的飞速发展可理解为首尔的广域化现象，如此郊区人口猛增的
"郊区化（Suburbanization）"或"分散化（Decentralization）"都曾是美国等
发达国家城市发展到一定阶段所出现的现象。但国外郊区化是中、高收入阶
层为享受更大的居住空间、更好的公共服务，而掀起的迁居现象。但是，韩
国却是因为中产阶层以下居民难以承担过高的城市居住费用，不得已移动至

周边卫星城市。

首尔及首都圈人口集中虽然可为地区产业发展提供所需劳动力，但因为上述诸多问题，自20世纪60年代中叶起，韩国政府多次颁布大城市人口移动限制政策，特别针对首尔地区。20世纪70年代随着人口移动趋势的变化，政策对象逐步转向广域首都圈人口密集问题，自1982年首都圈修建计划法令制定后，政府开始限制工厂、大学、大型建筑等所谓"人口诱发型设施"的首都圈土地使用。此后政府逐步引入区域专业化、大学与工厂总量限制、过密负担金制等制度，不断减少各种政策性限制，改变限制方式的种类，但各种政策仍带有限制特定设施建设用地的色彩。

"首都圈土地利用限制"旨在限制首都圈设施建设用地、分散城市集中人口，但很难从中找到影响人口移动趋势的证据，相反体现韩国中央政府为搞活地方经济立场的象征性意义却很强。但这却负面影响了经济增长过于集中、用地需求量最大的首都圈地区的城市用地的供给，首都圈地方政府及各地方政府间矛盾仍然难以消除。

除农业用地转型限制、首都圈集中限制政策外，另一个限制大城市土地供给的重要制度便是"开发限制区（绿色地带）"制度。此制度始于1970年年初，目的在于限制地区开发、防止城市平面扩张、保护生态环境。首都圈地区在约离首尔市中心15公里处，划定了宽为1~9公里的带状区域，韩国14个大城市外围所划定的开发限制区总面积约占国土总面积的5.4%。开发限制区划定当时，政府尽量划定远离城市中未开发区域，以求不对城市发展带来巨大影响，但是随着城市的发展，此区域逐渐影响到城市土地开发及供给。

特别是首尔地区，伴随着人口增长与产业发展，截至1960年，城市用地需求的增加通过汉江以北地区原城区自发性平面扩张得以满足；20世纪70年代以后，则通过汉江以南地区开发及公共机构主导的大规模土地开发与供给得以满足。此时期开发因建筑技术的发展、高层建筑的推广、汽车的普及等社会、技术条件与土地价格、住房价格上涨等市场情况的变化，其形态更为集中，特别是因为所谓"开发限制区"等人为限制，导致各种开发可能用地的局限性大大增加，离开发限制区界线越近的土地，高密度使用的趋势则越为明显。20 世纪 70 年代后期，首尔江南地区开发已接近尾声，80 年代后期若不越过开发限制区，则没有大规模土地开发及供给的余地，即开发限制区成为严重拖拉土地供给的"后腿"，导致首都圈城市空间结构出现十分独特的形态。

二　住房数量与质量

1. 国民居住条件变化

自 20 世纪 70 年代以来，韩国居住条件无论在数量上，还是在质量等方面都取得巨大的飞跃（见表 2－2）。住房库存量由 20 世纪 70 年代的约 436 万户，增长到 80 年代的约 532 万户，截至 20 世纪 90 年代又增长至 716 万户。平均住房面积也相应增大，每人每户住房面积也有所增加。伴随着住房数量的增加，住房的质量也有所提高，截至 1980 年拥有冲水卫生间及温水设施的家庭数仅为 18.3%、9.9%，但如今却已超过 94%。

表 2－2　国民居住条件变化

指标	单位	1960 年	1970 年	1980 年	1985 年	1990 年	1995 年	2000 年	2005 年
全国住房库存量	千户	4375	4359	5318	6104	7160	9204	10959	12494
平均住房面积	平方米	—	47.9	68.4	72.6	80.8	80.7	81.7	83.7
人均居住面积	平方米	—	6.8	10.1	11.3	13.8	17.2	20.2	22.9
每户居住面积	平方米	—	35.9	45.8	46.4	51	58.6	63.1	66
每间房人数	人	—	2.1	1.9	1.5	1.1	0.9	1.3
拥有 1 间房	%	27.9	—	—	32.6	25.8	12.3	7.9	6.5
温水设施	%	—	—	9.9	19.2	34.1	74.5	87.4	95.8
冲水卫生间	%	0.21	—	18.3	33.1	51.3	75.1	87	94
住房普及率	%	—	78.2	74.4	69.8	72.4	86.0	96.2	105.9
每千人住房数	户	—	141.2	142.1	150.9	169.5	214.5	248.7	279.7

资料来源：韩国统计厅各年度《人口住房普查》；国土海洋部：《住房业务便览》，2013，2009。

居住条件的改善主要应归功于高层公寓的大量修建，公寓楼自 20 世纪 70 年代中叶开始普及，如表 2－3 所示，截至 1985 年公寓楼在整体住房中所占比例仅为13.5%，而2005年猛增至53%。韩国土地、住房政策的相当一部分是为大规模建设公寓楼而服务的，而且从某种意义上可认为取得了一定的成效①。

表 2－3　各类型住房库存变化

单位：千户，%

指标	1985 年		1990 年		1995 年		2000 年		2005 年	
	户数	比率	户数	比率	户数	比率	户数	比率	户数	比率
单户型住房	4719	77.3	4727	66	4337	47.1	4069	37.1	3985	31.9
公寓楼	822	13.5	1628	22.7	3455	37.5	5231	47.7	6627	53
联立式住房	350	5.7	488	6.8	734	8	813	7.4	520	4.2
多户型住房	—	—	115	1.6	336	3.7	453	4.1	1164	9.3
商用建筑内住房	213	3.5	202	2.8	343	3.7	393	3.6	198	1.6
空房数	167	—	197	—	365	—	513	—	728	—
合　计	6104	100	7160	100	9205	100	10959	100	12495	100

注：合计数据不包括空房数。
资料来源：韩国统计厅各年度《人口住房普查》。

公寓楼大量修建短期内对改善居住条件起到了一定的帮助，但无法否认这也从另一个层面造成百姓居住形态的单一化。住房原本是异质性较强的财产，但是公寓楼在各个时期却保持相似的平面、材料、设备以及各种配套设施。特别是随着新建住房售价上限制度的实施，更加造成研发新型平面结构及材料空间的减少，最终导致消费者个性丧失，追求千篇一律标准化生活方式住房的盛行。

2. 住房所有权形式（Housing Tenure）

大规模建设新售楼盘，住房库存总数得以扩充，能够购买住房的百姓也日益增多，见表2－4。观察过去20年变化趋势，可以发现1990年居民住房拥有率仅占50%左右，但2005年韩国居民住房拥有率已达55.6%，首尔也跃升至45%，已接近发达国家水平（见表2－5）。

---

① 关于主要政策内容，请参照后文。

表2-4　居民住房拥有率（全国、首尔）

单位：%

	1955 年	1960 年	1970 年	1980 年	1990 年	1995 年	2000 年	2005 年
全国	81.1	77.6	71.7	58.6	49.9	53.3	54.2	55.6
首尔	51.4	54.6	—	44.5	38	40	41	45

资料来源：韩国统计厅各年度《人口住房普查》。

表2-5　世界各国居民住房拥有率/居住现况（2003 年标准）

单位：%

国　家	1980 年		2003 年		公共租赁住房比率
	租赁	自有租房	租赁	自有住房	（2003）
美　国	—	—	31.7	68.3	1
日　本	—	—	36.6	61.2	7
英　国	43	57	29.5	70.5	19.2
奥地利	43	52	39		14.3
比利时	38	59	31	68	7
丹　麦	43	55	40	53	20
芬　兰	30	63	34	63	17.2
法　国	41	47	38	56	17.5
德　国	61	39	55	45	6.5
爱尔兰	24	76	18	77	4.6
卢森堡	39	60	26	67	1.9
荷　兰	58	42	45	55	34.6
葡萄牙	39	52	21	75	3.3
西班牙	21	73	11	82	0.9
瑞　典	42	42	39	46	21

注：租借＋自家不等于100%，是因为存在居住组合（Cooperative）及其他居住形式。

资料来源：1. National Board of Housing, Building and Planning, "Housing Statistics in the European Union 2004", Sweden；美国人口普查、日本人口普查、英国人口住房普查结果。

2. 国土海洋部：《住房业务便览》，2007；援引 Seon-ong Kim 等编《住房市场及政策研究》，韩国开发院研究报告，2008。

韩国租房市场的重要特点是大部分租借房屋归个人所有，部分个人拥有两套甚至两套以上住房用于投资，他们可以在任意时间内以非体系化、无组织的形式进行房屋租赁活动，待房地产价格大幅上升，便出售手中住房，以获暴利。发达国家的住房租赁业主要通过具有组织性的商业公司或公共机构进行，这与韩国有所不同。

关于多套住房拥有者的作用，具有很多争议。部分人士认为，因为他们持有多套住房，造成无住者购买房屋的机会减少，因此有必要给予强烈限制。但也有部分人士认为，多套住房拥有者没有政府任何补助也可向约40%家庭租借房屋，对经济起伏起到一定缓解作用。但是历届韩国政府始终站在前者的立场之上，只不过程度有所差异而已。

三　土地开发与住房供给结构

1. 土地公营开发与新建住房销售限价

正如上述单中心城市模型说明的一样，在城市化快速进行的经济体中，如何解决新型城市建设用地的开发与供给问题是重要的课题。截至 20 世纪 70 年代，韩国大规模土地开发多数依据"土地区划整理"方式进行。所谓"土地区划整理"方式，即在保持原有未开发土地所有人的产权的基础上进行土地开发，然后售出部分开发好的土地，从而获取开发费用，土地所有人根据费用削减比率而分配到相应的开发后土地。"土地区划整理"的好处是政府可在无财政负担的情况下，开发土地、建设配套基础设施，但是开发土地、修建住房，直至建设成为真正意义上的城市需要较长的时间。此外一个问题便是，土地所有人手中持有的土地面积较小，20 世纪 70 年代难以用于修建新型公寓楼。

1983 年韩国政府禁止大城市内土地区划整理项目，而选择"公营开发"项目作为土地开发的替代手段。所谓"公营开发"是指政府或国营企业全面收购拟开发土地，然后根据统一的计划进行开发。开发完毕的土地按照政府政策方向进行销售，特别是住房开发商廉价购买其土地之后，以低于上限价的价格提供住房。公营开发方式虽然在收购未开发土地的初期资本负担较大，但是这种方式却有利于有效开发大规模土地，特别是可以为修建公寓楼提供适合的建设用地。

虽然各时期有一定差异，但是韩国 20 世纪 80 年代初至现在住房政策的基本结构是，以新建住房售价限制与土地公营开发为主轴，大规模修建房屋后，廉价销售给中产阶层（见图 2 - 5 ）。即公营开发商凭借职权，低价购买未开发土地，修建必要的基础设施，开发所购土地，然后提供给住房建设企业，住房建设企业虽然以低价获取开发用地，但是修建住房种类、数量以及房屋提供对象及价格都会受到一定限制。此类企业虽然受到新房价上限的限制，但是以低价购取开发用地，从某种层面上还是可以获取最少的利益。住房购买人可通过新房限价制，以低于周围相似住房的价格购买到新建住房，最终大部分开发利益转移到住房购买人。

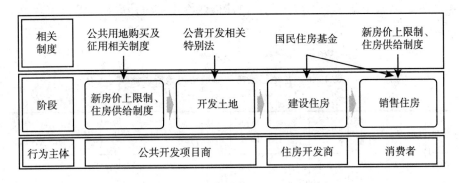

图 2 - 5　土地开发与住房供给结构

随着经济发展及收入增加，众多韩国人希望购买住房。韩国政府为满足国民需要，提供大量低于市场价的公寓式住房。新建住房的出售价一般包括基础设施建设费等，因此政府无需投入资金用于修建新开发地区基础设施。同时，住房建设资本金也可通过预售方式，由消费者集资或者通过住房行业内部筹集资金的国民住宅基金确保。为支持住房建设，无需减少对制造业等其他行业的金融资助，政府无需花费精力对住房行业进行财政及金融资助，也可实现居住环境改善目标，这应当归功于政府所推行的公营开发与新建住房售价上限制两大制度为主轴的住房供给结构。

2. 土地供给结构的局限性

20 世纪 80 年代后约 30 年间，公营开发对房屋的大量供给和中产阶层的形成起到了不可否认的贡献。但是，韩国中央政府旗下的少数公营开发商却大规模垄断开发项目，引发诸多问题。中央政府与地方政府就开发是否符合地区现况出现分歧，此外还有国营企业经营管理是否切实有效等各种问题层出不穷。同时，公营开发商不得不切实履行政府的政策方向，从而导致众多供需不平衡问题的出现①。

严格限制土地使用，仅限国有单位大规模开发的土地供给结构，导致韩国土地供给无法满足市民需求。如表2－6所示，全国用于城市建设的用地、工厂用地以及基础设施建设用地等所占的比例仅由1980年的3.4%增长至2006年的6.2%。鉴于该时期经济的大规模发展，可以看出城市用地密度大幅上升，城市用地供给受到限制，只能造成价格上涨，这是降低国家竞争实力的原因之一。

表2－6　各地区城市、非城市用地所占比例

单位：%

年份	用地	工厂用地	公路	公园	学校用地	城市用地合计	农田	稻田	林地	非城市用地合计
1970	1.602	—	1.589	—	—	—	9.575	12.904	67.684	90.163
1980	1.739	0.103	1.414	0.004	0.127	3.387	9.567	12.980	67.471	90.018
1990	1.951	0.248	1.826	0.022	0.191	4.238	8.981	12.938	66.902	88.821
1995	2.140	0.388	2.026	0.039	0.215	4.808	—	—	—	—
2000	2.362	0.517	2.290	0.062	0.241	5.472	8.298	12.626	66.461	87.385
2005	2.542	0.624	2.573	0.085	0.262	6.086	7.984	12.196	65.035	85.215
2006	2.583	0.646	2.634	0.090	0.269	6.222	7.957	12.126	64.960	85.043

注：①用地、工厂用地、公路、公园、学校用地等统称"城市用地"。
②农田、稻田、林地等统称"非城市用地"。
资料来源：韩国统计厅。

土地使用限制总体上较为严格，首都圈还受到上述人口集聚限制政策以及开发限制区域划定等更加严格的限制。这些限制使得韩国首都圈地区出现与他国有所不同的空间结构。Sun-seok Bae（1990）通过观察首尔市居住用

---

① 例如，首都圈地区需求量较大，因为人口集中限制政策的推行，无法擅自增加供给量，但地方虽然无需求可言，但为促进地区发展，仍然需要进行各种项目建设。

地价格、容积率以及人口密度，指出市中心价格高昂的用地（或容积率、人口密度）等随着远离中心而呈现下降趋势，然而从某一距离开始又呈现上升趋势，出现双峰型变化趋势。容积率与人口密度位于外围的高峰明显高于城市中心，但是用地价格却无较大差异。

此空间结构截至20世纪60年代一直用于满足应对家庭住房数量增加、城市平面扩张需求，而且此后曾是首尔郊区的江南地区开始人口密集型开发，随着城区向外延伸，城市发展过程逐步集中于曾被划定的"开发限制区"。首都圈的空间结构与单中心城市模型预测有所不同，越向外围延伸，反而呈现出土地价格及人口密度增加的趋势，这说明韩国首都圈土地使用中存在众多效率较低的因素。

四　房地产市场的景气变动

1. 房地产价格变化

韩国房地产价格猛增及投机热等问题于20世纪60年代后期较为突出。韩国自1974年起开始调查土地价格变动率，住房价格调查则始于1985年年底。图2-6则是1974～1997年金融危机爆发之前，全国及首尔市年均土地价格上涨率与物价上涨率的比较。

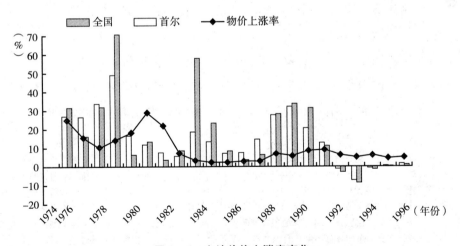

图2-6　土地价格上涨率变化

截至 1978 年，韩国通货膨胀率较高，土地价格节节攀升。此后 1979 ~ 1980 年年初的第二次石油危机以及朴正熙总统的去世等政治、经济风波连续发生，最终导致韩国通货膨胀率大幅攀升，而房地产市场却出现萧条局面。随着 20 世纪 80 年代中期韩国政治、经济逐步走向稳定，房地产市场也步入恢复轨道。从 1987 年开始的"三低条件"，即低利率、低油价、低货币价值（高汇率）所引发的出口猛增与经济繁荣，促使此时期房地产价格又一次呈现猛增趋势。

但若关注韩国 1987 ~ 1991 年间房地产价格猛增的趋势，便会发现无论是首都圈还是首尔，韩国全国上下的住房及土地价格均有所上升。不仅如此，传贳抵押金也持续上涨，对低收入阶层住房形成严重打击。该时期，也正是韩国政治活动民主化、工会活动自由化的重要时期，无住房民众的愤怒及对社会的不满情绪直接威胁到韩国国家体制[1]。

韩国政府宣布修建 200 万套住房计划，给众多无住房者带来购买自有住房的希望，但另一方面却引入"土地公概念制度"（即促进土地所有权中心主义向土地使用权中心主义转变）限制拥有过多住房者购买房产的欲望。这使得 20 世纪 90 年代初韩国住房价格有所下降后，逐渐步入稳定局面，一直持续至 1996 年年底。鉴于此期间的物价上涨、收入增加，韩国住房价格的实质性跌幅还是很大的。如果将价格最高时 1991 年 5 月的房价定为 100，那么 1996 年 11 月韩国全国实质价格指数则为 60.1，首都圈为 63.9，首尔仅为 64.5。名目价格整体上保持不变，但是五年间房地产实质价格却有所下降。这与日本等 20 世纪 80 年代后期出现房地产市场泡沫的国家有所不同，韩国的金融与房地产行业有所隔离，

---

[1] 国家简报特别企划组（2007，p131）对上述情况做了详细的说明。（在土地价格猛增的同时）"房价"由 1988 年 13.2%，1989 年 14.6%，增长至 1990 年 21%，执政三年间增长率达 56%，住房问题延伸为严重的社会问题。1989 年 7 月，1 年 6 个月间，全国传贳抵押金增长 28.7%，众多租房人涌向地下室、高坡房、郊区，特别是 1989 年 12 月国家修正《住房租赁保护法》后，将传贳的租赁期间由 1 年延长至 2 年，房东大幅提高传贳抵押金，造成众多无家可归家庭的家长自杀现象，严重扰乱社会稳定。随着政治民主化热浪的盛行，以及经济领域"福利与平等"的崇尚，如果不能解决居民住房问题，那么现政权将难以维持。

因此20世纪90年代韩国房地产价格的下跌，并没有造成对国民经济问题的忧虑，特别是房地产价格下跌几乎没有对韩国金融行业资产良性发展造成恶性影响。

1997年年底，韩国向国际货币基金组织提出紧急资金援助，由此韩国正式爆发经济危机，整个经济领域都陷入泥淖，其中建筑业、房地产业更是难上加难。房地产价格大幅下跌，通过新建住房的预售筹集建设费用的企业纷纷面临倒闭。此外房地产产权人的资产大幅缩水，大量建筑业劳动者面临下岗等，爆发了不少社会问题。但是，与同一时期面临经济危机的东南亚各国有所不同，在韩国引发经济危机的原因主要是企业的不良贷款，而不是住房金融、实体经济的萧条造成韩国房地产市场的不景气。这正是因为韩国房地产业与金融行业有所隔离，而且在房地产价格中没有泡沫因素［Jae-yeong Sun、Gwan-yeong Kim（1998），Kim（2000）］。房地产不但不是经济危机的祸根，反而成为防止资产抛售、吸引外资、克服危机的重要手段。

随着经济复苏，韩国房地产市场逐步进入恢复阶段。1998年房地产价格暴跌时期，很多人拿日本举例，指出韩国房地产市场短则5年、长则10年会陷入萧条困局。但是1999年下半年房地产价格下跌已经有所停止，2001年年底起房地产价格又重新步入上涨局面。图2－7是1995年年底1月房地产价格稳定时期各地区实际价格比较图，从图中可以看出，2001年以后的价格上升时期，因为地区差异、住房种类不同，房地产价格上涨率出现较大偏差，首尔汉江以南地区（江南圈）公寓楼价格涨幅最大，同样也引发了20世纪80年代后期房地产价格攀升等导致的严重的社会问题，这也成为韩国政府严格加强房地产税收管理的重要契机。

2. 住房价格的长期变化

人们普遍认为住房价格涨幅大、速度快，现在住房价格过高，但是实际统计数据却不能反映这样的观点。表2－7是过去10年、15年以及最初进行住房价格统计的1986年开始23年间年均住房价格上涨率计算结果。

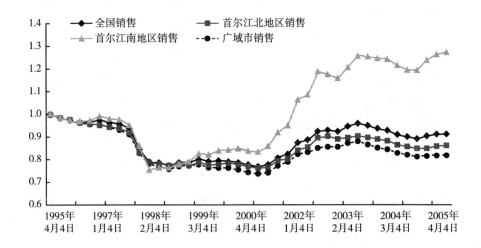

图 2-7 各地区住房实际价格变化

表 2-7 住房价格长期变化

单位，%

指标与分区		1986～2009 年（23 年平均）	1994～2009 年（15 年平均）	1999～2009 年（10 年平均）
住房价格指数	全国	3.89	3.43	5.15
	首尔	4.82	4.15	5.19
	江南	6.12	6.35	9.23
	江北	3.32	4.44	6.23
公寓价格指数	全国	6.07	4.45	7.26
	首尔	7.3	6.42	10.28
	江南	8.03	6.89	11.33
	江北	5.66	5.27	8.22
消费者物价指数		4.53	3.56	3.13
城市劳动阶层家庭收入		9.84	6.04	6.31
土地价格指数		5.24	2.24	4.81

资料来源：韩国国民银行、统计厅、韩国银行。

1999年后10年间住房价格上升率较高，这当然也包括经济危机造成住房价格暴跌后，逐步进入恢复局面的过程。其中时间最长的1986年起的全国年均住房价格上涨率为3.89%，低于消费者物价指数4.53%；首尔江南地区特别是公寓楼价格上升虽然高于物价上涨率，但是相比城市劳动阶层家庭收入上涨率却处于较低水平。

大部分地区的实际住房价格持续下跌，对很多人来说是一件十分意外的事情。这也许是因为短期内价格猛增给人们留下的印象会远远大于长期价格稳定。例如，20世纪90年代10年间住房价格持续下跌，甚至走向稳定局面，然而此期间物价持续攀升，因此住房实际价值跌至原来的一半，但是能够记住此事实的人却寥寥无几。

3. 住房经济过度变化引发诸多问题

韩国住房价格长期大幅上涨并不是问题的实质，住房价格上涨呈现出所谓"阶梯型上涨"结构，而且时期较为集中，扰乱经济整体局面及韩国国民生活才是问题的真正核心。虽然长期住房价格平均涨幅并不大，但是特定时期的价格暴涨及狂跌，给许多人带来巨大的冲击。20世纪60年代中叶、1977~1978年、1983~1984年、1987~1991年以及2001年后都是住房价格涨幅较大的时期。通过表2-7、表2-8可以看出，比较各国住房价格年均上涨率及标准偏差时，韩国房地产经济的变动幅度相对较大。

韩国住房市场变化幅度较大的原因，第一，从资产价格作为未来收入流向的现价值层面看，如图2-3所示，对未来变化的展望全部反映在现价格上，因此价格变动幅度较大。1997年的亚洲金融危机、2008年爆发的全球金融危机所引发的房地产价格暴跌，随着经济危机的克服以及对未来预期的恢复，价格有所猛增，都是典型例子。

第二，房地产供给的非弹性结构拉伸了景气变化幅度。房地产供给所耗时间较长，各种失误也导致供给弹性减小。特别是，还存在各种顽固保守的土地使用及开发相关限制，更使得房地产市场的弹性下降。若供给弹性下降，相同需求冲击对价格的影响只会增大。

表 2 – 8 世界各国实质住房价格上涨率 (1991 ~ 2007 年)

国　　家	平均	标准偏差	CV	最大值	最小值
韩　国	– 1.7	6.9	– 4.0	13.6	– 15.5
瑞　士	– 1.8	3.9	– 2.1	4.0	– 8.2
德　国	– 2.2	1.4	– 0.7	1.2	– 4.1
日　本	– 3.4	1.8	– 0.5	1.0	– 6.1
荷　兰	6.1	4.5	0.7	15.5	– 0.6
法　国	6.1	4.9	0.8	13.2	– 2.4
芬　兰	4.7	3.8	0.8	8.4	– 3.5
挪　威	6.2	5.5	0.9	12.3	– 7.2
爱尔兰	8.4	8.1	1.0	28.2	– 1.8
丹　麦	5.6	6.0	1.1	19.4	– 3.5
新西兰	5.2	6.4	1.2	17.3	– 4.8
美　国	2.3	2.9	1.2	8.0	– 2.5
澳大利亚	4.1	5.3	1.3	15.3	– 3.3
西班牙	4.4	6.6	1.5	16.4	– 6.2
英　国	4.8	7.3	1.5	14.7	– 8.3
加拿大	2.6	4.5	1.7	9.1	– 6.6
瑞　典	3.1	7.2	2.3	10.5	– 15.1
意大利	1.3	5.3	4.1	7.5	– 7.0

资料来源：经济合作与发展组织（简称经合组织，OECD）。

第三，因韩国独特的条件，经济顺势性供给结构也会增大景气的变化幅度。新建住房市场及库存住房市场都是资本所得决定住房需求的重要因素，因此价格上涨时，需求量便会增加，国营、民营企业都会增加住房供给。经济景气时，一切都将会变好，经济不景气时，状况也会变得更差。

实际上，无论原因为何，房地产价格的急剧变动都引发政治社会产生巨大波动。房地产价格持续猛增时，无住房者会失去对住房的希望，相反房地产持有者却会因此获得巨额资本收益；通过房地产项目获取巨额资本的受益者与未能获取利益者之间的矛盾将会日益深化，影响到社会稳定。长期住房价格上涨率并不高的统计数据，也难以安抚饱受各种困苦的无住房阶层。当然政府也难免会因此加强房地产市场限制以及相关收税管理，韩国的房地产市场相关限制及税收体制在很大程度上反映了这种情绪。

五 住房负担能力

1. 购房负担指标

反映购房负担的指标中，比较有代表性的指标应当是住房价格除以年收入的房价收入比（Price Income Ratio，PIR）。韩国各大机构都公布 PIR 结果，但是因其计算方法或资料不同，时常会出现一些不同的结果。表 2 - 9 是韩国国民银行为掌握住房金融需求而进行的实情调查结果，也是时间序列最长的统计数据之一。如今 PIR 与 20 世纪 90 年代相比涨幅相当大，但是 20 世纪 90 年代末是金融危机导致住房价格及收入锐减时期，因此这一时期很难视为恰当的标准数据。

表 2 - 9 韩国国民银行 PIR 指标

年份	全国	首尔
1997	4.6	6.3
1998	4.2	6.7
1999	4.6	6.7
2000	5.0	7.9
2001	4.6	7.5
2002	5.5	6.4
2003	6.2	8.9
2004	5.5	7.0
2005	5.6	8.0
2006	6.5	9.8
2007	6.6	9.8
2008	7.6	10.5
2009	7.7	8.9

资料来源：国民银行，各年度住房金融需求实情调查。

为解决如何选择恰当的标准问题，表 2 - 10 将 1995 年年底"住房价格/劳动阶层家庭收入"视为单位"1"，然后再与此前或此后年度的住房价格指数变动率及家庭收入变动率相比较即可（见表 2 - 10）。

表 2 – 10　收入与住房价格比的变化（1995 年年底设定为单位"1"）

期间	全国	首尔	江南	江北	江南公寓楼
1986.1 季度	2.96	3.21	2.87	3.65	2.53
1988.4 季度	2.19	2.14	2.01	2.33	1.88
1990.4 季度	2.13	2.18	2.14	2.21	2.17
1992.4 季度	1.45	1.45	1.44	1.45	1.40
1994.4 季度	1.11	1.12	1.11	1.12	1.11
1995.4 季度	1.00	1.00	1.00	1.00	1.00
1997.4 季度	0.93	0.93	0.95	0.92	1.00
1999.4 季度	0.81	0.82	0.84	0.79	0.95
2001.4 季度	0.77	0.82	0.88	0.74	1.04
2003.4 季度	0.85	0.96	1.12	0.80	1.45
2005.4 季度	0.79	0.92	1.10	0.75	1.49
2007.4 季度	0.80	1.02	1.22	0.82	1.68
2008.2 季度	0.82	1.07	1.26	0.89	1.70
peak 1990 2 季度	2.30	2.34	2.30	2.38	2.26

　　通过观察表 2 – 10 可看出，2008 年首尔江南地区，尤其是除公寓楼以外的首尔江北地区以及地方的住房价格与年收入的比率，和 1995 年年底相比并未出现恶化趋势。首尔江南地区的住房价格上升稍高于收入增加，特别是公寓楼价格上升较为明显。通过表 2 – 9 及表 2 – 10 可以看出，地区之间以及不同类型的住房间住房价格上升的差距较大。除特定地区外，住房价格并没有超出购买能力而呈现出明显增加的趋势。

　　因此，表 2 – 11 显示结婚后购买自有住房所需时间与 2000 年年初相比大约增加了 1~15 年，但这与 20 世纪 90 年代初水平相似，购买人的年龄大约在 36 岁左右，并没有发生较大变化。

2. 低收入阶层居住费用负担变化

　　韩国居住条件的改善是因为短期内修建了大量住房，特别是公寓楼，但大部分住房是用来销售的，作为保障性的租赁房很少。这样的住房供给结构的最大受惠者是有一定能力的购房人，因为能享受到销售价限制的优惠。难以承担购房费用的低收入阶层被这种住房供给结构排除在外，有时难免还会"吃亏"。其代表性的例子便是再开发、重建地区的租房人。众多破旧、问题住房因再开发或重建工程被拆毁，取而代之的是新建的公寓大楼。优质住房库存量不断增多，入住此地区的中产阶层居住条件得以大幅改善，但是之前以较低房租解决住房问题的低收入阶层却因此失去了居住空间。随着整个城市再开发及重建工程的实施，低价租赁住房大量减少，租金日益上升，而低收入阶层居住负担也随之日益加重，形成一种恶性循环。

表 2-11　购买自有住房所需时间及购房人年龄

年份	购房所需时间(年)	年度	购房所需时间(年)	购房人平均年龄
1990	9.0	2000	6.8	
1991	8.5	2001	7.4	
1992	8.8	2002	7.0	
1993	9.0	2003	6.7	
1994	8.5	2004	6.8	34.4
1995	7.9	2005	7.7	36.2
1996	8.1	2006	8.2	36.9
1997	8.0	2007	9.4	36.0
1998	7.7	2008	9.0	36.2
1999	7.2	2009	9.4	36.4

资料来源：国民银行，各年度住房金融需求实情调查。

为保障低收入阶层稳定、幸福生活，政府有必要提供住房补助金以及公共租赁住房。但是政府对低收入阶层的居住稳定所投入的预算并不多，10年以上长期租借的公共租赁住房截至 2008 年年底仅 57.9 万套，占整体住房库存（1416.88 万套）的 4.1%，2000 年以后政府才正式大量增加公共租赁住房的数量，如表 2-12 所示。

表 2 – 12　各国公共租赁住房比较

国家		韩国	日本	美国	英国	法国
公共租赁比例 （％）	全体库存标准	4.1(2008)	5.8(2008)	1.5(2006)	19.2(2005)	17(2005)
	租赁库存标准	8.8(2008)	16.4(2008)	5.5(2006)	65(2004)	40(2004)

资料来源：国土海洋部：《住房业务便览》，2009。

六　房地产税和住房金融

1. 房地产税背景与负担

自从 20 世纪 60 年代中期以来，房地产价格暴涨造成市场对房地产的无分别性投资，韩国政府认为这属于一种投机行为。因此，为控制房地产投机、稳定房地产价格，制定了房地产税收体制，最初较为具体性的尝试应当是 1967 年实施的"房地产投机遏制税"①。此税规定在首尔、釜山等大城市地区拥有一定数量以上土地的人，转让所持土地时需要支付 50% 的转让收益，其中比较特别的是，政府每两年对此评价一次，对未执行的资本收入也将征税。

"房地产投机遏制税"实际上几乎没有得以"重用"，但 20 世纪 70 年代后，此税转型为"转让所得税"，其政策目标、征收方式等对日后房地产税的发展产生了很大影响。例如，控制房地产投机的另一面，为保护实际需求，根据一定标准进行区分，对前者强加管制，对后者大力保护，这一原则一直沿用至后来的房地产税。因房地产价格猛涨而引发的政治、社会压力集中于政府时，政府虽然无法立即采取措施加以管制，但通过房地产税收便可方便地控制房地产投机行为。房地产税逐步发展成为控制投机、稳定房地产价格的重要手段，但韩国房地产税率却是世界最高的。从表 2 – 13 所示的经合组织 30 个会员国房地产税在总税收的占比中，可以看出韩国与英国的房地产税所占比重最高。此外，房地产税占 GDP 的比重等指标中，韩国都是"名列前茅"，但是财产所有税所占比重却相对较低，交易税所占比重过度偏高。

---

① 当时政府指出"观察近年首尔特别市土地价格变动趋势可知，1962～1966 年土地平均价格上涨 2.39 倍，工厂用地上涨 2.08 倍，因此需要限制土地投机现象，防止土地价格上涨，这就需要通过税收方式来实现"。

表 2 - 13　经合组织会员国房地产税在整体税收中所占比重（2007 年标准）

国　　家	财产交易税		房地产所有税		总财产税	
	比重（%）	排名	比重（%）	排名	比重（%）	排名
韩　国	8.1	1	3.6	9	11.7	2
希　腊	3.1	5	0.3	28	3.4	16
土耳其	3.0	6	0.7	22	3.7	14
英　国	2.9	7	8.9	2	11.8	1
意大利	2.7	8	1.9	13	4.6	12
冰　岛	1.8	14	3.9	8	5.7	10
法　国	1.5	15	5.0	6	6.4	8
日　本	1.2	17	6.8	4	8.0	6
德　国	0.8	20	1.2	18	2.0	23
瑞　典	0.7	22	1.7	15	2.4	21
墨西哥	0.7	24	1.0	20	1.7	26
挪　威	0.6	26	0.6	24	1.2	29
美　国	0.0	29	10.2	1	10.2	3
30 国平均	1.9		2.7		4.6	

资料来源：http://www.oecd.org。

2. 房地产税所存在的诸问题

正如表 2 - 13 所示，房地产税在总税收中所占比重或在 GDP 中所占比重没有一个绝对的数值标准。各国根据本国实际情况，政府和民间相互分工，政府为筹集所需资金调节各种税收所占的比例。这一系列行为发展至今决定了现在各国的税收结构。尽管如此，不可否认房地产税对房地产供求所带来的影响。若税收降低房地产投资收益，相应投资则会减少。若投至房地产市场的资本下降，则会出现土地开发减少、住房建设萎缩，最终导致供不应求，租赁费与房地产价格上升①。

---

① 因此 19 世纪美国思想家 Henry George 强烈反对，向像住房、建筑、财产、劳动等通过人力所得的所有对象征税。他指出："税应当为取消或减少征税对象而存在。美国很多州及地区因狗数量过多，国家为减少狗的数量，而征收相关税。那么政府不希望减少住房，为什么又要征税呢？（中略）住房税势必会削减住房数。"
（中略）对建筑征税，那么建筑数量会有所减少，外观也会变丑；对农场征税，那么农场势必会减少，变得更为荒凉；对船只征税，那么船只肯定会减少，船体也会变小；对资本征税，那么资本定会减少。

通过限制投机行为而维持房地产价格稳定的做法也有众多问题。回顾过去40年间房地产价格持续上涨的过程，除需求增大、供给问题等正常供求因素外，没有任何证据能够证明投机行为是一个孤立的、一般的造成房地产价格上涨的罪魁祸首。公共项目或土地限制有所变更时，附近的房地产价格势必会上涨，投机人士只是看重其中价格差异所带来的"甜头"而已。20世纪80年代末或21世纪初住房价格猛涨，均因住房市场供不应求以及宏观环境中价格上涨因素的存在，部分投机人士只是加入到实际涨价的过程而已。当然也会存在局部或暂时性例外，但投机只是价格上升的过程或结果，而不是价格上升的原因。

就算只有实际需求者进入房地产市场，也照样会带来房地产价格上涨。产业化、城市化最终导致城市土地的需求猛增、过度的土地使用限制、公共部门垄断的供给体制以及家庭数的增加、收入上升、人们对优质居住环境需求的膨胀等，这些因素才是助长韩国房地产价格上升的罪魁祸首。

3. 开发利益的回收

另一方面，正如很多人所说的一样，随着城市的飞速发展，开发利益的分配结构有可能成为社会问题。开发利益因限制制度的变化、附近公共投资项目等因素而产生，政府具有主导权。因此政府当然有权回收开发利益，但是观察韩国及周边国家的情况便可了解，国家很难通过特别税或附加金顺利地回收开发利益，其中技术上的问题便是难点之一。例如，土地，购买未开发土地的价格，因众多试图从中牟利的利益关系者间的矛盾，越临近开发期，其价格越高，此时，如何评价土地的初始价值以及开发升值从而判定开发利益的归属，是难以解答的问题之一。

回收开发利益最根本的问题是韩国具有"转让所得税"等一般资本利益回收制度，那么为何需要另设回收制度呢？开发利益是资本利益的一部分，若要回收开发利益，则需要制定转让所得税以及相互减免制度。销售土地时，若回收广义上的资本利益，并具有一定的耐心，那么与其使用有众多技术性问题的开发利益回收制度，更不如依靠转让所得税，这样反而会使问题更简单、效率更高。

一般来说，通过开发商负担建设基础设施的方式来回收开发利益比由政府建设后征收税费或各种附加金的方式更有效。

4. 住房金融

韩国爆发金融危机之前，一直推行限制住房金融政策。但是，1998 年住房金融正式走向自由化道路，这可以说是韩国为克服危机而放宽限制制度的重要一环。金融界高速大幅增加住房抵押贷款，特别是商业银行的住房贷款额增幅扩大，1996 年银行住房抵押贷款额仅约 15 万亿韩元，但到 2007年则飞速增长至 217 万亿韩元（表 2－14）。

表 2－14 住房抵押贷款增加趋势

单位：万亿韩元

项 目	1996 年	1998 年	2000 年	2004 年	2006 年	2007 年 5 月	2008 年	2009 年 9 月
住房抵押贷款余额（A）	36.4	44.2	51.5	240.2	298.8	302.4	239.7	260.1
民间住房抵押贷款	18.2	20.8	22.3	222.6	276.7	279.8	—	—
商业银行住房抵押贷款	14.9	16.4	20.3	169.7	217	217	—	—
公共住房抵押贷款	18.2	23.4	29.2	17.6	22.1	22.6	—	—
家庭贷款（B）	151	165.8	241.1	449.4	550.4	550.4	648.3	675.6
国内生产总值（GDP）（C）	448.6	484.1	578.7	779.4	847.9	847.9	1026.4	1063.0
B/C（%）	33.70	34.20	41.70	57.70	64.90	64.90	63.0	64.0
A/B（%）	24.10	26.70	21.40	53.40	54.30	54.90	37.0	38.0
A/C（%）	8.10	9.10	8.90	30.80	35.20	35.70	23.0	24.0

虽然住房抵押贷款增长速度飞快，但是其整体规模与其他发达国家相比，并未达到令人担心的程度。住房抵押贷款中令人忧虑的部分是，消费者风险负担较大（表 2－15），特别是大部分是浮动利率贷款，消费者需要承担利率变动所带来的巨大风险。从金融机构的立场看，LTV 过低，住房抵押贷款出现问题的可能性较低，最终消费者承担住房抵押贷款的大部分风险因素，银行完全隔离各种危险情况，因此今后还需要付出努力降低消费者所承担的风险因素。

表 2 - 15　各家银行的住房抵押贷款条件变化

单位：%

项目	2003 年	2004 年	2005 年	2006 年	2007 年	2008 年	2009 年
3 年以下满期贷款比例	—	60.1	43.9	30.0	24.6	35.6(6月)	—
一次性偿还贷款比率	86.0	76.8	63.7	47.6	40.8	—	—
变动利率贷款比例	—	—	—	94.8	91.7	92.0	92.3(8月)
平均 LTV	60.2	56.4	53.4	49.5	—	35.97	34.45

　　资料来源：In-gyu Kim、Tae-yul Gwon：《住房金融现况与发展方向》，《韩银调查研究》2007 年第 3 期；三星经济研究所：《家庭负债问题判断及对销售影响的分析》，《SERI 经济焦点》2010 年第 286 刊。

第三节　结论

　　自 20 世纪 60 年代起，飞速的经济增长与城市化进程是韩国面临的重要历史性挑战。从某种意义上来说，可以认为韩国政府与韩国人民比较好地应对了挑战，从整体看，韩国房地产业所获得的成果可以说是功大于过。房地产市场发展趋势与政策变化的正面因素与负面因素可概括为以下几点。

　　首先，正面因素包括：为保障城市化、产业化顺利进行，国家需要确保大量土地空间，为此韩国政府选择了土地区划整理项目以及公营开发项目等政府主导型大规模开发方式。此土地开发方式的优点是，无需依赖政府财政或金融支援，也可进行城市开发与住房项目。同时政府颁布新建住房售价限制政策，为众多中产阶层提供大量廉价住房，土地开发利益主要用于建设基础设施以及分配给公寓楼购买人，从而消除部分阶层间矛盾因素。

　　住房不仅在数量上有所增加，而且在质量上也有飞跃性发展，大部分民众可生活于具备现代化设施的优质住房里。从长远角度来看，与物价和收入上升相比，住房价格上涨并不明显，民众购买住房的负担并没有大幅增加。韩国国民自住房居住比例已经达到发达国家水平，对近十年住房金融的发展也起到积极作用。

　　韩国房地产政策大体上成功的原因可总结为：将住房市场所具有的动力

积极用于实现政策性目标，政府积极顺应民众购买住房的需求，通过住房行业所筹集的资金进行土地开发、修建基础设施及住房等，最终在没有大规模依靠政府财政与金融支援的基础上，满足住房数量与质量两方面要求，当然这一过程也带来诸多负面因素。

其负面因素包括：虽无法阻止经济增长、城市化所助长的房地产价格上升，但此问题常常与政治挂钩，以此促进政府加强土地使用限制，增加房地产税收管理。政府推出"僵硬死板"的土地使用限制，仅面向政府部门放宽相关限制，提供所需的城市建设用地。随着土地开发对政府部门依靠性的增强，无论是在时间上还是在地区层面上都很难满足市场需求。特别是首都圈地区因多重限制规定，造成城市空间发展结构走向低效偏激格局。公营开发及新建住房售价限制政策影响城市居住文化的发展，更加淡化了城市所具有的魅力。房地产价格的长期上涨虽然没有过度，但是房地产价格变化幅度过大，严重扰乱国民生活及企业活动。政府出台住房政策的核心是增加住房数量，但低收入阶层却被住房问题边缘化。

今后住房政策的最大课题应归为"取长补短"，即维持现有成果，弥补不足之处；减小房地产经济变化幅度，建设更多、更具特色的住房，打造更具魅力的城市。为此，政府需要在房地产限制制度及税收方面有所改进，同时还要考虑低收入阶层的住房问题。相信韩国的经验及教训将会对飞速发展的其他国家在制定房地产政策方面有一定的帮助。

参考文献

［1］ 国家简报特别企划组：《大韩民国房地产 40 年：1967～2007 年房地产政策的过去与现在》，Hans Media，2007。

［2］ Rev. Reuben Archer Torrey：《土地与自由》，图书出版 Musil，1989。

［3］ Seon-ong Kim 等编《住房市场及政策研究》，韩国开发院研究报告，2008。

［4］ In-gyu Kim、Tae-yul Gwon：《住房金融现况与发展方向》，《韩银调查研究》2007 年第 3 期。

［5］ Sun-seok Bae：《针对扩大住房供给的土地有效使用方案研究：以首尔市居住使

用结构为中心》，国土开发研究院，1990。

［6］三星经济研究所：《家庭负债问题判断及对销售影响的分析》，《SERI 经济焦点》2010 年第 286 刊。

［7］Jae-yeong Sun、Gwan-yeong Kim：《我国房地产价格变化特征与展望》，《国土计划》1998 年第 33 卷第 1 刊。

［8］Man Jo：《住房抵押贷款市场：住房价格循环的决定因素与政策意义》。

［9］Jae-hyeong Kim：《关于房地产政策的综合探讨与发展方向探索》，《经济人文社会研究会共同研究报告》，韩国开发研究院，2008。

第三章
中国房地产市场发展变化

中国经历了由计划经济到市场经济的转变，房地产也发生了相应的变化。住房是房地产的主要组成部分，1998 年停止福利分房、住房市场化，成为中国房地产市场化的标志。从房地产市场化至今，房价特别是与人们生活息息相关的住房价格走过了从平稳到上涨甚至快速上涨的路程，房价上涨在导致投资、投机性购房逐步增多的同时，没有能力购房的群体逐步扩大，各种矛盾逐步显现，引发社会各界关注。

第一节　中国房地产市场的形成

尽管新中国成立之前中国土地和房屋为私有制，新中国成立后至 20 世纪 50 年代中期之前土地制度改革只限于农村地区，但经历了 30 多年计划经济后，现代中国房地产市场的形成无疑晚于韩国，从 1998 年全面实施住房市场化改革至今，仅有十多年时间。韩国与中国在许多方面有相似性和可比性，韩国保持着诸多儒家传统文化、土地资源相对紧缺、城市化与房地产快速发展同期进行、政府也对房地产市场干预等。韩国房地产市场发展的经验、教训及对房地产市场的研究有许多可资借鉴之处。但中国房地产市场形成的基础、背景等与韩国有着很大差异。

一　房地产市场形成的根本前提

1978 年改革开放前，中国实行的是排斥非公经济的计划经济体制，各级政府层层编制几乎覆盖全社会生产生活的经济计划，并控制经济运行的各个领域和各个环节。生产由国家统一安排，重要物资由国家统一调拨，劳动力由国家统一调配，盈亏由国家统一负责，高度集中是计划经济体制的最主要特征。计划经济难以高效配置资源，运行效率低，发展慢，特别是1949年的经济基础非常薄弱，起点低，"短缺经济"成为计划经济时代的代名词。新中国成立时几乎是白纸的工业基础、对重工业基础作用的认识等，使优先发展重工业成为经济发展的战略选择，轻工业发展显著滞后。与发展工业的指导思想相对应，"先生产、后生活"成为经济社会发展的指导思想，并贯穿整个计划经济时代。作为生活基本需求品的住房，不仅理所当然地被摆在次要位置，而且其建设、分配等制度也是计划经济体制的重要组成部分，表现出计划经济的特征。

改革开放后市场经济体制建立，而住房建设、分配的市场化是经济体制市场化的重要组成部分，没有住房建设、分配的市场化，经济体制市场化就不是完整的市场化，就会阻碍其他经济部门如建材等的市场化，影响整个市场化进程和程度。计划经济体制不可能存在房地产市场化形成和发展的土壤，经济体制市场化既推动了房地产市场化，又是房地产市场化的根本前提。

二　房地产市场形成的制度基础

住房市场化需要相关制度改革先行，其中最关键的是住房的建设分配制度和土地使用制度的改革，住房和土地制度改革是房地产市场形成发展的制度基础。

1. 住房制度改革的必然性

计划经济体制下，我国城镇住房长期实行实物无偿分配体制。住房由国家（或企事业单位）统一建设、统一分配。在各个环节、各个方面都表现出计划经济的特征：首先，投资统包统筹。住房建设投资主要由国家和企事业单位统包统筹，职工个人丝毫不承担住房建设投入，企事业单位的建房资金也无偿地直接或间接来源于国家财政，是一种纯粹财政性支出。其次，无偿福利分配。住房分配实行无偿的实物福利分配体制，分房标准主要以工作年限（工龄、厂龄等）、工作岗位及职位、住房困难程度等为依据，作为福利分配给职工，游离于劳动工资分配之外，也基本不与职工劳动贡献挂钩。再次，低租金经营方式。不承认住房的商品属性，实行非市场化管理经营，排斥市场交换和市场机制调节，采用低租金使用制。职工只需交纳远低于房屋建设、维修和管理成本的房租，亏损部分由国家补贴。最后，"单位"建设、管理体制。实施分散的、单位式住房建设管理，各企事业单位的房管部门仅仅是行政性科室，只管建房、分房和维修住房，不讲经济核算和经济效益。没有住房市场，更不允许进行买卖。

新中国成立之初，统一建房、统一分配、低租金使用的住房建设、管理和使用制度，在特定历史条件下保证了城镇居民的基本生活条件，维护了社会安定，保证了重工业化战略的实施。但是，随着经济发展和人民生活水平的提高，其弊端越来越明显，主要有以下几个方面。

第一，包袱沉重，建设资金不足。住房投资完全来自于国家或企事业单位，但资金少、不稳定，低租金根本不能实现"以租养房"。单位不仅需要投入大量建设资金，而且需要负担维修费用，加重了企业经济负担，建房越多补贴就越大、负担就越重，陷入住房建设资金的恶性循环。

第二，建设缓慢，供需缺口严重。因建设资金来源单一，有投无收，导致建设资金不能形成良性循环，制约住房建设，住房供给远远不能满足需求，住房普遍匮乏短缺。据统计（2009），1978 年全国城镇人均居住面积从新中国成立初期的 4.5 平方米下降到 3.6 平方米，城镇缺房户达 869 万户，占当时城镇总户数的 47.5%。

第三，分配不公，引发矛盾丛生。低工资背景下的福利化住房制度，事实上是扣除了每个职工工资中的住房应得部分，但因建设缓慢、住房短缺，多数人分不到住房。而住房涉及每个职工的切身利益，加上部分官员多占等造成住房分配不公，引发矛盾丛生，单位不得不付出相当精力应付解决，影响正常工作、生产经营和业务开展。

实际上，除单位内部职工之间因分房产生诸多矛盾外，单位之间的不公平也十分严重。一些强势、权力机构或单位，手中职权大和掌握资源多，职工住房条件远好于弱势单位。

市场经济体制不仅推动探索新的住房制度改革，而且为探索新的住房制度改革提供了条件。同时，改变城镇居民极为困难的住房状况，不仅是提高人民生活水平的迫切要求，而且是维护城镇社会稳定的现实需要，住房制度改革成为必然。

2. 土地使用制度改革的必然性

一方面，土地是房地产发展的物质基础，土地市场的发展是房地产市场发展的先决条件。另一方面，经济体制是个完整的体系，各主要领域都实施市场化，市场才能协调运行，市场经济体制下，难以想象房地产实施市场体制，而土地使用权的转移仍实行计划经济体制下的划拨制度。

计划经济时期我国实行的是国有土地无偿、无期限、无限制的划拨使用制度，给城市建设和经济发展造成了严重负面影响：土地资源不能资产化，土地资产价值无法实现，城市政府不能从土地开发中得到合理收益，导致城市建设资金缺乏，城市建设缓慢，城市环境不能及时改善，城市整体价值得不到提升；土地使用无偿划拨，企事业单位用地可以不计成本，城市占地规模增加过快，城市用地规模失控，土地利用效率和效益低；用地单位对土地多占少用、占而不用、早占晚用。这些问题导致城市土地利用集约度低，土地资源浪费严重，土地使用制度改革也势在必行。

1978 年农村实行家庭联产承包责任制，土地所有权与使用权开始分离，1980 年开始向中外合资企业收取场地使用费，1982 年深圳开征城市土地使用费。1987 年国务院批准在深圳、上海、天津、广州、厦门、福州等城市进行土地使用制度改革试点，1988 年修订后的《土地管理法》正式宣布土地有偿使用制度确立，开始了通过市场机制配置土地资源的尝试。1990 年《城镇国有土地使用权出让和转让暂行条例》颁布实施，土地市场建立和发展有了法律依据，为房地产市场的形成和发展提供了必要条件。

三 房地产市场形成发展的基本支撑

美国经济学家西蒙·库兹涅茨（1985）通过对许多国家的实证分析得出结论认为，经济增长与房地产业发展高度相关，并得出两者之间的量化关系，如表 3 – 1 所示。

表 3 – 1　经济增长与房地产业发展的相互关系

单位：%

经济增长率	房地产业发展状况
小于 4	萎缩
4 ~ 5	停滞甚至推倒
5 ~ 8	稳定发展
8 ~ 10	高速发展
10 ~ 15	飞速发展

同样，国民经济持续快速发展也是中国房地产市场形成发展的基本支撑。从开始改革开放的 1978 年到全面实施住房制度改革的 1998 年，GDP 由 3645 亿元增长到 84402 亿元，2012 年增长为 51.9 万亿元，已是世界第二大经济体，人均 GDP 由 1978 年的 381 元、1998 年的 6796 元提高到 2012 年的 38354 元，二产、三产规模迅速扩张，工、商、居住等各类房地产需求不断增加，为房地产市场的形成、发展提供了强大经济和需求支撑。

四　房地产市场发展的重要推动力

城镇化是房地产市场发展的重要推动力。1978 ~ 1998 年，全国人口由 96259 万人增加到 124761 万人，城镇人口由 1.7 亿人增加到 4.2 亿人，城镇化率由 17.92% 提高到 33.35%。2012 年全国人口达到 13.5 亿人，城镇人口 7.1 亿人，城镇化率 52.57%，与 1998 年相比，城镇人口增加近 3 亿人，城镇化率提高 19.22%。尽管部分从农村转移到城镇的人口特别是农民工没有能够真正在城镇扎根，城镇化率含有一定"水分"，但城镇人口一直在增长无可置疑。城镇人口持续增长为房地产市场带来需求，成为房地产市场形成和发展的强大推动力。

许多人相信，除国内背景外，中国房地产市场的形成时机多少与亚洲金融危机有关。1997 年 7 月起始于泰国的亚洲金融危机，是 20 世纪后 50 年间全球最严重的金融危机，也是第一次由亚洲发展中国家和地区向世界蔓延的金融危机，全球各地几乎都受到或大或小的冲击，世界经济增长明显萎缩，我国外向型经济也受到冲击。为快速刺激内需，1998 年 7 月国务院发出

《关于进一步深化城镇住房制度改革　加快住房建设的通知》，要求全面停止住房实物分配、实行住房分配货币化，拉开了房地产全面市场化的序幕。因此，可以说 1997 年亚洲金融危机是中国房地产全面市场化形成的直接催化剂。

第二节　中国房地产市场的发展

一　房地产市场主要指标的变化特点

过去的十多年特别是近年来，房地产市场风起云涌，市场的整体趋势是快速发展，销售量不断增加，但房价也在持续上涨。

1. 房价变化的主要特点

（1）房价由平稳到快速上涨

1998 年以来，全国商品房均价经历了由平稳到快速增长的过程（见表 3 - 2）。从数据看，1998～2003 年商品房均价由 2063 元/平方米增长到 2359 元/平方米，年均增长不到 60 元/平方米。其中，商品住宅均价由 1854 元/平方米增长到 2197 元/平方米，年均增长不到 70 元/平方米。2004～2012 年，除为应对金融危机冲击的 2008 年后半年外，国家一直采取金融、土地、税收、行政等各方面的政策和措施抑制房价增长，期间又经受金融危机冲击，但房价持续较快甚至过快上涨。期间，商品房均价从 2003 年的 2359 元/平方米增长到 2012 年的 5791 元/平方米，年均增长 381 元/平方米，年均增长率 10.5%；商品住宅均价由 2197 元/平方米增长为 5430 元/平方米，年均增长 359 元/平方米，年均增长率 10.58%，远大于韩国 1999～2009 年 5.15% 的年均增长率。

一线城市也经历了同样趋势的变化，但房价增长快于其他城市，且基数高，房价也远高于二三线城市。例如，全国商品住宅平均价格 2012 年为 5430 元/平方米，北京达到 16553 元/平方米，2010 年高达 17151 元/平方米（见表 3 - 2）。

表3－2　中国和北京市商品房及商品住宅均价变化表

单位：元/平方米

年份		1998	1999	2000	2001	2002	2003	2004	2005
全国	商品房	2063	2053	2112	2170	2250	2359	2778	3168
	商品住宅	1854	1857	1948	2017	2092	2197	2608	2937
北京市		4769	4787	4557	4716	4467	4456	4747	6162
年份		2006	2007	2008	2009	2010	2011	2012	—
全国	商品房	3367	3885	3800	4695	5029	5502	5791	—
	商品住宅	2197	2608	2576	4474	4724	5131	5430	—
北京市		8050	11454	11461	13779	17151	15517	16553	—

资料来源：中国统计数据应用支持系统 http：//info. acmr. cn。

1998 年房地产市场化以来，房价之所以走出先稳（1998～2003 年）后涨（2004 年以来）的轨迹，重要原因之一是市场供求关系的变化。1998～2003 年商品房市场供大于求：期间商品房竣工面积 17 亿平方米，销售面积为 12.8 亿平方米；2005 年之后一直求大于供（数据见本节后面）。尽管市场化之前居民住房累积欠账数量庞大，多数家庭迫切需要住房，但面对一部分人居住着无偿由政府或单位分配的住房，没有分到住房的人群需要自己掏腰包买房，难免感到不平衡、不公正，产生逆反、抗拒心理，相当部分居民难以即刻接受从福利分房向个人购房的革命性巨大转变，需要转换观念和适应期，也有部分无房家庭对住房制度改革的落实持怀疑、观望态度，更重要的是多数家庭没有足够积蓄购房，导致市场化改革后初期的需求难以很快释放。

（2）住宅价格增速快，办公楼增速慢

办公楼、商用房等各类房屋价格变化与住宅基本一致，但增速存在差异。其中住宅增速最快，办公楼增速最慢、增幅最小（见表 3－3）。

表3－3　各类房屋价格、增长倍数与年均增长率（1998～2012 年）

商品房类型	商品房	商品住宅	办公楼	商用房
1998 年（元/平方米）	2063	1854	5552	3170
2012 年（元/平方米）	5791	5430	12327	8488
2012/1998（倍）	2.81	2.93	2.22	2.68
年均增长率（%）	7.65	7.98	5.86	7.29

资料来源：中国统计数据应用支持系统 http：//info. acmr. cn。

（3）房价已超过部分家庭支付能力

尽管房价收入比这一指标受到各种质疑，例如，指标中收入应采用收入的中位数而非平均数、统计的收入主要为工资而非全部收入等，但该指标仍可在一定程度上反映居民的购房能力。表 3－4 和表 3－5 分别为全国和北京市各收入等级的房价收入比，分别按照建筑面积 90 平方米和 110 平方米进行了计算。之所以按照两种面积计算，其原因在于，2006 年建设部等九部委联合制定的《关于调整住房供应结构　稳定住房价格的意见》，规定自2006 年 6 月 1 日起，凡新审批、新开工的商品住房建设，套型建筑面积 90平方米以下住房（含经济适用住房）面积所占比重，必须达到开发建设总面积的 70% 以上，而最近几年每套住房实际平均面积约 110 平方米（杨慧、李景国、尚教蔚，2012）。1998 年国务院颁发了《国务院关于进一步深化城镇住房制度改革，加快住房建设的通知》（国发〔1998〕23 号），还曾规定房价收入比为停止住房实物分配后，本地区一套建筑面积为 60 平方米的经济适用住房的平均价格与双职工家庭年平均工资之比，这是官方第一次对房价收入比做出的定义，本文中没有按此估算。

表 3－4　全国城镇居民各收入等级房价收入比

收入等级 年份	最低收入		中等偏下收入		中等收入		中等偏上收入		最高收入	
	90 平方米	110 平方米	90 平方米	110 平方米	90 平方米	110 平方米	90 平方米	110 平方米	90 平方米	110 平方米
2003	18.1	22.1	13.9	16.9	11.2	13.6	9.1	11.2	4.2	5.1
2004	19.6	23.9	12.6	15.4	9.6	11.7	7.5	9.1	4.3	5.3
2005	20.1	24.6	12.7	15.5	9.7	11.9	7.5	9.2	4.3	5.3
2006	19.0	23.2	12.0	14.7	9.4	11.4	7.2	8.8	4.2	5.1
2007	18.9	23.1	12.1	14.8	9.5	11.6	7.3	8.9	4.3	5.2
2008	16.2	19.9	10.3	12.6	8.0	9.7	6.1	7.5	3.6	4.4
2009	18.4	22.5	11.7	14.4	9.2	11.2	7.0	8.6	4.2	5.1
2010	17.3	21.1	11.1	13.5	8.8	10.7	6.8	8.3	4.0	4.9
2011	15.9	19.4	10.3	12.6	8.2	10.0	6.4	7.8	3.8	4.6

资料来源：根据《中国统计年鉴》相关年份数据计算。

表 3-5　北京市各收入等级房价收入比

收入等级 年份	最低收入		中等偏下收入		中等收入		中等偏上收入		最高收入	
	90平方米	110平方米	90平方米	110平方米	90平方米	110平方米	90平方米	110平方米	90平方米	110平方米
2003	17.4	21.2	12.1	14.8	10.4	12.8	8.7	10.6	6.0	7.4
2004	18.0	22.0	12.6	15.4	10.3	12.6	8.0	9.8	5.3	6.5
2005	20.2	24.7	14.8	18.1	11.9	14.6	9.5	11.6	6.2	7.6
2006	21.2	25.9	15.3	18.7	12.5	15.2	10.3	12.5	7.0	8.5
2007	29.7	36.3	21.1	25.8	16.6	20.3	13.5	16.5	9.1	11.1
2008	31.7	38.7	21.6	26.4	17.7	21.7	13.6	16.7	9.3	11.3
2009	32.7	40.0	21.4	26.2	18.1	22.1	14.5	17.7	9.4	11.5
2010	37.6	45.9	25.5	31.2	21.2	25.9	17.5	21.4	11.5	14.0
2011	30.0	36.6	20.4	25.0	18.6	22.7	14.7	17.9	8.8	10.8

资料来源：根据《北京统计年鉴》相关年份数据计算。

从表 3-4 可看出，除最高收入等级外，其他等级即使按 90 平方米计算，房价收入比也超过通常认可的高限值（6）。而北京（见表 3-5）即使按 90 平方米计算最高收入等级的房价收入比绝大部分年份都超过通常认可的高限值（6），按 90 平方米计算，北京最低收入等级的房价收入比最高的 2010 年超过 37。与韩国相比，就中国全国平均值看，除最高收入等级外，其他等级的房价收入比均远高于韩国（参见第二章表 2-9）。

当然，在采用房价收入比考察中国房价时，我们必须考虑到两个具有中国特色的基本事实：一是，在中国尽管绝大多数年轻人单凭自己或自己小家庭的收入难有财力购买商品房，但许多年轻人由父母甚至年轻夫妻双方父母部分出资或全部出资购房。而欧美父母不会替儿孙出资购房。因此，房价收入比中收入的含义，中国与欧美并不相同，与这些国家进行比较需要注意。二是，灰色收入等隐性收入没有统计在家庭收入之内。例如，有研究得出结论，2008 年中国的"隐性收入"至少为 9.3 万亿元，其中"灰色收入"至少为 5.4 万亿元（王小鲁，2010）。关于隐性收入并没有权威数据，上述数据也被质疑，但隐性收入的存在为多数人所认同。当然，并非所有从业者都有机会获取隐性收入，而是局限于部分家庭（如部分官员、垄断行业和科教行业等），但因投资渠道狭窄、缺乏，在房价持续上涨的背景下，这些家庭的资金投资于楼市是更有可能的选择，因此，房价收入比中的收入用统计年鉴中的统计收入也会高估房价收入比。

（4）房价涨速低于 GDP 和城镇家庭年均可支配收入增速

经济发展是支撑房地产市场发展的重要因素，近几年社会、媒体对高房价的谴责、炮轰很容易使许多人想当然地认为房价的增速超过了 GDP 的增速，事实却并不如此。1998～2012 年我国商品房房价年均增长率 7.65%，其中商品住宅年均增长率 7.98%，同期 GDP 由 8.44 万亿元增长为 2010 年的 51.93 万亿元，年均增长率 13.86%，GDP 增速远高于房价增速；1998 年人均 GDP 为 6796 元，2012 年达到 3.84 万元，年均 13.17%，也远高于房价增速；同期，城镇家庭可支配收入由 17143 元提高到 70501 元，年均增长 10.63%，也高于房价增速。

但是，中国家庭之间的收入、贫富差距在不断扩大，国家统计局公布的基尼系数 1998 年为 0.39，2009 年为 0.49，近两年有所降低但 2012 年仍达 0.474。在各阶层收入差距大、房价快速上涨的背景下，中低收入家庭购房能力持续下降，无购房能力群体日益扩大，加之保障房建设严重滞后，中低收入家庭住房困难，引发的社会矛盾持续加剧。同时，在房价上涨过快的少数城市，房价上涨速度要快于居民家庭年均可支配收入的增长速度。例如，1998～2010 年北京城镇居民家庭可支配收入年均增长率低于房价年均增长率，居民家庭可支配收入 1998 年为 25416 元、2010 年为 87219，年均增长 10.82%；商品房销售均价 1998 年 4260 元/平方米、2010 年 17782 元/平方米，年均增长 12.65%。因近两年北京采取限购、限贷、限价等在全国几乎最严厉的调控措施、五环外低价商品房在商品房总销量中比重迅速提高等，商品房均价有所下降（2012 年为 17021 元/平方米，低于 2010 年），1998～2012 年城镇居民家庭平均可支配收入增长率（10.64%）与商品房销售均价年均增长率（10.40%）基本持平。

2. 房地产投资特点

（1）房地产投资增长较快（见表 3-6）

1998～2012 年，城镇固定资产投资年均增长率为 22.0%，房地产投资年均增长率 23.8%，住宅投资年均增长率 25.4%。2012 年房地产投资为 1998 年的近 20 倍，其中住宅投资 2012 年是 1998 年的近 24 倍。同期，房地产累计投资 36 万亿元，其中住宅投资累计 25 万亿元。除房地产市场化初期的 1998 和 1999 年、受到金融危机冲击的 2009 年、限购之后的 2012 年外，其他年份房地产投资增速均在 20% 以上，一些年份甚至超过 30%。住宅投资增速除 2009 和 2012 年外，其他年份均超过 20%。从数据可以看出，为应对来势汹汹的金融危机冲击，尽管 2008 年年底中央政府出台了 4 万亿元的投资计划，并刺激拉动地方投资，2009 年货币投放达 9.6 万亿元，城镇固定资产投资增长率达到 30.4%，但房地产投资增长率为 2000 ~ 2012 年的最低，说明 4 万亿元及其拉动的地方投资并没有流向房地产，至少没有直接流向房地产，这一点也被其后公布的投资流向所证实。根据 2010 年 3 月国家发改委在两会期间提供的相关数据，4 万亿元投资的分布是：民生工程投资占 44%；自主创新、结构调整、节能减排、生态建设占 16%；重大基础设施的建设投资占 23%；汶川地震的灾后恢复重建占 14%；其他公共支出占 3%。

表 3 - 6　1998 ~ 2012 年房地产投资情况

单位：亿元、%

年份	城镇固定资产投资	房地产投资	#住宅投资	城镇固定资产投资增长率	房地产投资增长率	#住宅投资增长率	房地产投资占城镇固定资产投资比重	住宅投资占房地产投资比重
1998	22491	3614	2082	17.2	13.7	35.3	16.1	57.6
1999	23732	4103	2638	5.5	13.5	26.7	17.3	64.3
2000	26222	4984	3312	10.5	21.5	25.5	19.0	66.5
2001	30001	6344	4217	14.4	27.3	27.3	21.1	66.5
2002	35489	7791	5228	18.3	22.8	24.0	22.0	67.1
2003	45812	10154	6777	29.1	30.3	29.6	22.2	66.7
2004	59028	13158	8837	28.8	29.6	30.6	22.3	67.2
2005	75095	15909	10861	27.2	20.9	22.9	21.2	68.3
2006	93369	19423	13638	24.3	22.1	25.6	20.8	70.2
2007	117465	25289	18005	25.8	30.2	32.0	21.5	71.2
2008	148738	31203	22441	26.6	23.4	24.6	21.0	71.9
2009	193920	36242	25614	30.4	16.2	14.1	18.7	70.7
2010	241415	48259	34026	24.5	33.2	32.9	20.0	70.5
2011	301933	61797	44320	25.1	27.9	30.2	20.4	71.7
2012	364835	71803	49374	20.8	16.2	11.4	19.7	68.8

资料来源：中国统计数据应用支持系统 http://info.acmr.cn。

（2）商品房市场供给规模不断扩大（见表 3 - 7）

投资持续快速增长使商品房市场供给规模不断扩大，2011 年城镇新建住房面积约为 1998 年的 2 倍，2012 年房地产开发竣工住房面积为 1998 年的 5.6 倍，住房供给快速增加，1998 ~ 2012 年商品住宅累计竣工面积达 63.9 亿平方米。城镇居民住房条件和住房环境得到极大改善，国家统计局的数据显示人均住房建筑面积 1978 年仅为 6.7 平方米，1998 年为 18.7 平方米，2012 达到约 32.9 平方米。需要注意的是，住房供给快速增加是纵向相比，从全国平均状态看，与需求相比供给一直不足。同时，由于房价快速上涨，无力购房群体扩大，人均住房面积增加无法掩盖住房的阶层分化，中低收入群体住房困难问题也难以回避。另外，许多人对人均住房面积数据提出质疑，如住建部公布的《2005 年城镇房屋概况统计公报》表明，至 2005 年年底全国城镇房屋建筑面积 164.51 亿平方米，其中住宅建筑面积 107.69 亿平方米，人均住宅面积 26.11 平方米。国家统计局的数据显示，2005 年全国城镇常住人口为 56212 万人，如果按照城镇住宅面积 107.69 亿平方米计算，城镇常住人口的人均住房面积只有约 19 平方米。又如，有机构研究认为，国家统计局关于 2010 年城镇人均住房面积 31.6 平方米的数据，更可能对应的是 4.6 亿人的城镇非农户籍人口，而不是 6.66 亿人的城镇常住人口，若按常住人口计算，人均住房面积只有 27.9 平方米。

表 3 - 7　城镇新建住房面积和居民居住情况 *

年份	城镇新建住房面积 （亿平方米）	商品住宅竣工面积 （亿平方米）	城镇人均住房建筑面积 （平方米）
1978	0.38	—	6.7
1998	4.76	1.41	18.7
1999	5.59	1.76	19.4
2000	5.49	2.06	20.3
2001	5.75	2.46	20.8
2002	5.98	2.85	22.8
2003	5.50	3.38	23.7
2004	5.69	3.47	25.0

续表

年份	城镇新建住房面积 （亿平方米）	商品住宅竣工面积 （亿平方米）	城镇人均住房建筑面积 （平方米）
2005	6.61	4.39	26.1
2006	6.30	4.55	27.1
2007	6.88	4.98	30.1
2008	7.60	5.43	30.6
2009	8.21	5.96	30.0
2010	8.69	6.12	31.6
2011	9.49	7.17	32.7
2012	—	7.90	32.9**

资料来源：第十二届全国人民代表大会政府工作报告，2012年3月5日；国家统计局。

（3）房地产投资占城镇投资的比重基本维持在20%左右

城镇固定资产投资中，房地产投资是重要组成部分。1998～2012年，房地产投资占城镇固定资产投资比重，除市场化初期的三年及2009年、2012年外，其余年份均达到或超过20%，在低于20%的少数年份中2000年和2012年也接近20%。从数据可以看出，2009年为应对金融危机冲击中央和地方政府大手笔地投资，城镇固定资产投资增长率达到30.4%，为1998～2012年期间最高，但房地产投资占城镇固定资产投资比重并未上升，反倒因分母的增大而减小，从另一个方面佐证了2009年中央政府4万亿元及其拉动的地方投资并没有流向房地产，至少没有直接流向房地产。房地产投资比重一直占到城镇固定资产投资的1/5左右，在投资拉动型经济增长模式中，房地产对经济发展的作用不难想象，但许多人反对将房地产作为支柱产业，认为房地产绑架了经济。实际上，支柱产业有其客观规定，一些人之所以不赞成将房地产列为支柱产业，主要是担心政府政策过多向其倾斜，助推房地产过热甚至泡沫化。同时，也有人认为投资主导型的经济发展模式存在潜在风险，而房地产投资是投资增长的"热源"。房地产快速发展、房价上涨过快，行业轻松赢利，导致很多企业、机构和个人纷纷投资房地产。资金向房地产过度集聚，对实体经济形成"挤出效应"，影响经济良性发展和实体经济竞争力，并容易产生房价、地价泡沫，有可能给经济发展、产业升级、技术创新等带来冲击。

（4）住宅投资在房地产投资中所占比重总体呈上升趋势

从表 3－7 可以看出，住宅投资在房地产投资总额中所占比重呈总体提高趋势。与此相对应，商品住宅竣工量逐年持续快速增长，从 1998 年的 1.41 亿平方米增长为 2012 年 7.90 亿平方米，2012 年为 1998 年的 5 倍多。住宅投资快速增长主要推动力是需求，1998 年商品住宅销售面积为 1.08 亿平方米，2012 年为 9.85 亿平方米，2012 为 1998 年的 9 倍多。从两个数据也可看出，销售增速快于竣工增速，自然推动商品住宅建设投资。

人们常用 SHTO 值即住房投资占总产出（GDP）的百分比衡量住宅投资：SHTO 值和国家的发展水平（通常以人均 GDP 代表）存在着二次函数倒 U 型关系（Leland S Burns、Leo Grebler，1976），不同发展阶段 SHTO 值不同，发展水平低的国家该值一般在 2% 左右，经济发展到一定程度后为 8%，发达国家一般为 3%～5%。人均 GDP 达到 1550 美元时 SHTO 达到最大值，并在峰值附近保持较长时间稳定（张红，2004）。世界银行的《发展中国家城镇住房改革：问题与可供选择的方案》显示了 14 个国家在 20 年间住宅建设投资占国内生产总值的比例。人均 GDP 在 2500 美元时，住房建设投资比重为 3%～4%，5000 美元时约为 4%～5.5%，7500 美元时约为 4.6%～6.7%，在 8000 美元时约为 5%～6.8%，达到高峰，超过 8000 美元以后就开始逐步下降（Raymond，1997）。2012 年我国人均 GDP 约 6100 美元，SHTO 值为 9.5%。但由于我国住宅建设投资的统计中包含土地费用，与国外统计口径不同，如 2009 年该比重为 9.0%，若采用相同口径则约为 7.2%（任荣荣，2011）。从城镇住宅投资对经济增长的贡献来看，1998～2009 年的平均贡献率为 9.2%，在 1998 年和 2009 年经济复苏过程中，城镇住宅投资对经济增长的贡献率在 20% 左右。1998～2009 年城镇住宅投资拉动经济增长的平均拉动点数为 0.9 个百分点，在 1998 年和 2009 年经济复苏过程中，城镇住宅投资拉动经济增长的点数高达 1.6 个百分点（任荣荣，2011）。

3. 其他主要指标变化特点

（1）土地开发与购置变化特点（见表 3 - 8）

第一，土地开发、购置面积总体呈现快速增长趋势。1998～2010 年当年完成土地开发面积由 7730 万平方米增长为 21253.7 万平方米，增加近 3 倍。1998～2012 年当年土地购置面积也大幅增加，由 1998 年的 10109 万平方米增加到 2012 年的 35667 万平方米（2011 年为 44327 万平方米）。土地购置、开发面积是房地产市场的先行性指标，这两项指标增长是市场增加供给的基础，但其增长并非连续逐年增长，也受到调控政策、外部环境的影响，如当年土地购置面积在 2005 年、2006 年及 2008～2010 年、2012 年都因受到调控或金融危机冲击影响而较之前下降，2012 年与 2011 年相比更出现大幅度减少。

第二，单位面积土地购置费逐年连续增长。土地开发和土地购置面积虽然呈增长趋势，但期间有多次波动，而单位面积土地购置费则逐年连续提高，期间没有波动，从 1998 年的 371.3 元/平方米增长为 2011 年 2600 元/平方米，单位面积土地购置费增速从 2003 年开始加快，2011 年跌至 4%。地价在房价中占有重要比重，单位面积土地购置费增长，必然传导至房价，推动房价上涨。

第三，土地闲置、囤积比较严重。因基础设施建设使居住环境改善、房价上涨带动、招拍挂价高者得等因素，房地产市场化以来地价不断增长。这种态势驱动开发商拿地热情持续高涨，一些开发商拿地坐等地价上涨获利。而地方政府从土地获得收益已成为其财政收入的重要来源，自然激发地方政府的卖地积极性。这种市场环境导致土地闲置、囤积现象严重，国土资源部 2012 年 12 月发布的数据显示截至 2012 年 11 月底时，全国闲置房地产用地还有 1.1 万公顷。其中，闲置住宅用地为 7461 公顷。

表 3 - 8　1998～2009 年房地产开发企业土地开发及购置

单位：万平方米

年份	当年完成开发土地面积	待开发土地面积	当年购置土地面积	土地购置费用（亿元）	单位面积购置费（元/平方米）	单位面积购置费增长率（%）
1998	7730.1	13530.7	10109.3	375.4	371.3	
1999	9319.6	13505.2	11958.9	500.0	418.1	13
2000	11666.1	14754.8	16905.2	733.9	434.1	4
2001	15315.8	14582.1	23409.0	1038.8	443.8	2

续表

年份	当年完成开发土地面积	待开发土地面积	当年购置土地面积	土地购置费用(亿元)	单位面积购置费(元/平方米)	单位面积购置费增长率(%)
2002	19416.0	19178.7	31356.8	1445.8	461.1	4
2003	22166.3	21782.6	35696.5	2055.2	575.7	25
2004	19740.2	39635.3	39784.7	2574.5	647.1	12
2005	22676.2	27522.0	38253.7	2904.4	759.2	17
2006	27128.4	37523.7	36573.6	3814.5	1042.1	37
2007	27566.2	41484.0	40245.8	4873.2	1210.9	16
2008	28709.8	48161.1	39353.4	5995.6	1523.5	26
2009	23006.0	31906.1	31909.5	6023.7	1887.8	24
2010	21253.7	31458.0	39953.1	9999.9	2502.9	33
2011	—	40220.8	44327.4	11527.3	2600.5	4
2012	—	—	35667.0	—	—	—

资料来源:中国统计数据应用支持系统 http://info.acmr.cn。

（2）房地产开发资金来源变化特点

房地产业是资金密集型行业，资金支撑是其发展的重要基础。房地产开发企业资金来源的总特点是：自筹资金占比大幅提高，国内贷款和利用外资占比显著下降（见图3-1）。随着国家越来越强调防范金融风险和2004年之后（2009年除外）屡次为调控经济或房地产过热，采取紧缩银根、控制房地产开发贷款等措施，自筹资金占比持续增长，从1998年的26%增长为2012年的超过40%，开发企业直接国内贷款占比逐步降低，除政策外开发企业实力增强对此变化也具有重要作用。开发企业资金来源中国内贷款占比呈明显下降趋势，从1998~2003年到2004年之后由23%左右下降致18%左右再进一步降至2011和2012年的15%左右，服从于调控的信贷政策和开发企业实力增强同样发挥了重要作用。其他来源占比变化较小，只有2008年因金融危机冲击相比前后几年占比显著降低，个人按揭住房消费贷款在其他资金来源中一直占相当比重，预售制度在其中扮演了重要角色，尽管预售制度一直存在争议（2005年央行研究报告曾公开建议取消该制度）。利用外资占比也明显下降，由1998年的超过8%持续下降至2012年的0.42%。外资对我国房地产市场

的参与尽管统计部门提供了数据，但境外"热钱"对房地产市场的投资
至今没有准确数据。根据媒体报道和学者研究，外资的参与涉及开发、
中介和销售等各个环节，投资方式主要有境外房地产投资基金、风险投
资基金以及个人资金，通过直接购买房产、进行项目合作、直接参股房
地产公司等隐蔽的形式和渠道投资房地产，投资区域集中于首都经济圈
和长江三角洲等热点区域。在房地产开发企业资金来源研究中，因担心
房地产市场波动引发金融震荡，人们更关注房地产企业资金来源中有多
少来自银行贷款、银行各项贷款中又有多大比重流到了房地产。有估算
（高广春、董治、王高阳，2011）每年各项贷款中进入房地产业的数量平
均占比近 30%，占比最高的年份接近 50%。根据国家统计局发布的
2008 ~ 2012 年各年"全国房地产开发和销售情况"提供的数据，个人按
揭贷款与国内贷款合计占房地产企业各类来源总资金的比重分别为：
28.2%、34.2%、29.9%、25% 和 26.2%。

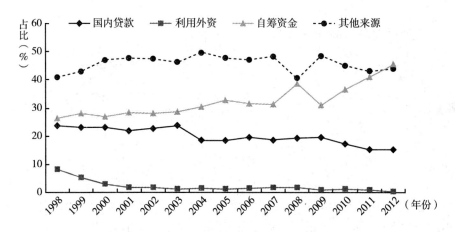

图 3 - 1　房地产开发企业各类资金来源占比

4. 房地产市场的区域差异特点

中国幅员辽阔，不同区域的经济发展水平、经济发展速度、城镇化的水
平和速度等有很大差异，不同区域的房地产市场相应的也会有差异（见表
3 - 9、表 3 - 10）。

表 3 - 9　东、中、西部地区房地产市场主要指标变化

指　标	年　份	东部		中部		西部	
		数量	年均增长率（%）	数量	年均增长率（%）	数量	年均增长率（%）
商品房销售面积（万平方米）	1999 年	9427.5	14.98	2749.6	23.91	2379.7	20.82
	2011 年	50332.63		36009.01		23025.13	
#住宅销售面积（万平方米）	1999 年	8439.50	14.71	2411.5	24.05	2147.1	25.26
	2011 年	43822.41		32019.75		32019.75	
商品房价格（元/平方米）	1999 年	2473	8.05	1231	10.23	1337	10.41
	2011 年	6264		3962		4390	
#商品住宅价格（元/平方米）	1999 年	2247	8.35	1100	9.96	1176	11.00
	2011 年	5880		3437		4114	
完成房地产投资额（亿元）	1999 年	2994.23	22.91	589.42	31.96	519.55	27.70
	2011 年	35591.51		16437.2		9768.18	
#完成住宅投资额（亿元）	1999 年	1714.87	25.11	371.88	33.58	315.16	29.61
	2011 年	25230.13		12006.85		7082.53	
商品房竣工面积（万平方米）	1999 年	13597.2	10.85	4246.7	17.85	3426.7	13.30
	2011 年	46810.77		30473.00		15336.15	
#商品住宅竣工面积（万平方米）	1999 年	10526.30	10.61	3189.88	18.28	2356.16	14.90
	2011 年	35299.17		23918.42		12474.74	

表 3 - 10　东、中、西部地区房地产市场主要指标变化

指　标	年　份	占比（%）		
		东	中	西
商品房销售面积（万平方米）	1999 年	64.76	18.89	16.35
	2011 年	46.02	32.93	21.05
#住宅销售面积（万平方米）	1999 年	64.93	18.55	16.52
	2011 年	40.63	29.69	29.69
完成房地产投资额（亿元）	1999 年	72.97	14.36	12.66
	2011 年	57.59	26.60	15.81
#完成住宅投资额（亿元）	1999 年	71.40	15.48	13.12
	2011 年	56.93	27.09	15.98
商品房竣工面积（万平方米）	1999 年	63.92	19.97	16.11
	2011 年	50.54	32.90	16.56
#商品住宅竣工面积（万平方米）	1999 年	65.49	19.85	14.66
	2011 年	49.24	33.36	17.40

（1）投资

投资指标的区域差异总特点是，年均增速东部最低，中部最高，西部居中，投资占全国总投资比重东部远大于中、西部，但从 1999 年到 2011 年大幅下降。无论是房地产的全部投资还是住宅投资，1999～2011 年中部地区年均增速最高，均超过 30%，西部地区其次，东部最低，但从各地区投资在全国占比看，东部地区远大于中西部，但比重大幅下降，房地产全部投资占比由近 73% 下降为不到 58%，住宅投资也由 71.4% 下降为约 57%。

（2）竣工

与投资年均增速相对应，竣工面积年均增速也呈现中部最高的特点。1999～2011 年中部商品房和商品住宅竣工面积年均增长率达 18% 左右，西部 14% 左右，东部低于 11%。东部商品房和商品住宅竣工面积远高于中西部地区，但比重也出现较大幅下降，分别从近 64% 和 65.5% 下降为 50.5% 和 49%，中部地区比重显著提高。

（3）销售

与投资、竣工面积指标的区域差异略有不同，中部地区商品房销售面积年均增长率高于西部和东部，但商品住宅销售面积年均增长率低于西部。需要注意的是，1999 年三个地区商品房、商品住宅销售量均小于商品房和商品住宅的竣工量，供大于求；2011 年三个地区商品房、商品住宅销售量均大于商品房和商品住宅的竣工量，求大于供。2011 年商品房的竣工销售比（竣工面积/销售面积）东部为 0.93，中部为 0.85，西部为 0.67；商品住宅的竣工销售比东部为 0.81，中部为 0.75，西部为 0.39。竣工销售比在一定程度上可以反映市场的供求关系，比值小于 1 可视为求大于供，在比值小于 1 时值越小说明求大于供的失衡程度越高，对房价上涨的推动力就越强。

（4）房价

三个区域的商品房价格和商品住宅价格在 1999 年和 2011 年均是东部最高，西部次之，中部最低，中部和西部商品房价格差距不大，但商品住宅价格差距明显，东部商品房价格和商品住宅价格均远高于中西部。从年均增长率看，西部较高于东部和中部，但与中部差距较小。2012年商品房销售均价仍保持了2011年三个区域的差异格局，东部最高为7217元/平方米，中部4320元/平方米，西部4661元/平方米。

二　房价快速上涨的主要原因

1998年以来，在经历了不多几年的价格平稳期后，房价开始快速上涨，人们对房价过快上涨原因的认识有一定差异，但可归纳为以下几方面。

1. 市场供给偏紧、需求偏旺

从需求看，住房市场化之前住房欠债累积过多，市场化后经过几年的观望、对制度变革的适应后需求释放；城市化进程加快，新增需求持续扩大、改善性需求不断增加，以及城市改造拆迁导致的被动需求、投资和投机需求等，构成旺盛的需求。但另一方面，近年来抑制经济过热的调控政策屡次出台，为抑制经济过热对房地产的调控更多的是抑制供给，如紧缩房地产开发的地根和银根等。相对于旺盛的需求，住房市场供给不足，2005年以来商品住宅销售面积一直超过竣工面积：2005～2008年二者之差（销售面积减去竣工面积）分别为55.3万套、104.4万套、185.0万套、62.7万套。2009年全国商品住宅销售面积为8.5亿平方米，而竣工面积5.77亿平方米，2010年、2011年和2012年分别相差31836万平方米、25338万平方米和19425万平方米，持续的求大于供是推动价格上涨的主要因素。

2. 建设成本提高

随着人们生活水平的提高，对住房质量及居住环境的要求越来越高，建筑质量和居住环境质量的提高必然以增加成本为代价。因通货膨胀等原因建材等价格也在不断上涨，地价增长尤其明显（见表3-11），并且"地王"屡现。土地供给是房地产市场的源头，土地价格是房价的一部分，地价快速上涨推动房价快速上涨。许多专家和业界人士认为土地招拍挂制度的实施在体现土地价值的同时也推动了地价的过快上涨。招拍挂制度虽然仍有改善空间，但与被人们较普遍认为的不透明、容易产生腐败的划拨和协议出让方式相比，招拍挂出让方式引入了市场竞争机制，最大限度地防止了"暗箱操作"以及由此引发的腐败，维护了公开、公平、公正。同时，也有不认同地价推动房价上涨的观点。

表 3 – 11　2001~2012 年主要监测城市居住地价变化

单位：元/平方米、%

年份		2000	2001	2002	2003	2004	2005	2006	2007	2008	2009	2010	2011	2012
居住	地价	918	961	1015	1070	1166	1582	1681	1941	3543	3824	4245	4518	4620
	增长率	—	4.41	5.59	5.07	8.94	5.96	6.27	15.44	0.22	7.92	11.02	6.58	2.26
商服	地价	1599	1650	1735	1864	1988	2371	2480	2742	4465	4712	5185	5654	5843
	增长率	—	3.39	5.08	6.52	6.67	4.03	4.62	10.53	0.96	5.54	10.03	9.02	3.34
工业	地价	451	461	465	472	481	469	485	561	588	597	629	652	670
	增长率	—	2.22	1.74	2.39	1.92	1.62	3.29	15.77	0.54	1.56	5.29	3.88	2.7
综合	地价	993	1028	1074	1129	1198	1468	1544	1751	2526	2653	2882	3049	3129
	增长率	—	3.39	4.46	4.68	6.08	4.2	5.19	13.37	0.47	5.05	8.62	5.94	2.61

注：2008 年 4 季度起全国地价水平为 105 个监测城市汇总数据。

资料来源：中国地价网（国土资源部土地利用司、中国土地勘测规划院），其中 2010 年数据来自 "2010 年全国主要城市地价状况分析报告"。

3. 屡次调控结果低于社会预期，强化房价上涨预期

在房价快速上涨的背景下，除遭受金融危机冲击时外年年出台房地产调控政策，社会对通过调控降低房价充满期待，但事实却是房价仍持续上涨。除一些政策如抑制供给的政策起到反向作用外，一些深层次的政策、制度（如房产税）迟迟没有出台或建立，造成抑制投机不力。又如，严控建设用地的政策客观上造成地价、房价上涨的社会预期。同时，全国性房屋普查工作自 1985 年开展过一次后，一直中断，致使房屋的家底不清，出台的政策容易具有盲目性，针对性差，效果不佳，使潜在购房民众对稳定房价失去信心。另外，调控措施出台频繁，而频繁意味着变化（如首付比例等），令购房者和开发商等深具不确定感和无所适从感，面对房价快速上涨，部分消费者担心政策再变而提前购房，甚至恐慌性购房。

4. 投资和投机性购房放大需求

韩国的研究认为，投资和投机不能被证明推高房价。尽管中国缺乏投资、投机数据，难以进行投资投机和房价关系的定量研究，但在中国更多的人相信投资和投机是房价过快上涨的重要原因。房价持续上涨使投资投机资本获得高收益，进一步刺激、吸引投资投机，投资投机不仅增加需求，而且投机资本为获取超额利润具有对市场进行炒作、推动房价上涨的动机，因此，投机既是房价持续上涨的结果，又是其原因。遏制投资投机的政策针对性差、投资渠道狭窄、银行存款回报低甚至负收益、房价继续上涨的预期等刺激社会闲置资本，甚至从其他行业转移资本进入房地产市场进行投资或投机，助推房价上涨。随着调控措施的改善，2010 年之后在部分城市开始实施限购政策，大大压缩了市场投机的空间，但也受到行政干预市场的质疑。

5. 地方政府土地财政依赖

1994 年分税制改革的显著特点是财权上收、事权下放，地方财源相对减少而事权增多，同时，土地出让金全部划归地方所有，这意味着高地价可以为地方政府带来高收益。在分税制、地方经济社会发展和城市建设资金需求、地方政府 GDP 绩效驱动等因素的作用下，地方政府自然选择通过出让土地作为获取财政收入的重要来源。根据有关部门公布的数据，全国土地出让金总体呈大幅增长态势，2006 年为 7000 亿元，2007 年接近 1.3 万亿元，2008 年 9600 多亿元，2009 年 1.59 万亿元，2010 年 2.7 万亿元，2011 年达到 3.15 万亿元，2012 年为 2.69 万亿元。与此相对应，地方财政总收入中土地出让成交总价款占比从 2006 年的 38.9%，增长到 2010 年的 65.9%（李景国、尚教蔚等，2011），表明地方政府对土地收入的依赖越来越大。地方政府的逐利行为使其默认甚至推动地价上涨，成为高地价的重要推动力。但是，不同的意见认为，城市化需要城市加快建设和发展，而城市建设和发展需要资金，土地收入支持了城市建设和发展，支持了城市化。

6. 房地产基本为卖方市场，开发商掌握定价权

由于全国平均状态的房地产市场总体竣工量小于销售量，市场基本为卖方市场，特别是在一线城市、区域中心城市和热点城市。同时，房地产市场各

主体掌握的信息不对称,购房者掌握的信息尤其缺乏,房地产开发商通过如捂盘、惜售等方式制造或加剧供给紧缺的市场氛围,误导和影响购房者预期,更为重要的是求大于供的卖方市场环境使开发商掌握着定价权。而开发商自然以追求经济效益最大化为目标,采取各种措施推动房价上涨符合开发商的利益。

7. 人民币升值与广义货币供应量增长

2005 年汇改至 2012 年 12 月 31 日,人民币对美元名义汇率累计升值已超过 24%,对美元实际汇率升值已超过 33%,人民币实际有效汇率升值已达 26.7%。人民币升值是否促动房价上涨存在争论,有研究认为近几年美国等西方政府频频向中国政府施压,要求人民币升值,国际资本对人民币升值预期强烈,升值预期吸引热钱通过合法与不合法的渠道、形式投机中国。更多的人相信,广义货币供应量快速增长推高房价,中国广义货币供应量 M2 余额 1990 年为 1.53 万亿元,1998 年 10.45 万亿元,2010 年年末为 72.6 万亿元,2012 年达到 97.4 万亿元,1990~2012 年增长了 60 多倍。但是,对货币供应量和房价关系的讨论或研究得出的结论或提出的认识并不完全相同甚至差距很大:有观点认为(石东、谭雅文,2012)房价的不断上涨使货币供应量增加,而货币供应量的变动对房价的影响不大,货币供应量的增加不是导致房价上涨的主要因素,控制货币供应量不能有效地抑制房价的上涨。也有研究得出结论(粟亮,2011):短期看货币供应量对房价有正向的作用,而在长期内住房价格不会受到货币供给量太多影响,这与古典经济学派的"货币中性"很相近,即货币数量的变化只影响宏观经济中的名义变量,而不影响实际变量,而长期中住房价格可以近似为实际变量。

房价快速上涨有诸多原因,何为主要原因人们的看法并不一致,部分人认为供大于求是主因,部分人认为货币超发是主因。无论如何,房价过快上涨既不利于房地产市场自身的健康发展,又影响到经济健康发展和社会稳定:房价过快上涨使房地产市场产生泡沫的可能性不断增加,成为国民经济持续发展的隐患;市场产生泡沫的可能性增大会加大房地产金融的市场风险,引发冲击金融体系担忧;房地产行业的高利润吸引大量投资,影响实体经济发展;作为消费者个人,高房价则挤占了其他消费,影响均衡的社会消费;房价的过快上涨拉大了居民财产性收入差距,导致贫者越贫、富者越富；更为重要的是，在保障性住房建设严重不足的背景下，房价过快上涨使无力购房群体或住房困难群体不断扩大，导致的社会矛盾越来越尖锐突出，成为影响社会和谐和稳定的重要因素。

第三节　房地产市场存在的主要问题及衍生问题

一　房地产市场存在的主要问题

住房制度改革十几年来，房地产业获得了蓬勃发展，为改善民生、推动经济发展做出了重大贡献，但也存在诸多问题。

1. 房价上涨过快

如前所述，2003 年之后房价快速增长，一线城市房价上涨速度之快更让人有心惊肉跳之感，机构和个人投资者都获利丰厚。事实上，房价的上涨和下跌本是市场常规，但失去支撑的房价上涨将产生泡沫，泡沫一旦破灭将危及整个国民经济，甚至延误中华崛起、民族复兴。房价持续快速上涨直接导致的主要问题和隐患如下。

（1）为国民经济发展带来隐患

投资和消费是推动中国经济发展的动力，房地产在其中起到重要作用：房地产投资占城镇固定资产投资的比重近年基本保持在 20% 左右，是投资占比最高的行业之一。2009 年、2010 年、2011 年和 2012 年社会消费品零售总额分别为 12.5 万亿元、13.7 万亿元、15.5 万亿元和 20.7 万亿元，商品房销售额分别为 4.4 万亿元、5.3 万亿元、5.9 万亿元和 6.4 万亿元，商品房销售额为社会消费品零售总额的 35%、38%、34% 和 31%，尽管有关部门一直将房地产列入投资而非消费，但"住"毕竟对多数人而言是生活必需品而非投资品。房地产业牵动几十个上下游产业，在产业链中扮演着十分重要的角色，影响这些产业的发展。正因为如此国家在调控经济时（过热或过冷）房地产业往往被作为首当其冲的调控对象。房地产在经济发展中的重要地位和作用告诫我们，如果房价持续过快上涨、形成泡沫，一旦市场失去支撑、泡沫破裂，对经济发展的伤害或破坏将是致命和灾难性的。美国 2008 年金融危机发生的导火索即是房地产，日本二十年经济发展停滞与房地产泡沫破裂也密切相关，我们必须也不得不重视美日的教训。

（2）加大金融风险

根据央行报告，截至 2012 年年末，主要金融机构及主要农村金融机构、城市信用社、外资银行人民币房地产贷款余额 12.11 万亿元，同比增长 12.8%，全年增量占同期各项贷款增量的 17.4%，其中，个人购房贷款余额 8.1 万亿元。同样截至 2012 年年末人民币贷款余额 62.99 万亿，房地产贷款余额占到近 20%。在金融机构对房地产行业如此庞大贷款的背景下，如果房价持续过快上涨、形成泡沫，一旦市场泡沫破裂，将首先直接毁灭性打击金融体系，金融体系崩溃将直接摧毁性影响整个国民经济。

（3）助长投资、投机性购房。虽然没有权威的投资、投机数据，也缺乏投资投机对房价影响的定量研究，但在房价快速增长阶段，投资特别是投机性购房容易获得超额收益，事实上房地产市场化以来的投资和投机性购房也的确获利丰厚。只要房价快速上涨，采取一般性抑制措施难以真正遏止投资和投机性购房。最近两年尽管一些城市实施了限购政策，投资投机性购房受到遏止，但毕竟限购城市数量有限，而且限购遭到是非市场手段、是行政措施的指责。实际上，社会需要房地产的租赁市场，因此需要投资的存在，但投资购房比重过大，必然导致部分人多占房地产资源，挤压自住需求购房机会。而投机的唯一目的是获得更多的收益，如此动机必然驱动投机者通过炒作抬高房价，形成投机——炒作抬高房价——吸引投机——炒作抬高房价的恶性循环，很容易形成泡沫。恰恰因此，尽管有不同声音，政府仍出重拳在一线城市、热点城市采取限购措施，严格限制不合理需求。

2. 市场仍不完善

因房地产市场化时间尚短，各种相应法规还不健全完善，已有法规也欠缺执行力度，导致房地产市场还不完善。

（1）土地购置与开发环节

土地购置领域少批多征、分拆批地、批而不用以及拍卖作弊等违规、违纪甚至违法现象屡有发生；相关法规没有得到有效、有力执行。早在 1999

年出台的《闲置土地处置办法》就明确规定，进行房地产开发的土地，满两年未动工开发的政府将依法无偿收回土地使用权，但是却未得到有效执行；仅靠土地闲置费征收难以对囤地、捂地起到震慑作用，房地产开发企业从土地增值中获取的收益远远超过其所罚交的土地闲置费用。

（2）建设环节

房地产开发企业未在开发资质规定的开发经营项目建设规模范围内依法从事开发经营活动；超越资质等级从事房地产开发经营，擅自改变开发项目的规划设计指标，超容积率开发；房屋及配套设施质量低劣，商品房及配套设施的质量问题一直居高不下。

（3）销售环节

信息系统不完善，信息披露制度、内容等还不规范，购房者与开发商信息不对称；预售许可最低规模未明确规定，开发商分层、分单元办理预售许可，已取得预售许可的开发企业不在规定时间内一次性公开全部房源；开发商采用商品房认购、收取房屋订金和诚意金等形式，变相进行房屋预售、销售或开展非法集资活动，侵害消费者权益；合同违法、面积"缩水"、公共设施达不到预先承诺等现象时有发生，消费者的权益得不到保障。以囤积截留房源、捂盘惜售等方式操纵价格；签订虚假商品房买卖合同，进行虚假交易，人为制造房源紧张假象，捏造、散布涨价或者房源断缺等信息，影响消费者心理预期，利用购房者"买涨"心理，哄抬价格；相同等级、相同质量商品房对不同交易人实行不同售价；对房地产项目名称、用途、价格、面积、位置、周边环境、配套设施等内容进行虚假、违法宣传，违法广告等现象仍较为严重。房地产开发企业的诚信缺失严重，商品房及配套设施的质量问题一直居高不下。

（4）物业管理环节

中国物业管理起步较晚，没有形成一套较完善的管理体系，远未制度化、产业化、规范化。物业管理领域缺乏竞争，服务人员业务能力和整体素质偏低，缺乏市场意识和服务理念。业主委员会不规范，业主组织地位不明确，难以承担业主组织应有责任、发挥业主组织的作用。物业收费缺少统一标准，违规行为严重。业主拖欠、拒缴物业服务费时有发生，一些居住区低收缴率造成物业管理难以为继。

诸多市场问题存在的原因，一是市场发育不成熟。市场化淘汰机制缺失，几乎没有开发商被市场淘汰，表明市场发展还不成熟。很多房地产企业仍停留在低端的价格竞争阶段，缺乏环保竞争、技术竞争、产权竞争等。二是监管法规不完善。市场起步晚、发展时间短，因体制差异（如土地所有制）又不能完全照搬国外经验，监管经验缺乏，监管法规的建设落后于市场发展，不适应市场发展需要。三是监管、执法不严。尽管监管法规还需要完善，但毕竟已经制定了一批法规，但在实施时监管执法不严、不力。例如，小产权房早已出现，有关部门多次申明相关法规，但并没有采取具体有效的措施，导致小产权房问题累积成大问题，因法难责众，处理难度增大。又如，《城市房地产管理法》《闲置土地处置办法》和《关于促进节约集约用地的通知》等都对闲置土地的处理有明确规定，但土地闲置屡禁不止，原因在于该处罚的不处罚、该收回的不收回，法规失去权威和效力。

3. 市场结构性矛盾突出

（1）类型结构供求矛盾突出

房地产市场产品类型结构供需不匹配，中低价位和小套型普通商品房供给不能满足需求。例如，2007 年笔者主持课题时对北京居民购房意愿的调查显示：因收入制约，希望购买 70 平方米以下的占被调查者的 10.1%，71~90 平方米的占被调查者的 49.0%，91~120 平方米的占被调查者的 28.9%，70~90 平方米占比最大；从希望购买的户型上看，一居占被调查者的 4.4%，二居所占比重最高，为 55.7%，三居占 33.2%。尽管这个调查限于北京，也可说明部分问题。2006 年国家出台的 90 平方米以下住房占比 70% 的政策，基本符合这一调查结果，但是 2011 年全国所销售商品住宅套均面积达到 106 平方米。房地产类型结构供求矛盾大，成为市场供求偏紧同时空置房也存在的原因之一。

（2）区域结构不平衡

房地产市场发展的结构性矛盾还体现在地区发展不平衡方面。从大区域看，东部发达地区比中、西部发展早，经济发展快的城市特别是一线城市快于其他城市。这种现象在一定程度上造成"劫贫济富"，例如，许多年轻人买房需要父母予以资助，从西部到东部或一线城市工作的年轻人买房，父母的资助事实上就起到了这种作用。改革开放后，由于东部地区特殊的地理位置、经济基础和国家长期政策倾斜，一直领跑中国经济。虽然近年来中西部经济发展速度开始追赶东部地区，但是中西部地区的经济发展水平与东部地区差距依然非常大。各地区经济发展水平、速度影响房地产市场的发展，因此，房地产市场发展水平东部地区远高于中西部。随着中西部地区经济发展速度的加快和政策倾斜，房地产市场在中西部地区的发展正在加快。从大中小城市看，大城市房价超过居民支付能力的问题始终存在，而三四线城市供应量大，存在结构性供应不足的问题。

（3）一手房、二手房市场平衡发展尚缺乏基础

尽管在一些大城市二手房交易迅速增加，一手房与二手房交易量逐步出现持平态势，但与发达国家和地区二手房交易为主体不同，我国房市一手房仍是市场交易的主体。这主要是因为欧美发达国家城市化已经完成，城市人口基本不再增加，房屋总量和总需求基本平衡，新房增加少，房地产市场以二手房交易为主。我国房地产市场起步晚，1998年至今仅有十几年，不仅之前住房累积欠账多，且城市化继续加速进行，城市房屋总量不能满足增长的需求，因此新房市场一直占据市场主导地位。传统文化观念也影响一手房、二手房的市场结构：新婚住新房，自有住房是成家立业的一种重要标志，结婚成家前就要准备好。

4. 保障性住房前期重视不够，建设严重滞后

中国住房市场发展晚，欠账累积量大，供需缺口大，导致房价上涨成为问题之一，但经过十几年的建设，在总量上告别了住房的严重短缺，但不同收入阶层住房状况存在明显不平衡，引起社会更多关注，部分家庭占有多套房产，而部分家庭买不起房。然而，住房市场化之后直到美国金融危机冲击之前，保障性住房建设没有受到足够、有效重视，为低收入家庭提供保障性住房缺乏法律、制度约束和规范。1998~2008年一直作为保障房主体的经济适用住房投资比重不仅从2000年开始持续滑坡（见表3-12），廉租住房、公租房等其他保障性住房基本没有建设，保障性住房总体上呈现"类型单一、供应量少、覆盖面小、供求矛盾大"的特点，低收入家庭住房困难难以解决。直到美国引发的全球金融危机冲击出现，在房价高企、相当部分民众怨声载道的情况下，为了抵御金融危机冲击、拉动内需，国家才选择加大经济适用住房、

廉租住房和公租房等保障性住房的建设。反思之前的保障房建设，由于相关部门对保障性住房的法规建设滞后、监管力度不够等原因，即使少量的保障性住房，其建设和管理中也出现了诸多问题：保障性住房用地供应不足或被挪作他用的情况在各地屡见不鲜，用地供应难以保证；选址偏僻、配套设施建设滞后造成住户生活不便；开发商自定户型、面积和销售对象，面向中低收入阶层的保障性住房初衷被异化；资格审核流于形式，一些非中低收入者购买保障性住房作为投资，经济适用住房等保障性住房被转手倒卖或出租获利现象屡见不鲜；经济适用住房共有产权制度未建立，保障性住房管理缺位。

表 3 - 12　经济适用住房投资及其占住宅投资比例变化

单位：亿元、万平方米、%

年份	经济适用住房投资额	增长率	占住宅总投资比重	经济适用住房新开工面积	增长率	占住宅总面积比重
2001	600		14.2	5796		19.0
2002	589	- 1.8	11.3	5280	- 8.9	15.2
2003	622	5.6	9.2	5331	1.0	12.2
2004	606	- 2.5	6.9	4257	- 20.	8.9
2005	519	- 14.4	4.8	3513	- 17.	6.4
2006	697	34.2	5.1	4379	24.6	6.8
2007	821	17.8	4.6	4810	9.8	6.1
2008	971	18.3	4.3	5622	16.9	6.7
2009	1134	16.8	4.4	5355	- 4.8	5.7

　　保障房建设严重滞后，客观上将中低收入家庭解决住房的问题推向了市场，也因此许多专家认为住房过度市场化了。之所以保障房建设严重滞后，客观上看，一些城市特别是中小城市经济发展水平低，财政收入少，而保障性住房建设需要大量投入，政府却缺乏资金。主观上看，各级政府对住房的民生和政治意义认识不足，政府责任意识缺失，保障性住房特别是廉租住房基本上易赔难赚，需要大量投入，即使财政不是很紧张，也不愿意将资金投向保障性住房。

5. 融资渠道少

　　房地产业是资金密集型行业，开发周期长、投资规模大。在成熟的市场经济国家，有发达的资本市场和发达的房地产金融体系，房地产融资渠道多。我国房地产市场起步晚，房地产金融创新少，融资渠道不多。1998 年以来，在房地产企业资金来源结构中，企业自筹资金比例增大、个人按揭贷款和国内贷款合计占房地产企业各类来源总资金的比重有所下降，但主渠道仍是个人贷款、企业贷款和企业自筹资金，间接融资比重过大，其他融资方式受政策、金融体制的影响及制约较大，融资方式有限。在高度依赖银行贷款的融资模式下，随着贷款规模的不断积累，人们自然担心金融风险加大。

房地产业融资渠道少的原因包括：①多元化、分层次的房地产金融市场体系还没有形成，融资市场主要有股票市场、债券市场等，房地产基金等新市场还需要开发。个人和机构投资者只能通过直接购买物业进入房地产市场，无法通过购买相关金融产品实现投资房地产的目的。②缺乏多元化的融资品种。从房地产市场成熟的发达国家经验看，其主要融资品种包括房地产投资基金、房地产信托投资以及两者结合的房地产信托投资基金（REITS）等。虽然我国不一定简单照搬和套用国外模式，但在重视防止金融风险的前提下需要发展多元化的融资品种是确定无疑的。③政策法规不完善。缺乏进行多品种、多批次、多元化融资的法规保障，政策和法律环境尚不利于房地产开发商多元化融资。债券融资、房地产投资基金、房地产信托等也都需要完善的法律支持。

6. 地方政府过度依赖土地财政

相关数据显示，20 世纪 90 年代初至 2003 年中国土地出让收入累计约 2 万亿元左右，其中 2001～2003 年就将近 1 万亿元。2003 年之后随着房价上涨、房地产投资迅速增加，土地出让收入呈快速上涨之势，2004 年和 2005 年土地出让收入都超过了 0.5 万亿元。"十一五"时期全国土地出让收入从 2006 年的 0.7 万亿元增加到 2010 年的 2.7 万亿元，累计超过 7 万亿元，年均增长率达 40.1%，其中 2010 年增长率超过 70%。同期全国地方财政总收入从 1.8 万亿元增加到 4.1 万亿元，年均增长率为 22.9%，远低于土地出让总收入年均增长率。同期全国城镇土地出让总收入占地方财政总收入比重从 38.2% 增长到 66.5%。中国指数研究院的监测也显示，2010 年 120 个城市土地出让金同比增加 50%，达到 18814.4 亿元，创历史新高。尽管近两年房地产调控更为严厉，但全国土地出让总收入 2011 年仍达 3.1 万亿元，

2012 年为 2.69 万亿元。

以上数据说明"土地财政"对地方政府的重要性。1994 年分税制改革的显著特点是财权上收和事权下放，地方财源相对减少而事权增多。此外，中央政府不参与土地出让收益分配，土地出让金全部划归地方所有，这意味着高地价可以为地方政府带来高收益。在分税制、地方经济社会发展和城市建设等对资金需求、地方政府追求 GDP、政绩驱动等因素作用下，地方政府自然选择通过出让土地作为获取财政收入的重要来源，地方政府逐利行为使其默认甚至推动地价上涨，成为高地价的重要推动力。"十一五"时期地价增长率的算术平均值达 6.5%，高于"十五"时期的 4.6%；同时，土地价格占商品房销售价格的比重也呈不断上升之势：当年土地价格占当年商品房销售价格比重从前几年的百分之四十多增加到近几年的百分之五十多。由于房屋建设有 1～2 年滞后期，分别以 1 年和 2 年的滞后期来计算地价占商品房销售价格比重，其上升趋势亦非常明显（见表 3－13）。

表 3－13　土地价格增长率及占商品房销售价格比重

年份	土地价格 （元/平方米）	土地价格 增长率 （%）	商品房 销售价格 （元/平方米）	当年土地价格/ 当年商品房销 售价格（%）	前 1 年地价/ 当年商品房销 售价格（%）	前 2 年地价/ 当年商品房 销售价格（%）
2001	1028	3.39	2017	47.4		
2002	1074	4.46	2092	47.7	45.7	
2003	1129	4.68	2197	47.9	45.5	43.6
2004	1198	6.08	2608	43.1	40.6	38.7
2005	1468	4.2	2937	46.3	37.8	35.6
2006	1544	5.19	3119	45.9	43.6	35.6
2007	1751	13.37	3645	45.3	40.0	38.0
2008	2526	0.47	3576	66.5 *	46.1	40.6
2009	2653	5.05	4459	56.7	54.0	37.4
2010	2882	8.62	4724	57.3	52.8	50.2
2011	3049	5.94	5502	55.42	52.38	48.22
2012	3129	2.61	5791	54.03	52.65	49.77

　　*2008 年土地价格有所调整，调整说明见国土资源部土地利用管理司中国土地勘测规划院中国城市地价动态监测系统监测数据说明。
　　注：此表土地价格部分数据来源于国土资源部土地利用管理司中国土地勘测规划院中国城市地价动态监测系统。

地价快速上涨使得一些房地产开发企业将"囤地""捂地"视为获得巨大收益的重要手段。地价上涨及"地王"的不断出现强化了人们房价上涨的预期,"高地价→高房价→高地价→高房价"的循环推动作用造成消费者的"恐慌"和"追涨"心理。地价上涨增加地方财政收入,受此利益驱动,地方政府征地热情不减,并压低征地价格,获取更多征地与土地出让的价差收益,导致一系列社会矛盾,甚至激烈的社会冲突。土地财政推动城市建设用地非理性扩张,人口城市化落后于土地城市化,提高了城市化进程中土地资源成本。

除上述因素外,土地市场诸多问题需要解决。首先,土地价格过高,增长过快。土地招拍挂制度是供给垄断和需求竞争并存的混合体制,在房价持续上涨的背景下这种模式必然造成需求方激烈竞争,导致地价不断上涨。事实上,招拍挂出让制度实施以来,土地价格节节攀升即是明证,地价上扬引发房价上涨。当然,土地招拍挂制度与协议出让相比的阳光、防腐作用也不可否认。其次,土地闲置、土地资源浪费现象严重。近年来房价持续上涨,许多人将其归因于政府对居住用地供应不足,导致市场供求偏紧。事实上开发商拿地后不开发、将土地闲置也是可能的重要原因。1998~2008年开发商购置土地面积31.3亿平方米,而开发量则仅为19.4亿平方米,有近40%的土地滞压于开发商手中。有资料显示,全国囤积土地、倒卖土地,却不盖房子的开发商大概占到1/3左右。土地闲置不仅是一种资源浪费,而且是一种扰乱市场秩序的非法行为——开发商囤地间接导致房价上涨,同时还会占用大量银行资金、累积金融风险。最后,地方政府在土地市场的信用缺失严重,地方政府在土地供应中的垄断地位和作用一直遭到质疑。一些地方政府一味想增加财政收入,缺乏应有的工作程序,土地市场供应秩序混乱,在出让面积、价格、位置、年限等方面没有计划或不遵守计划;房屋拆迁方面,政府是垄断供给者,也是垄断购买者,采用行政手段甚至非法手段强制拆迁事件屡屡发生,损害被拆迁者利益情况严重。

7. 房地产税费制度不合理

房地产领域税收主要分为保有环节税收和流转环节税收,保有环节的房地产税收主要有房产税、城镇土地使用税等;流转环节税收主要有营业税、契税、土地增值税、耕地占用税等。房地产领域收费种类多,包括土地登记费、土地复垦费、土地闲置费、耕地开垦费、房屋工程质量监督费等。房地产领域税费制度不合理主要体现在以下方面。

（1）税费结构不合理

我国房地产业的政府收费项目种类远高于税收项目种类。房地产业涉及的税收项目主要包括：耕地占用税、城市土地使用税、房地产税、土地增值税、契税、营业税、城市维护建设税、企业所得税、个人所得税、印花税等约十种。涉及的收费项目则包括土地登记费、城市市政公用基础设施配套费、建设工程质量监督费、工程定额测定费、建筑施工安全监督管理费、白蚁防治费、房屋所有权登记费、门（楼）牌收费等约三十余种必须交纳的行政事业性和经营服务性收费，涉及国土、建设、房管、规划、环保、公安等多个部门。收费项目政出多门，很多收费项目未纳入财政预算管理，缺乏有效的监督机制，乱收费现象较为严重，既加重了企业和个人的负担，又容易导致腐败滋生和财政收入流失。

（2）重开发流转轻保有

房地产业的开发、流转环节税负较重，而保有环节税负较轻。在开发、流转环节征收的税种有土地增值税、契税、营业税、城市维护建设税、企业所得税、个人所得税、印花税等。而在保有环节征收的税种仅有房产税和城镇土地使用税两种，截至 2013 年 5 月除重庆、上海房产税试点城市外，个人所有非营业用房免征房产税。随着房地产业发展，保有环节税收总体呈现上升趋势，但是增长缓慢。2011 年房产税和城镇土地使用税占地方税收收入的 5.7%，而仅土地增值税和营业税（按商品房销售额估算）两个开发、流转环节的税种就占地方税收收入的 12.1%。这种轻保有重流转的税制模式造成了严重的税负不公平。一方面，房地产流转环节税费过于集中，提高土地与商品房价格，增加了房地产交易成本。另一方面持有环节税收少甚至于无税的状态导致土地与商品房无偿持有的同时还能享受到升值带来的收益预期，造成资源大量闲置与浪费，助长持有多套房产、坐收增值收益的投机投资行为。

8. 房地产宏观调控不到位

2003 年以来实施的房地产宏观调控政策虽然对解决房地产市场问题起

到了一定作用，但是调控不到位。主要体现在一些基本问题没有解决：首先，供给偏紧需求偏旺。2003～2012 年全国城镇商品住宅竣工面积和销售面积分别为 53.37 亿平方米和 67.26 亿平方米，两者之差（销售面积减去竣工面积）为 13.89 亿平方米，按 90 平方米/套计算供求缺口约为 1543 万套住房。其次，房价持续攀升。商品房销售价格从 2003 年的 2359 元/平方米上升至 2012 年的 5791 元/平方米，年均上涨 381 元/平方米，年均增长率为10.5%。最后，供需结构不匹配。除套型结构等供需不匹配外，保障性住房建设严重滞后、经济适用住房投资占住宅总投资比重从 2003 年的 9.2% 下降至 2009 年的 4.4%，保障性住房的类型和数量供需不匹配。除上述外，房地产宏观调控不到位还体现在：房地产投机过热未得到有效抑制，直到2010 年之后在一些城市实施限购、禁购才在这些城市初见成效；房地产市场秩序在一定程度上依然混乱（信息不透明、官商勾结、房屋质量问题屡显、买卖纠纷等仍比较严重）；房地产基础数据缺乏（如房屋普查数据），房地产市场没有中长期发展战略规划，短期调控措施变化频繁，长期制度建设缺乏，导致市场短期预期不断变幻，长期预期又难明晰。

房地产市场宏观调控不到位使得房地产市场存在的问题迟迟得不到解决，如果未来仍得不到解决，所潜藏的经济、社会和政治问题就有可能放大。调控政策未达社会预期且调控后市场往往反弹，使消费者、投机者抄底意识滋生，反弹时间逐年缩短，反弹幅度逐年增大。房地产市场调控政策随时修改、终止或转向的问题使社会对市场、调控等方面的预期具有不确定性，使许多普通消费者无所适从、房地产开发商观望，影响房屋供给。短期措施容易形成有关的利益集团，也容易形成对既定政策锁定的路径依赖，并形成围绕初始政策的一系列制度体系，对未来真正制度建设造成困扰。

二　衍生的主要问题

1. 衍生的经济问题

（1）实体经济投资相对减少

房地产行业的高利润吸引许多机构更乐于将资金投向房地产，许多个人投资者也因为股市低迷、风险大，将闲置资金投向房地产市场。房地产投资的增大挤占了实体经济吸引资金的空间，导致实体经济投资相对减少，经济结构不合理、难升级，影响发展模式转变。

（2）地价上涨拉高实体经济成本

房价上涨、招拍挂竞价等抬高居住用地地价，工业等实体经济用地地价水涨船高，使实体经济成本提高，利润降低。2000年全国平均工业地价451元/平方米，2012年增长为670元/平方米。虽然与居住地价相比，工业地价很低，但仍有显著增长。

（3）土地财政成为地方政府重要财政来源

招拍挂制度的确立，使土地出让市场化、阳光化，但也开始了地方政府的土地财政时代。政府通过低价买进高价卖出、左手倒右手的简单操作直接获取土地收益，或依靠土地资源、借助投资公司进行融资，一些城市年土地出让收益占到财政收入的五六成之多。这种机制驱动地方政府扩张土地储备、助长地方政府短期行为，对"土地财政"依赖程度普遍较高。而依靠"土地财政"维持城市经济发展是一种竭泽而渔的短视行为，为后期发展埋下了隐患，难以支撑地方经济持续发展。同时，依靠低价征地与高价出让的价格剪刀差，实际上盘剥了农民的收益，引起被征地农民不满。

2. 衍生的社会问题

（1）加剧社会财富分化

房价过快增长使拥有更多房屋者资产扩张更快、更为富有，而没能力买房的人相对变得更为贫穷，富人越富，穷人越穷，加大了贫富差距，社会矛盾加深。土地财政推动的城市化过程也扩大了社会的贫富差距，政府低价拆迁或征收农民土地，高价卖出，这一过程也是财富大规模转移的过程，中低收入人群特别是被征地农民和被拆迁市民本来可以获得的收益被剥夺。

（2）加大城市化成本

我国正处于城市化进程中，但城市高昂的房价使绝大多数进城工作的农村人口没有能力买房，无法在城市扎根，造成居住城市化远低于就业城市化。转移到城市工作的农村人口没有能力在城市安家，就不能退出在农村的宅基地，使就业城市化提高但农村居民点建设用地并没有减少，建设用地城乡增减挂钩难以实现。

（3）影响对政府的信任

随着房价的快速上涨，社会对高房价的不满甚至愤怒不断弥漫，中央有关部门多次提出对房地产的调控政策和措施，人们期望通过对房地产的调控房价下调，但屡次调控的结果并没有实现许多人的期望，导致对政府的调控在逐步减少期望，这实际上是对政府调控的信任在下降，甚至质疑政府降低房价诚意。

（4）影响年轻人的价值取向

需要购买住房的人中年轻人较多，他们正处于朝气蓬勃、为事业发展奠定基础的年龄，也是创新思维活跃的年龄。高房价却成了新一代年轻人的沉重包袱，许多人没有能力购房或购房后成为"房奴"，许多人不得不从购房或还贷角度而不是从事业发展、发挥聪明才智角度选择职业和工作。欧美国家的年轻人买房也需要还贷，但这些国家社会福利、社会保障制度完善，后顾之忧少，与中国"房奴"有很大区别。

（5）影响老年人生活质量

因多数年轻人没有能力购房，许多父母拿出辛苦积攒的养老积蓄，资助年轻的儿女购房。我国退休职工的工资不高，社会保障体制不健全，老年人进入疾病高发期需要个人拿出部分医疗费，资助儿女买房花掉大部分积蓄后，势必影响老年人的生活（如旅游等）质量。

三　房地产市场发展与制度设计初衷的背离

1. 住房市场化

经济体制的整体市场化改革，需要经济系统的各子系统都市场化，房地产业是经济体系中的重要子系统之一，自然也需要市场化。更重要的是，计划经济体制下的福利分房制度，存在诸多难以自身完善的弊端，资金难以为继，住房极其短缺，多数城市居民住房困难。房地产市场化改革，旨在调动社会各阶层的能动性和各类资金的积极性，解决计划经济体制下住房制度的弊端，不断满足城镇居民日益增长的住房需求。

但是，在房地产快速市场化的同时，2004 年之后房价以令人措手不及的速度增长，没有能力购买商品房的群体不断扩大，政府保障性住房建设又明显滞后，导致房地产的社会总供给量与计划经济时期相比大幅增加的同时，众多家庭住房困难引发的社会矛盾并没有比计划经济时期减少，反而更为尖锐突出，社会因此弥漫"房地产市场化过度"的质疑，社会各阶层之间住房差距比计划经济时期更大应是其主要原因。

1998 年发布的《国务院关于进一步深化城镇住房制度改革加快住房建设的通知》（简称 23 号文）明确提出"建立和完善以经济适用住房为主的住房供应体系"，按照 23 号文提出的住房供应体系，城市 80% 以上的家庭是由政府向他们供应经济适用住房，此处的"经济适用住房"应指"不贵的"、大部分居民家庭有能力购买的住房。但是，之后的经济适用住房被演变为保障房的一种，2003 年 8 月 12 日，由原建设部起草的《关于促进房地产市场持续健康发展的通知》（简称 18 号文），把经济适用住房由"住房供应主体"换成了"具有保障性质的政策性商品住房"，同时，把房地产业定性为"促进消费，扩大内需，拉动投资增长，保持国民经济持续快速健康发展"的"国民经济的支柱产业"。正是从 18 号文起，住房的公共产品特性被削弱，房价开始飞速上涨。

2. 保障性住房

1998 年《国务院关于进一步深化城镇住房制度改革加快住房建设的通知》（国发〔1998〕23 号）明确要求，"调整住房投资结构，重点发展经济适用住房（安居工程），加快解决城镇住房困难居民的住房问题。""建立和完善以经济适用住房为主的住房供应体系"，"对不同收入家庭实行不同的住房供应政策，最低收入家庭租赁由政府或单位提供廉租住房；中低收入家庭购买经济适用住房；其他收入高的家庭购买、租赁市场价商品住房"。

然而，以经济适用住房为主的住房供应体系至今并未能建立，1998 年以来经济适用住房投资在房地产总投资中的比重基本一直下降，廉租住房等保障性住房的建设因应对金融危机的契机 2009 年才给予重视。

3. 土地使用权有偿出让制度

由无偿、无限期的土地划拨制度向土地使用权有偿出让制度的转变，特别是招拍挂制度的实施是土地使用权流转市场化的必然要求，可以实现土地资源资产化和资本化，实现土地资产的价值和收益，为城市建设提供资金，并发挥市场配置资源的基础性作用，提高土地资源利用效益和效率。

但是，在严格限制建设用地扩张的大背景下，土地招拍挂、价高者得的制度和房价持续快速上涨带来的高额甚至超额收益预期，使土地市场拿地竞争一直十分激烈，导致地价不断上涨，地王频频出现。地价上涨助推房价上涨、房价上涨反过来拉高地价，形成循环助推效应，遭到社会质疑。

第四节　宏观经济因素与住宅价格
关系的中韩比较

宏观经济因素和房地产价格相互影响，宏观经济因素的变化导致房地产价格的变动，房地产价格的变动也会引起宏观经济因素的变化。对两者关系的研究从 20 世纪 90 年代初开始后已有较大进展，研究结果表明（Kim、S. W，2006），宏观经济因素对房地产价格变化有较强的解释能力。商品住宅在房地产中占有绝对比重，也与生活直接相关，人们更关注其价格。这里选取经济发展水平、通货量、物价水平、汇率等宏观经济因素，对中国和韩国进行实证分析，探讨这些因素与商品住宅（以下简称住宅）价格之间的关系。

文中采用的中、韩资料分别见表 3－14 和表 3－15，资料的时间段按季度划分。为了消除异方差的影响，每个变量都取了对数，并对时间序列资料进行了交叉相关关系分析检验与 Granger 因果关系检验。Granger 因果关系检验需要时间序列资料的平稳性，为了考察每个变量是否具有平稳性，进行了 ADF 检验。在进行 ADF 检验之前考察了每个变量的变动趋势，发现韩国的 M2 趋势似乎没有单位根（见图 3－2），其趋势看起来不是随机趋势，而是确定性趋势，ADF 检验结果证实其确实具有平稳性。对韩国其他变量进行的 ADF 检验结果显示，这些变量都存在单位根，即都是非平稳性时间序列。这些变量通过一阶差分化处理后，再进行 ADF 检验，都取得了平稳性。对中国时间序列资料的 LEVEL 变量进行 ADF 检验结果表明四个变量都存在单位根，因此，对每个变量都进行了差分化处理，之后的 ADF 检验结果显示每个差分变量确保了平稳性，即满足了 Granger 因果关系检验要求的时间序列平稳性前提。

表 3-14　分析所用中国资料

变量	取对数后变量	数据来源	期间（季度:Q）
商品住宅价格（HHP）	商品住宅价格变动率（LNHHP）	中国经济景气月报	1999Q1 - 2008Q2
实际 GDP（GDP）	实际 GDP 增长率（LNGDP）	中国经济景气月报	1999Q1 - 2008Q2
通货量（M2）	通货量变动率（LNM2）	中国经济景气月报	1999Q1 - 2008Q2
城市居民消费价格（TCPI）	CPI 变动率（LNTCPI）	中国经济景气月报	1999Q1 - 2008Q2
汇率（EX）	汇率变动率（LNEX）	中国人民银行数据	1999Q1 - 2008Q2

表 3-15　分析所用韩国资料

变量	取对数后变量	数据来源	期间（季度:Q）
住房价格（HP）	住房价格变动率（LNHP）	韩国国土海洋部	1987Q1 - 2007Q1
实际 GDP（GDP）	GDP 增长率（LNGDP）	韩国统计厅	1987Q1 - 2007Q1
通货量（M2）	M2 变动率（LNM2）	韩国银行	1987Q1 - 2007Q1
汇率（EX）	汇率变动率（LNEX）	韩国银行	1987Q1 - 2007Q1
消费者物价（CPI）	CPI 变动率（LNCPI）	韩国银行	1987Q1 - 2007Q1

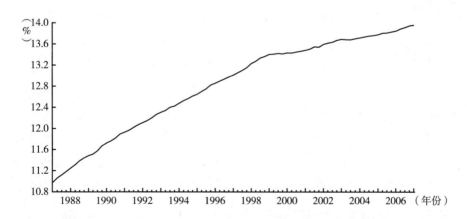

图 3-2　1987 年 1 季度至 2007 年 1 季度韩国 M2 变量的变动趋势

其后，对资料进行了协整关系检验。韩国通货量的 LEVEL 已经具有平稳性，不需要进行协整关系检验。中国资料的 LEVEL 变量都不具有平稳性，需检验是否存在线性关系。Jonhansen 协整关系检验结果得出不存在协整关系的结论，因此，采用一般的 Granger 因果关系检验进行研究。

一 经济发展水平对住宅价格的影响

国内生产总值（GDP）是反映一个国家（或区域）经济发展水平和经济规模的最综合、最具代表性的指标，GDP 增长速度反映经济发展快慢。GDP 主要通过影响就业率、资产投入、人们预期等影响房地产市场发展和房地产价格变化。如前所述，美国经济学家西蒙·库兹涅茨通过对许多国家的实证分析得出结论认为，经济增长与房地产业发展高度相关，并得出两者之间的量化关系。

库兹涅茨的理论被很多学者引用，以解释房地产发展，但该理论无法解释经济增长速度低而稳定的一些西方发达国家 2008 年金融危机爆发前的房地产过热现象。如美国、英国等该期间的年经济增长率都小于 4%，但出现了明显的房地产市场过热。美国 2003 ~ 2006 年的 GDP 增长率分别为2.51%、3.64%、2.94% 和 2.78%，但在此期间房地产快速增长，甚至过热，房价增长率均高于 12%，甚至达到 20.4%，这并不符合库兹涅茨提出的理论。笔者认为之所以出现这种情况，是因为库兹涅茨 1990 年提出该理论时，虚拟经济和金融衍生商品市场还没有得到发展，该理论没有考虑这些因素的影响。进入 21 世纪后，虚拟经济和金融衍生品市场发展速度越来越快，推动了房地产业的发展。因此，分析和预测经济发展水平与房地产市场关系时，不应局限于库兹涅茨的理论。

美、英等国最近几年房地产市场发展与库兹涅茨理论背离，并不能否认经济发展与房地产发展之间存在紧密关联。为了分析经济发展与房地产市场发展之间的关系，本文采用交叉相关关系分析和 Granger 因果关系检验考察中国和韩国 GDP 增长率与房价变动率之间的关系。

首先使用韩国 1987 年第一季度至 2007 年第一季度 GDP 增长率与住宅价格变动率进行交叉相关关系分析，结果如表 3 - 16 所示。分析结果发现，韩国 GDP 增长率与住宅价格变动率之间存在逐步增强的交叉相关关系，而且两个变量之间变化同步。

表 3 - 16　韩国 GDP 增长率与房价变动率之间的交叉相关关系

	1987~2000	1987~2001	1987~2002	1987~2003	1987~2004	1987~2005	1987~2006
0	0.5381	0.5269	0.5861	0.6454	0.6902	0.7261	0.7599
1	0.5089	0.4732	0.4826	0.5350	0.5987	0.6376	0.6667
2	0.4965	0.4589	0.4215	0.4562	0.5214	0.5718	0.5983
3	0.4805	0.4405	0.3838	0.3818	0.4384	0.5018	0.5312

使用中国 1999 年第一季度至 2008 年第二季度实际 GDP 增长率和住宅价格价变动率来进行交叉相关关系分析，结果如表 3 - 17 所示。由表 3 - 17 可发现，中国 GDP 增长率与住宅价格变动率之间存在较强的交叉相关性，且其相关性随着时间的推移逐步增强，同时发现中国 GDP 增长率与住宅价格变动率之间也存在同步变化关系。

表 3 - 17　中国实际 GDP 增长率与房价变动率之间的交叉相关关系

	1999~2003	1999~2004	1999~2005	1999~2006	1999~2007	1999~2008
0	0.6314	0.7289	0.7348	0.7075	0.7523	0.7713
1	0.4783	0.5210	0.6446	0.6363	0.5958	0.6989
2	0.3735	0.4708	0.5755	0.5593	0.5028	0.5320
3	0.2503	0.2950	0.4102	0.4265	0.3973	0.4267

以上分析表明，中韩两国 GDP 增长率与住宅价格变动率之间的相关关系具有类似趋势，即交叉相关性逐渐增强，且两个变量的变动具有同步性。

为了进一步考察经济发展水平与住宅市场之间的因果关系，此处采用 Granger 因果关系检验进行研究。首先，对韩国 GDP 增长率与住宅价格变动率进行 Granger 因果关系检验，结果如表 3 - 18 所示。由表 3 - 18 可以发现，韩国 GDP 增长率对住宅价格变动率带来单边的 Granger 因果关系，房价变动率对 GDP 增长率并没显示 Granger 因果的关系。但因房价变动率对 GDP 增长率的 Granger 因果的原假设 P 值不高、无法拒绝原假设的程度不强，即不带来 Granger 因果的程度较低。

表 3 - 18　对韩国 GDP 增长率与房价变动率之间 Granger 因果关系检验结果

原假设	资料数	F-Statistic	Probability
DLNHP does not Granger Cause DLNGDP	78	1. 88296	0. 15945
DLNGDP does not Granger Cause DLNHP	78	3. 21722	0. 04581

　　对中国的实际 GDP 增长率与住宅价格变动率进行的 Granger 因果关系检验结果如表 3 - 19 所示。与韩国的结果不同，中国商品住宅价格变动率对 GDP 增长率带来单边的 Granger 因果。相反，GDP 增长率对商品住宅价格变动率并没有带来 Granger 因果。而且，GDP 增长率对商品住宅价格变动率的 Granger 因果的原假设的 P 值较高、无法拒绝原假设的程度较强，即不带来 Granger 因果的程度较高。

表 3 - 19　对中国 GDP 增长率与房价变动率之间 Granger 因果关系检验结果

原假设	资料数	F-Statistic	Probability
DLNGDP does not Granger Cause DLNHHP	33	0. 36761	0. 82927
DLNHHP does not Granger Cause DLNGDP	33	2. 85809	0. 04544

　　中韩两国 Granger 因果关系检验结果不同，其原因可能有两个。第一，韩国经济增长过程中，虽然房地产业的贡献很大，但随着产业结构升级与调整，房地产业对经济增长的贡献率相对下降，或者说韩国经济发展对房地产的依赖程度较低。中国房地产业作为支柱产业对经济增长的贡献率非常大，经济发展对房地产的依赖程度高。第二，韩国经过 1997 年金融危机房地产泡沫被挤出，市场能够较好地反映房地产的基本价值。而中国的房价，除了市场基本价值外，政府政策、投机需求等其他因素影响较大。

二　通货量对住宅价格的影响

　　一般情况下通货量与物价具有正相关关系，货币流通量超过实际需要量就会引起通货膨胀，房价增速基本与通货膨胀保持一致。通胀对房价的直接影响：一是提升建安成本，二是带动工资重估，三是驱动租金上涨，四是降低实际利率，五是影响人们预期。通胀本身会带来实际利率的下跌，凸显住房保值功能。无论对实际的、预期的还是未预期的通货膨胀，房地产都是一种有效的冲销工具，抵御通货膨胀能力最强。房价持续上涨也会通过价格传导机制引发关联商品价格上涨，导致通货膨胀的产生。但另一方面，通货膨胀期间若人们的名义收入增长率低于物价增长率，意味着实际收入减少，房地产需求减少，房地产价格下降。

　　为了考察中韩两国通货量与住宅价格之间的关系，进行了交叉相关关系分析。韩国通货量变动率与房价变动率进行的交叉相关关系分析结果如表3-20所示。结果显示，韩国通货量变动率与房价变动率变化同步，而且其相关性表现出随着时间的推移逐渐增强的趋势。

表3-20　韩国的通货量变动率与房价变动率进行的交叉相关关系分析结果

	1987~2000	1987~2001	1987~2002	1987~2003	1987~2004	1987~2005	1987~2006
0	0.5037	0.4939	0.5515	0.6094	0.6529	0.6874	0.7183
1	0.4976	0.4647	0.4326	0.4997	0.5853	0.6214	0.6462
2	0.4937	0.4582	0.3171	0.3886	0.5463	0.5626	0.5844
3	0.4923	0.4534	0.2093	0.2811	0.4464	0.5031	0.5268

　　中国的通货量变动率与房价变动率之间交叉相关关系分析的结果见表3-21。可以发现，中国的通货量变动率与住宅价格变动率之间也显示出同步变化关系，但与韩国情况不同的是，虽然中国通货量变动率与住宅价格变动率之间的相关性很高，却表现出随着时间的推移逐步减弱的趋势。

表3-21　中国的通货量变动率与房价变动率进行的交叉相关关系分析结果

	1999~2003	1999~2004	1999~2005	1999~2006	1999~2007	1999~2008
0	0.9313	0.9425	0.9289	0.8601	0.8493	0.8692
1	0.6476	0.7178	0.1994	0.7611	0.6955	0.7435
2	0.4433	0.5485	0.6837	0.6519	0.5760	0.6052
3	0.3057	0.3843	0.5525	0.5509	0.4913	0.4812

　　为了分析通货量变动与住宅价格变动之间的因果关系，对二者进行Granger因果关系检验。对韩国的通货量变动率与房价变动率进行的Granger因果检验结果如表3-22所示。结果显示，韩国的通货量变动率与住宅价格

变动率之间存在互相的 Granger 因果关系。中国的通货量变动率与住宅价格变动率进行的 Granger 因果关系检验结果见表 3 - 23，表明通货量变动率对住宅价格变动率显示单边的 Granger 因果关系。

表 3 - 22　韩国的通货量变动率与房价变动率之间 Granger 因果关系检验结果

原假设	资料数	F-Statistic	Probability
DLNHP does not Granger Cause LNM2	78	3.62476	0.03156
LNM2 does not Granger Cause DLNHP	78	3.26965	0.04366

表 3 - 23　中国的通货量变动率与房价变动率之间 Granger 因果关系检验结果

原假设	资料数	F-Statistic	Probability
DLNM2 does not Granger Cause DLNHHP	35	2.21259	0.05623
DLNHHP does not Granger Cause DLNM2	35	0.32427	0.86625

以上分析可以看出，中韩两国的通货量与房地产价格之间相关性都较强，而且两国的通货量都对房价带来 Granger 因果结论，这种结论符合一般经济理论。但两国也存在差异，韩国的通货量变动率与房价变动率之间存在相互 Granger 因果关系，但在中国只是通货量变动率对住宅价格变动率带来 Granger 因果，住宅价格变动率对通货量变动率并不带来 Granger 因果。一般经济理论认为，房价上涨提高抵押对象价值，使贷款量增加，通货量也随之增加。然而中国房价变动率并不显示对通货量变动率 Granger 因果，笔者认为有以下几个原因：一是，中国住宅市场化从 1998 年才开始，房地产金融发展的历史也较短，数据的时间序列太短，会导致房价变动率对通货量变动率因果性不明显。二是，住房市场化以来中国政府一直鼓励和促进住房消费和建设投资，银行贷款往往不取决于经济、金融机制，而受政府政策影响较大。政府对银行贷款决定的介入会影响按照担保价值决定发放贷款额的机制，使房价变动对通货量的影响机制模糊化。三是，中国各类贷款中个人贷款比重较低，以 2009 年 5 月为例，中国各项贷款总额为 362118.10 亿元，其中个人贷款额 64771.50 亿元[①]，仅占贷款总额的 17.8%。与此相比，韩

---

　① 中国人民银行数据（www.pbc.gov.cn）。

国 2009 年第一季度的各项贷款总额为 9345973 亿韩元，其中个人贷款额有 6476890 亿韩元[①]，占 69.3%。韩国房价上涨会引起居民贷款量增加，因其在贷款量中占比较大，带来的乘数效应也较强，增加通货量。中国个人贷款比重较低，即便房价上涨引起居民贷款量增加，其乘数效应也有限，难以明显影响通货量。

　　一般地，通货量的膨胀或紧缩会有效地反映在 CPI 指数上。因此，需要进一步对 CPI 变动率与房价变动率进行交叉相关关系检验和 Granger 因果关系检验。对韩国的 CPI 变动率与房价变动率进行交叉相关关系检验结果如表 3-24 所示。韩国的 CPI 变动率与房价变动率之间，除 1987~2000 年间住宅价格变动率对 CPI 变动率存在 5 季度差的先行关系外，其他时间段都表现出同步关系。另外，其交叉相关性随着时间变化显示逐步增强的趋势。

表 3-24　韩国的 CPI 变动率与房地产价格变动率的交叉相关关系结果

	1987~2000	1987~2001	1987~2002	1987~2003	1987~2004	1987~2005	1987~2006
0	0.5348	0.5219	0.5760	0.6337	0.6792	0.7148	0.7455
1	0.5354	0.4988	0.5070	0.5550	0.6139	0.6511	0.6765
2	0.5354	0.4959	0.4582	0.4863	0.5448	0.5931	0.6157
3	0.5373	0.4943	0.4358	0.4257	0.4749	0.5342	0.5589
4	0.5413	0.4899	0.4288	0.3803	0.4117	0.4706	0.5058
5	0.5487	0.4875	0.4233	0.3579	0.3567	0.4068	0.4527

　　对中国 CPI 变动率与住宅价格的交叉相关关系分析结果如表 3-25 所示，二者之间也可发现同步趋势。除 1999~2003 年显示出较低（0.3796）的交叉相关性之外，1999~2004 年、2005 年、2006 年、2007 年、2008 年都呈现 0.7 以上的较高交叉相关性，且其交叉相关系数逐渐增大。

　　韩国 CPI 变动率与房价变动率的 Granger 因果关系检验结果如表 3-26 所示，结果显示韩国的 CPI 变动率与房价变动率存在互相 Granger 因果关系。另外，房价变动率对 CPI 变动率带来 Granger 因果的程度明显大于 CPI 变动率对房价变动率带来的 Granger 因果程度。

---

　　① 韩国银行数据（www.bok.or.kr）。

表 3 – 25　中国 CPI 变动率与房地产价格的交叉相关关系分析结果

	1999 ~ 2003	1999 ~ 2004	1999 ~ 2005	1999 ~ 2006	1999 ~ 2007	1999 ~ 2008
0	0.3796	0.7274	0.7334	0.7394	0.7658	0.7911
1	0.1057	0.4127	0.7016	0.7060	0.5067	0.6103
2	0.0612	0.2248	0.6449	0.6714	0.3389	0.4304
3	0.1733	0.1252	0.4010	0.5673	0.3123	0.3250
4	0.1648	0.0390	0.1564	0.3917	0.2548	0.2286
5	0.2565	0.0979	0.0729	0.2161	0.2116	0.1727

表 3 – 26　韩国的 CPI 变动率与房价变动率进行的 Granger 因果关系检验结果

原假设	资料数	F-Statistic	Probability
DLNHP does not Granger Cause DLNCPI	76	4.44701	0.00301
DLNCPI does not Granger Cause DLNHP	76	2.02800	0.10039

对中国 CPI 变动率与房价变动率进行的 Granger 因果关系检验结果如表 3 – 27 所示，结果表明中国的 CPI 变动率对住宅价格变动率显示单边 Granger 因果关系，住宅价格变动率对 CPI 变动率没有显示 Granger 因果关系。

表 3 – 27　中国的 CPI 变动率与房价变动率进行的 Granger 因果关系检验结果

原假设	资料数	F-Statistic	Probability
DLNHHP does not Granger Cause DLNTCPI	35	0.32309	0.72639
DLNTCPI does not Granger Cause DLNHHP	35	2.63725	0.08809

两国的 CPI 变动率与房价变动率之间的 Granger 因果关系有所不同，韩国显示出相互的 Granger 因果关系，中国则是 CPI 变动率对商品住宅价格变动率的单边 Granger 因果关系。这主要是因为中国在 CPI 统计中不包含房价。虽然两国的 Granger 因果关系检验结果有所不同，但大体上符合物价影响房地产价格的一般经济理论。

三　汇率对房地产价格的影响

汇率与房地产价格之间的关系一般有两种情况。第一，如果一个国家的利率水平上升，而其他国家利率水平不变，因为资本成本增加，该国货币需求的减少幅度大于他国货币需求的减少，导致汇率上升。因为利率水平较高，房地产需求会减少，房地产价格会下降。第二，如果一个国家的货币升值，在外国人的立场上，等于是该国的房价上涨，引起外资对该国房产需求的减少，导致房地产价格下降。而且货币升值恶化了交易条件，导致国内收入减少，对房产需求减少，这将引起国内房地产价格下降。

为了分析这些理论在中韩两国现实的表现，本书进行了交叉相关关系分析检验和 Granger 因果关系检验。对韩国的汇率变动率与住宅价格变动率进行的交叉相关关系分析结果如表 3 - 28 所示。

表 3 - 28　韩国汇率变动率与住宅价格变动率交叉相关关系

	1987 ~ 2000	1987 ~ 2001	1987 ~ 2002	1987 ~ 2003	1987 ~ 2004	1987 ~ 2005	1987 ~ 2006
0	0.0140	0.0434	0.1524	0.2491	0.3055	0.3179	0.2600
1	0.0989	0.0908	0.1513	0.1637	0.3103	0.3246	0.3140
2	0.1742	0.1552	0.1633	0.0871	0.3013	0.3277	0.3211
3	0.2458	0.2164	0.1956	0.0273	0.2881	0.3294	0.3260
4	0.3124	0.2685	0.2400	- 0.0326	0.2760	0.3249	0.3257
5	0.3682	0.3093	0.2737	- 0.0890	0.2587	0.3079	0.3217
6	0.3879	0.3444	0.2988	- 0.1379	0.2479	0.2817	0.2969
7	0.3752	0.3755	0.3200	- 0.1639	0.2475	0.2564	0.2713
8	0.3474	0.3742	0.3320	- 0.1769	0.2474	0.2304	0.2415
9	0.3193	0.3447	0.3389	- 0.1807	0.2421	0.2131	0.2072
10	0.2856	0.3092	0.3250	- 0.1756	0.2338	0.2030	0.1753

住宅价格变动率与汇率变动率之间的交叉相关关系呈现不太稳定的态势。1987 ~ 2000 年、2001 年、2002 年汇率变动率对住宅价格变动率的反应滞后 6 ~ 9 季度，1987 ~ 2003 年表现出同步相关性，1987 ~ 2004 年汇率变动率后行 1 季，1987 ~ 2005 年和 1987 ~ 2006 年汇率变动率则对房价后行 3 季。以上检验结果说明，韩国的汇率变动率与房价变动率之间存在较强的不稳定关系。由于这种不稳定的相关关系，汇率变动会引起房地产价格的较大波动。

对中国汇率变动率与房价变动率进行的交叉相关关系分析结果如

表 3 - 29所示，从中可以发现，中国的汇率变动率与住宅价格变动率之间显示出较稳定的关系，而且发现 2005 年以后产生较大的波动，其相关性随时间的推移显示出逐步增加的趋势。韩国的汇率变动率与住宅价格变动率之间的交叉相关性之所以如此不稳定，是因为韩国的经济规模和产业结构的特点导致其容易受到外部经济的影响，而且韩国的经济对汇率变动较敏感，即汇率可以通过多种途径影响房地产价格。长期以来，中国一直采取固定汇率制度，从数据看 2005 年第三季度以后才有明显变化，所以随着时间推移，所观察到的交叉相关关系检验结果会缺乏相应的现实解释能力。

表 3 - 29　中国汇率变动率与房价变动率进行的交叉相关关系结果

	1999 ~ 2003	1999 ~ 2004	1999 ~ 2005	1999 ~ 2006	1999 ~ 2007	1999 ~ 2008
0	- 0. 6879	- 0. 7012	- 0. 2365	- 0. 2716	- 0. 4065	- 0. 5236
1	- 0. 5271	- 0. 5271	- 0. 0079	- 0. 1434	- 0. 1975	- 0. 3069
2	- 0. 5134	- 0. 4829	- 0. 0010	- 0. 0345	- 0. 0689	- 0. 1815

因此，为了更进一步的研究，采用脉冲响应函数分析房价变动率对汇率变动率冲击的反应趋势，以便了解剔除其他因素影响之后房价变动率与汇率变动率的关系。对韩国的汇率变动率与房价变动率之间进行的脉冲响应函数分析结果如图 3 - 3 所示。从中可以看出，韩国房价变动率对汇率变动率冲击的响应显示在负值（ - ）区域，且在冲击发生后第三季度的响应幅度最大。因此，可以说韩国房价变动率对汇率变动率冲击的响应属于前述说明的汇率与房地产价格之间关系的第一种情况。

对中国的汇率变动率与房价变动率之间进行的脉冲响应函数分析结果，如图 3 - 4 所示。可以发现，中国的房价变动率对汇率变动率冲击的响应显示在正值（ + ）区域，且冲击发生后第二季响应幅度最大。与韩国不同的是，中国房价变动率对汇率变动率冲击的响应波动较小，这是因为中国实行浮动管理汇率制度时间不长、数据有限而造成的。可以判断中国房价变动率对汇率变动率冲击的响应属于前述汇率与房地产价格之间关系的第二种情况。

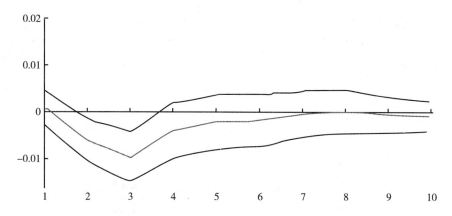

图 3 – 3　韩国房价变动率对汇率变动率冲击的脉冲响应函数分析

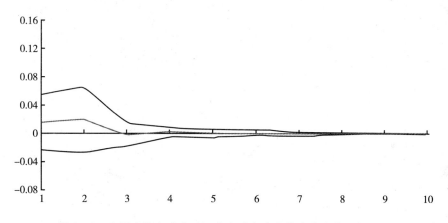

图 3 – 4　中国房价变动率对汇率变动率冲击的脉冲响应函数分析

对韩国的汇率变动率与房价变动率进行的 Granger 因果关系检验结果见表 3 – 30。结果显示，韩国的汇率变动率对房价变动率显示单边的 Granger 因果关系，而房价变动率对汇率变动率不产生 Granger 因果关系。

表 3 – 30　韩国汇率变动率与房价变动率的 Granger 因果关系检验结果

原假设	资料数	F-Statistic	Probability
DLNHP does not Granger Cause DLNEX	76	0. 54351	0. 58304
DLNEX does not Granger Cause DLNHP	76	6. 98702	0. 00167

对中国的汇率变动率与房价变动率进行的 Granger 因果关系检验结果见表 3 – 31。可以发现，虽然中国的汇率变动率对房价变动率带来的 Granger 因果程度比韩国低，但中国的汇率变动率还是对房价变动率带来单边的 Granger 因果关系。中国汇率变动率对房价变动率带来的 Granger 因果的程度低于韩国，这是因为中国的汇率允许弹性浮动时间尚短。而房价变动率对汇率变动率不带来 Granger 因果的结果与韩国相同。

表 3 – 31　中国汇率变动率与房价变动率的 Granger 因果关系检验结果

原假设	资料数	F-Statistic	Probability
DLNHHP does not Granger Cause DLNEX	33	0.68085	0.61201
DLNEX does not Granger Cause DLNHHP	33	2.22321	0.07532

中国汇率允许弹性浮动不久就显示出如此的脉冲响应函数和 Granger 因果关系，可以预料未来中国汇率因素对房价的影响会增大。

四　结语

中韩两国住宅价格与宏观经济因素都有较强的相关性。虽然中国的住宅价格与宏观经济因素之间存在着值得关注的 Granger 因果关系，但是其程度要弱于韩国，考虑到韩国房地产市场发展历史已有 40 多年，而中国的房地产市场历史只有 10 多年，这种结果不难理解。房地产业曾在韩国经济高速增长进程中扮演过重要角色，中国的房地产业现在正在扮演这种角色，房地产发展的路径相似，由此可见，在不远的将来中国宏观经济因素与房地产价格之间的关系会更加密切。因此，为了中国房地产市场的长期健康发展、避免大起大落，适时调整宏观经济因素是必要的政策手段。

参考文献

[1] Leland S Burns, Leo Grebler, "Resource Allocation to Housing Investment: A comparayive International Study", *Economic Development and Cultural Change* 25

（1），1976．

［2］张红：《房地产经济学》，清华大学出版社，2004。

［3］Y. C. Raymond, "Causal Relatiomship Between Construction Flows and GDP：Evidence From HonKoang", *Construction Management and Economics*（15），1997．

［4］石东、谭雅文：《我国房价与货币供应量关系探讨》，《商业时代》2012年第27期。

［5］粟亮：《货币供应量对房价影响的分析》，《价格月刊》2011年第1期。

［6］Kim, S. W, "A study on the analysis and forecast of real estate business cycle using structural model and time series model", 韩国建国大学博士论文，2006。

［7］宋士云：《新中国城镇住房保障制度改革的历史考察》，《中共党史研究》2009年第10期。

［8］杨慧、李景国、尚教蔚：《中国住房市场与城镇居民协调状况分析》，《统计与决策》2012年第23期。

［9］王小鲁：《解决灰色收入问题出路在政改》，2010年10月9日《经济观察报》。

［10］陈永杰：《我国房地产市场九大数据谜团》，2013年4月12日《证券日报》

［11］李景国、尚教蔚、李恩平等：《房地产市场"十一五"回顾与"十二五"展望》，载潘家华、李景国主编《中国房地产发展报告No.8》，社会科学文献出版社，2011。

［12］任荣荣：《我国城镇住宅建设投资发展趋势》，《中国投资》2011第2期。

［13］高广春、董治、王高阳：《银行中究竟有多少钱进入了房地产业?》，《银行家》2011年第11期。

［14］李景国、李奇伶：《宏观经济因素与住宅价格关系的中韩比较研究》，《中国社会科学院研究生院学报》2010年第5期。

第二部分　房地产政策

第四章
韩国房地产市场稳定化政策：
评价与启示

　　自 20 世纪 60 年代全面推动经济开发以来，韩国政府以多种政策介入了住房市场，政策介入的广义目的在于"稳定住房价格"，因此政府根据市场条件，反复采取了长短期政策，以刺激景气、扩大供应、遏制投机。本章的目的是综合评价为稳定房市韩国政府所进行的政策介入，并讨论它给中国等新兴市场国家的启示。本部分首先纵观韩国过去 40 多年来的政策经验，并以政策评价的理论性论据和实证性论据，介绍研究住房价格循环周期的最新文献结果。其次，从几个方面评价韩国政府的房地产市场稳定政策，如政策对解决供不应求问题和住房供应的有效性、在住房价格长期走势和住房可支付性及系统风险方面的管理效果、在住房交易方面的透明性、在刺激民间租赁住房市场方面的有效性等。最后，总结归纳韩国的市场稳定化政策给中国住房市场的启示。

　　住房在韩国经济中占据非常重要的位置。首先，住房资产价值总额 2007 年年底达 1665 万亿韩元（约折合 1.8 万亿美元）[①]，约为同年国内生产总值的 1.8 倍，约占家庭资产总额的 80%。其次，1970 年以后，住房投资（新房和旧房的净投资总额）对 GDP 之比年均达 5.3%。建筑业和房地产服务业的就业人口也约占全部就业人口的 11%。住房金融也从 1997 至 1998 年亚洲金融危机后急剧扩大，目前抵押贷款余额对 GDP 之比达 35%，与中国

---

① 2007 年，1 美元 = 927 韩元。

香港、日本和法国几乎持平。

如上所述，韩国（中央）政府从全面推动经济开发的 20 世纪 60 年代以后，对在经济和社会中占据重要位置的住房进行了多种政策介入，政策介入的广义目的在于"稳定住房价格"。因此，政府根据市场条件，反复采取了长短期政策，以刺激经济、扩大供应、遏制投机。具体而言，从 1967 年至 2007 年，政府共发布了 59 项房地产政策，其中 31 项为通过加强转让所得税征管等的投机遏制政策，17 项是通过放宽限制等的房地产市场刺激政策，11 项属于供应租赁住房等的住房福利政策。

一般对住房政策的评价可从效率性和公平性两种标准来分析。前者包括满足消费者数量和类型需求的住房供应、能维持有序交易的适当的交易成本，以及住房价格走势的稳定性等。后者为确保低收入阶层最基本的住房（通过供应租赁住房）、提高低中收入阶层的住房可支付性（Housing Affordability），以及有关房地产税收的公平性等。从上述的标准来看，韩国的住房市场稳定化政策有下列几个方面值得关注。

第一，在供应方面。过去 20 年来，韩国住房市场在质量和数量方面都取得了举世瞩目的发展，尤其在解决长久以来供应不足问题方面，从 1988 年至 1991 年推动的住房 200 万套建设和首都圈 5 个新城市建设政策，可谓是具有纪念碑意义的政策，该政策在短短的 4 年时间内供应了当时住房库存量的 1/3 左右。与此同时，人均住房面积和人均房间数等有关居住质量指标在当时也得到了极大提升，但也出现了中央政府的强有力和持续性的政策介入降低价格弹性的议论 [Renaud（1993），Green et al.（1994），Mayo and Shepard（1996），Kim and Cho（2010）]。即韩国政府在土地供应、新房数量及位置和类型、新建住房售价和入住者等多个方面进行了广泛的政策介入。这与其说是 200 万套住房建设等大型开发项目将供应曲线变得更加有弹性，不如说是将非弹性的供应曲线右移，在扩大抵押贷款规模等之后的需求上升方面，促使通过价格上升的市场调整，而非通过数量上升的市场调整。在推动住房开发项目时区分两种限制——最大限度地降低外部效应的顺向功能的限制（如为防止 20 世纪 90 年代中期出现的盲目开发而事先采取的限制措施）和过度降低市场有效性的限制，并果敢地放宽和废除后者。

第二，从稳定住房价格方面看，韩国的住房价格长期增长率（从 1987 年至今）与物价增长率趋同，呈较稳定趋势。但与其他国家相比，其变动幅度很大，与目前的家庭收入相比，其价格水平也较高。（Kim and Cho，2010）这是因为住房对多数的消费者而言仍是不易购买的消费品，并且过去 20 多年的"低增长、高风险"业绩降低了住房作为投资品的魅力。但对一般消费者而言，从"房地产不败"的口号中可知，住房资产被视为很有竞争力的投资资产。究其原因是首尔江南（这里的开发经验与上海"浦东"相似）和首都圈部分地区的价格飙升导致的示范效果，以及政府长期通过限制新建住房售价来低价供应新房等。

与稳定住房价格相关的重大政策变化中值得一提的是，在 20 世纪 90 年代末的金融危机以后，对商业银行实施的住房抵押贷款自由化措施。该措施急剧扩大了住房抵押贷款市场的规模，同时，对这方面的限制成为稳定市场的新的政策手段。具体来说，韩国政府首先设定住房景气可能出现过热的"投机地区"，并对该地区的住房贷款采取了"贷款价值比"（Loan-to-value，LTV）和"负债收入比"（Debt-to-income，DTI）的限制措施。抵押贷款尚未活跃之前，只有资金充裕的部分阶层人士投资房地产，但住房金融市场活跃之后，普通民众也开始利用贷款进行房地产投资，而政府出于这有可能导致房地产市场价格不稳定的考虑，开始采取了限制措施。基本上，DTI 和 LTV 是用于管理住房贷款信用风险的手段，其原则是贷款机构根据风险管理战略进行自主决策，但在美国发生次贷危机以后，政府对上述贷款条件采取限制措施显得越来越重要了。（Blanchard et al.，2010）

在扩大住房金融市场的同时稳定价格的政策目标可从两个层面思考。一是通过稳定价格提高低中收入阶层的住房可支付能力（通过金融服务和扩大供应），二是事先防止如美国次贷危机的系统风险。前者的政策方向是明确定位目标消费者阶层之后，针对不同阶层制定不同的住房可支付性提高对策，通过如住房可支付性指数（Housing Affordability Index，HAI）监管政策的影响程度。后者的政策方向是制定针对贷款机构的适当的微观及宏观审慎监管（Macro-prudence Regulation）体制，以预防来自房地产的市场冲击。

第三，在制定有效政策和建立市场交易秩序方面，确保房地产交易的透明性尤为重要。从这一点来看，在房地产的所有权、交易价格、与房地产有关的课税标准方面，韩国的经验一直有碍于确保透明性。但在1995年实行的房产实名制、2005年的房地产实际交易价格申报和登记簿记载义务化制度及房地产课税标准的现实化，成为提高房地产交易透明度的重要政策转折点。以此为契机，居住用房地产和非居住用房地产的交易透明度得到提高，开始按能正确把握市场动态的实际交易来计算价格指数，推动了在房地产开发、交易、运营和投资方面具有专业性和资本能力的房地产中介咨询服务商进入市场。

第四，韩国的住房政策今后需要刺激租赁住房市场。韩国政府从进入21世纪以来采取了建设公共租赁住房100万套（实施于2002年）等扩大租赁住房的政策。但过去40多年来，住房政策把重点放在了如限制新建住房售价等低价供应自有新房上，其结果是住房库存量的90%为家庭自有（自家居住房屋为55%，传贳房屋①为35%）。目前，专用租赁住房的库存量仅为10%左右，其中有一半以上是中央和地方政府运营的公共租赁住房。因此刺激能满足消费者多种需求的民间租赁住房市场不仅有益于低收入阶层解决住房问题，而且对稳定住房市场具有重要意义。与此相关，Gramlich（2007）指出，21世纪00年代在美国出现住房价格泡沫的原因之一就是大城市缺乏低价的租赁住房。这意味着，同时刺激自有住房市场和租赁住房市场有利于将住房需求分散在两个市场，还有利于防止自有住房市场的过热现象。

第五，韩国的政策经验告诉我们实证材料和证据的重要性。如前所述，韩国政府在过去40年来实行了较多的市场稳定化政策（年均1.5项）。这些政策有着较为模糊不清的政策目标——"住房价格稳定"，而且这些政策

---

① 传贳制度是只有在韩国实施的租赁合同。其形式为承租方给出租方相当于住房价格30% ~ 50%的传贳抵押金，在租赁期间（大部分为两年）不缴租赁费，房屋租赁合同届满后承租方领回其押金。

决策频受当时的媒体和舆论影响，而不是可靠的资料和实证。因此对新建住房售价限制、土地使用限制等进行改革时，没有采取果敢措施，而是采取片面和消极的措施（Kim and Kim，2000）。最近，构建能较实证性地进行分析的框架越来越成为一种趋势。比如，利用实际交易价格计算住房价格指数等，提供能够更加明确了解房地产市场动态的指标，对根据材料和证据制定政策而言，也是良好的举措。

第一节　韩国的房地产市场稳定化政策：概观

1970 年以后，韩国的房地产价格出现了三个重要价格循环期。第一，20 世纪 70 年代中期因海外建设热潮和城市化导致的价格上升，以及 20 世纪 80 年代初，因出口走低等宏观经济指标恶化导致的价格下降。第二，20 世纪 80 年代末因出口走高、宏观经济指标改善和供应不足导致的价格上升，以及直到 20 世纪 90 年代后期的价格稳定和下降（包括金融危机期间）。第三，21 世纪 00 年代初因经济指标改善、利率下降和贷款导致的流动性增加等引起的价格上升，以及因加强限制和全球金融危机导致的价格下降。

韩国政府根据住房价格的涨跌，实行了多种市场稳定化政策，所采用的政策手段包括：①有关土地使用的限制措施；②供应自有住房及其相关限制措施；③新建住房售价限制及其相关限制措施；④房地产税收制度；⑤供应租赁住房及其相关限制措施；⑥有关住房金融的限制措施等。本节将按上述的三个价格循环期，综观韩国市场稳定化政策。图 4－1 显示的是按土地和住房价格增长率、政权区分的 1970 年以后韩国的主要房地产政策。[①]

[①]　本章节的论旨参考了 Bae Yeonggyun（2010）；Kim Gyeonghwan、Cho Yeongha、曹满、S. Phang（2009）；国家简报特别企划组（2007）；Jaeyeong，Kim Yonggyeong（2005）等的文献。

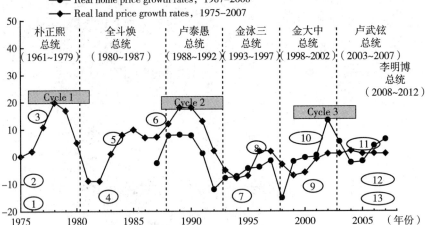

图 4 - 1　土地和住房价格增长率及住房市场稳定化政策（1975～2007 年）

①第一个经济开发五年计划（1962～1966）及第二个经济开发五年计划（1967～1971）和住房供应扩大政策；为防止江南地区的土地投机，引进"房地产投机遏制税"（1967）。

②制定第三次国土开发综合计划（1972）及《住房建设促进法》（1972）；从首尔市开始引进对新房的新建住房售价上限制（1977），制定相关限制措施（坪型和选定买方）。

③8.8 房地产对策（1978）：包括土地交易申报和许可制、对法人的非业务用房征重税、提高房地产转让所得税等的遏制投机政策。

④刺激住房景气的对策（1981～1983）：包括扩大由公共部门供应的宅基地、部分解除对新房供应价格的管制、为新建住房转让土地时免税等刺激房地产景气的政策；成立"国民住宅基金"（1981）。

⑤杜绝投机综合对策（1985～1987）：包括为遏制住房投机加强转让税征管、加强债券招标制、引进综合土地税、将土地持有现况电算化、对非业务用房和大型住房征重税等。

⑥发布首都圈 5 个新城市和住房 200 万套建设五年计划（1988）；为遏制土地投机，引进土地公有概念制度。

⑦通过《国土利用管理法》的修订（1994），采取放宽土地利用限制和刺激住房景气的政策；为提高交易透明性，制定《关于房地产实际权利人名义登记的法律》（1995）；住宅银行的民营化（1977）等放宽限制的政策。

⑧刺激住房和建设景气的政策：包括废除土地交易许可申报制、新建住房售价自由化和暂时允许公寓房认购权转售、减免转让等税收支持、修改《外国人土地法》等；为实现"先规划、后开发"原则，加强准农林地限制。

⑨10.29 住房市场稳定政策（2003）：包括指定和增加投机地区和投机过热地区、限制公寓房认购权转售、加强保有税收征管、缩短综合房地产税实行时期等；制定住房抵押证券化机构——韩国住房金融公社（2003）。

⑩8.31 房地产综合对策（2005）：包括实际交易价格申报和登记簿记载、增加指定投机过热地区、限制公寓房认购权转售和防止对板桥地区的炒房对策、重新引进新建住房售价限制措施等。

⑪1.31 房地产市场稳定对策（2007）：包括扩大新建住房售价上限制、扩大公开公寓成本价、扩大供应长期租赁住房、开发华城和东滩新城市；对投机地区引进 DTI 限制。

⑫8.21 房地产景气刺激政策（2008）：扩大住房供应和促进交易、8.21 政策；发布《加强住房供应基础和提高建设景气方案》（2008）——放宽改建和再开发限制、完善公寓后出售制、扩大开发首都圈新城市、刺激住房金融、附回购条件认购地方的未售出公寓等。

⑬8.29 房地产景气刺激对策（2010）：废除 DTI 限制（由银行自主决定）、针对需要住房的一般民众加强金融扶持、修改为一般民众的公共住房供应计划（"安乐居住房"）、通过 P-CBO 等对建筑公司提供流动性支持。

一　经济开发和初期的住房政策（1975 年以前）

全面推动经济开发的 20 世纪 60 年代的住房政策。作为第一个经济开发五年计划（1962～1966）和第二个经济开发五年计划（1967～1971）的一部分，将重点放在了扩大住房供应上。尤其在第二个五年计划期间，建设了 50 万套住房（约为 1960 年住房库存量 350 万套的 14%），因此住房投资也比第一个五年计划期间增长了 1.4 倍①。1972 年维新改革以后，朴正熙总统野心勃勃地发布了在未来 10 年建设住房 250 万套的计划，但最终只停留于口号上。1967 年，为防止对首尔江南地区开发的投机行为，引进了土地投机遏制税。

20 世纪 70 年代初的第三次国土开发综合计划（1972）和《住房建设促进法》（1972）为未来制定住房政策提供了大框架，可谓是政策转折点。首先制定了有关使用全部国土的基本计划，尤其是只把全部国土的 1.3% 指定为住房用、商业用和销售用大楼的用地。但随着 30 年来城市人口和首都圈地区住房需求的快速增长，这些政策导致了土地供应过度短缺问题②。

《住房建设促进法》促使政府在土地和新房供应方面进行广泛的介入，也就是说，该法律使政府对由政府直接供应的公共住房和获得公共资金的民间住房的开发计划、选定入住者和出售方式、住房管理方面进行管制，而且 20 户以上的公共住房至今仍受该限制。在土地供应方面，由于大规模的开发项目由政府直接规划，因此通过用途变更和征用进行土地供应，征收价格

---

①　Kim Gyeonghwan，Cho Yeongha，曹满，Phang（2009），p. 24。

②　2007 年，大抵占全部国土的比率为 2.6%，也没有出现大幅增长。

和对民间开发商的供应价格也直接由中央政府（通过土地住宅公社）决定。在这个过程中，地方政府只能实行建筑许可证签发和竣工验收、地方 SOC 供应等有限的业务。（Kyung-Hwan Kim，2005）

1970 年还引进了一项重要的政策，即 1977 年从首尔市开始实行的对新建住房售价的限制。根据该政策，新房价格由建筑费加上建设商的利润来决定，而由此决定的价格大部分低于市场价格。同时，为了让更多的中低收入阶层获得价格限制措施带来的实惠，在开发住房时，将小坪型住房的供应义务化。即在开发新房时，所有建筑数量的 60% 以上和 20% 以上一定要分别供应为专用面积 85 平方米（25.7 坪）以下的住房和 60 平方米（18 坪）以下的住房。新建住房售价限制在亚洲金融危机以后的 1998 年被全面废除，但在住房价格开始回升的 2003 年重新登场。

适用新建住房售价限制的新房一般需求大于供应，因此为了分配这些新房，由政府来决定购买方的资格条件，包括认购储蓄时间、金额和住房规模（区分为 4 种坪型）等。之后根据购买方申请的价格，以抽签的方式来决定入住者①。

二　第一价格循环期（1975～1984 年）

从 20 世纪 70 年代开始，因城市化的全面开展，首尔周边的首都圈地区持续出现了人口集聚和住房不足现象（1960 年首都圈人口为 520 万人，约占总人口 2500 万的 20%；1980 年为 1300 万人，占总人口的 34%；2008 年为 2100 万人，占总人口的 43%，人口数量持续增长）。而包括首都圈在内的全国土地价格也出现了大幅增长，20 世纪 70 年代中期年均增幅达到了近 20%。因供应缺乏，加上中东地区的境外建设热潮促使了价格的上涨②。

为应对上述问题，政府于 1978 年实行了 "8.8 房地产对策" 这一强有

---

① 4 种坪型为 85 平方米以下、85～102 平方米、102～135 平方米、135 平方米以上．除此之外，60 平方米以下的所有货量和 60～85 平方米货量的 50% 分配给无房户。更为具体的内容可参考 Kim, K. H, "The Impact of Government Intervention on Housing Markets in Korea: 1980 - 2002", *Sogang Economic Papers*（34），2005. pp. 29～31。
② 国家简报特别企划组：《大韩民国房地产 40 年：1967～2007 年房地产政策的过去与现在》，Hans Media，2007。

力的遏制投机政策，包括土地交易申报和许可制、针对住房交易者和中介商进行税务稽查、限制公寓房认购权转售、对法人的非业务使用的房地产征重税、提高房地产转让所得税等。但在20世纪80年代初期，因出口低迷等宏观经济指标恶化，住房建设景气持续冷却到20世纪80年代中期。受此影响，住房建设一直到1986年持续减少，住房普及率（住房总户数与家庭总数之比）也降至60%。但在20世纪80年代后期宏观经济指标得到改善后，住房的供应不足导致了全国主要城市住房价格的骤涨。

1981年建立的第五共和国（全斗焕总统执政期，1981～1987）政府公布了刺激住房景气的多种政策。作为放宽土地利用限制的一环，实行了扩大由公共部门提供的宅地供应（指定810万坪宅地开发预定地区）、部分废除对新建住房售价的管制、废除对国民住宅规模以下的（85平方米和60平方米以下）住房建设义务、为新建住房转让土地免税等措施。在住房金融方面，1981年成立了针对供给方与需求方的住房金融机构"国民住宅基金"，在发生亚洲金融危机之前，它与从1969年起提供消费者住房贷款服务的"住宅银行"一同在住房金融方面发挥了主导作用。

三　第二价格循环期（1985～1999年）

20世纪80年代中期以后，随着土地和住房价格快速回升，1985～1987年再次出台了综合对策，以通过加强转让税、加强债券招标制等来杜绝房地产投机。1988年政府（第六共和国，卢泰愚总统执政期，1988～1992）公布了首都圈5个新城市建设和200万套住房建设五年计划，这在住房供应方面具有划时代意义。此外，还制定了面向一般民众的永久租赁住房25万套、首都圈90万套（包括新城市30万套）、地方100万套的建设计划。并根据1981年制定的《公营宅地开发促进法》，政府在较短的时间内增加了为此所需的土地供应。

在计划期间，年均住房建设从过去的20万～25万套大幅增加到50万～60万套，该计划还提早一年（于1991年）超出预计目标，一共建设了214万套，相当于当时住房库存总量645万套的1/3。如图4-2所示，在此期间，住房投资对国内生产总值之比从过去的4%左右大幅增加到20世纪

90 年代初期的 8% 以上。但另一方面也出现了一些副作用，如建设景气过热和由此带来的物价不稳定、豆腐渣工程、与遏制首都圈集中政策相冲突、传统的单门独户住房地区的居住环境恶化等。①

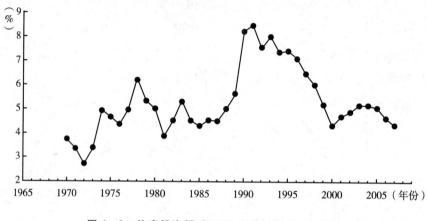

图 4 - 2　住房投资额对 GDP 之比（1965 ～ 2007）

资料来源：韩国银行。

　　在扩大住房供应的同时，卢泰愚政府还实行了考虑土地的公共性及社会性的土地公有概念制度。为此，1988 年设立"土地公有概念研究会"，1989年制定土地公有概念三项法律，引进了地价公示制度。作为其政策手段，实行了宅地所有上限制、土地超额增值税、开发收益回收制等。但政策的效果大都微乎其微，加上前两项政策被判违宪，只剩下第三项政策留存至今②。

　　1993 年成立的金泳三政府为放宽土地利用限制和刺激住房景气，采取了一系列政策。作为主要政策，1994 年修改《国土利用管理法》，引进了"准农林地"制度，对国土面积 26.5% 的土地允许不在限制开发之列，这增加了由民间提供的住房和工业用地供应，却导致了部分地区的盲目开发问题。此外，为提高交易的透明度，1995 年制定了《关于房地产实际权利人

---

①　参考 Bae Yeonggyun：《韩国各地区公寓价格的长短期动态分析》，西江大学博士学位论文，2010，第 87 页。

②　参考 Bae Yeonggyun：《韩国各地区公寓价格的长短期动态分析》，西江大学博士学位论文，2010，第 86 页。

名义登记的法律》，与 2006 年开始实行的实际交易价格申报和登记簿记载义
务化一同成为提高韩国房地产市场透明度的重要起点。

通过 200 万套建设计划大量供应住房，20 世纪 90 年代初中期的住房价
格总体上得到了稳定。房地产政策也由遏制投机和刺激景气向当时的经济潮
流——放宽限制——转变，出现了不少变化。也就是说，1994 年部分放宽
了对城市周边农地的转用控制，1995 年分阶段废除了新建住房售价限制，
1997 年随着住宅银行的民营化，在住房金融领域民间的作用得到了加强。
但放宽各种调控的步伐一般较缓慢，而且还因政策决策者的风险规避倾向，
比较片面和消极。（Kim and Kim，2000）

1997～1998 年爆发的亚洲金融危机导致整体经济陷入衰退，金大中政
府（1998～2002）为克服危机实施了多种政策，以刺激住房和建设景气。
包括废除土地交易许可申报制、新建住房售价自由化和暂时允许公寓房认购
权转售、减免转让税等税收支持、修改《外国人土地法》允许境外人士拥
有房地产、加强对小型住宅的金融支持、刺激租赁住房市场等。房地产金融
领域也有了创新变化，如住房抵押债权证券化、引进房地产投资信托基金
（REITs，房地产投资咨询公司）制度、将商业银行的住房贷款自由化等。
随后，韩国的住房抵押贷款市场有了急剧增长，目前住房抵押贷款余额对
GDP 之比约达 35%。

四　第三价格循环期（2000 年至今）

2001 年以后住房价格开始回升，其原因在于信用卡等消费型信贷的急
剧增长、低利率、金融危机以后出现的住房供应量减少等，而且为实现
"先规划、后开发"原则，加强了对准农林地的限制，而这促使了供应缩
水，以及以首尔江南（这里有与上海"浦东"相似的开发经验）为中心的
住房价格上升。

因此，2003 年成立的卢武铉政府（2003～2007）仅在 2003 年一年就发
布了三次房地产对策，其中，最为综合性的对策当属"10.29 对策"。政府
出于江南地区公寓价格的骤涨可能会促使全国房价上涨和居住不稳定的考
虑，指定"投机地区"和"投机过热地区"，并对这些地区实行限制公寓房

认购权转售、加强对房地产保有税的征收管理、提早实行综合房地产税等措施。

2005 年的 8.31 房地产综合对策是为保障居民居住需求和遏制房地产投机而采取的房地产制度改革方案。该对策包括实际交易价格申报和登记簿记载，以及根据实际交易价格征收保有税和转让税的计划①。2007 年，政策基调从遏制需求转换到扩大供应，并出台了旨在稳定房地产市场的 1.31 对策，包括扩大新建住房售价限制和公开公寓成本价的范围、扩大供应长期租赁住房、研究引进住房优惠券制度（Housing Voucher Program）的方案、开发华城和东滩新城市等。

卢武铉政府和 2008 年成立的李明博政府在住房政策上把对住房金融的限制视为重要的政策手段。亚洲金融危机以后，在全国拥有营业网点的商业银行主导了住房贷款市场的扩大，这带来了提高低收入阶层和金融边缘阶层的住房可支付能力的积极效果，但同时增加了高收入阶层以投资为目的的贷款（Kim Jungyeong，2008），以较短的三年期和浮动利率为主的抵押贷款占据大部分比重的事实也是导致市场不稳定的潜在因素。为此，政府于 2003 年在投机地区和投机过热地区下调了银行的三年期住房抵押贷款的"贷款价值比"（Loan-to-value，LTV），又将其比率从 60% 下调到了 50%。随后，金融监管当局进行指导提高中长期贷款比重的同时，2003 年还成立了长期固定利率抵押证券化专业机构——韩国住房金融公社。2006 年，在投机地区实行了"负债收入比"（Debt-to-income，DTI）限制措施，并在 2007 年扩大到全国范围。分析认为，DTI 限制比 LTV 限制更有遏制住房抵押贷款剧增的效果。（Cho and Kim，2010）

亚洲金融危机后，政府为刺激国内经济，于 2008 年发布了 8.21 政策，即"加强住房供应基础和促进建设业发展的方案"。政策基点包括刺激首都圈的交易和加强供应基础、放宽重建和再开发限制措施、扩大开发首都圈新城、附回购条件认购地方的未售出公寓等。最近出台的房地产政策是 2010

---

① 除此之外，还包括增加指定投机过热地区、限制公寓房认购权转售及防止板桥地区炒房对策、加强超高建筑重建限制、按实际交易价格征收转让所得税、提高保有税税率、提高综合房地产税负担率、重新引进新建住房售价的限制措施、成本价公开义务化等。

年的 8. 29 对策，该对策包括为刺激房地产市场暂时由银行自主实施 DTI 限制、加强对住房需求方的金融支持、为改善不良房地产项目融资（PF）贷款①增加和建设公司流动性恶化进行未售出公寓的证券化等。

五　决定住房价格循环的因素

过去 10 年来，专家们就住房价格水平和变动性的决定因素发表了许多理论与实证研究 [最新文献调查参照 Meen（2009）、Cho and Kim（2009）]。首先，关于住房供需情况的"市场基本面（Market Fundamental）"变数的家庭收入、人口、供需情况（供应过剩 vs. 供应不足）给住房价格带来的影响，许多研究均提出较一致的结果。举例来说，家庭收入每增长 1%，美国的住房价格平均增长 0.8% ~1%，韩国增长 0.6% ~0.9%，两者结果相似 [Cho（2009），Kim and Cho（2010）]。就供需不平衡而言，Ellis（2009）的研究表示，目前美国住房价格之所以比欧洲国家大幅下降，是因为美国长期以来的新房供应过剩。

还有分析认为，除了这些市场基本面以外，对土地使用和住房供应的所有相关限制提高了住房价格水平，并且还提升了住房价格的变动幅度 [Glaeser and Gyourko（2005），Glaeser、Gyourko and Saiz（2008），Thibodeau and Goodman（2008）]。具体而言，Glaeser、Gyourko and Saiz（2008）从理论上证实了有关供应的限制措施降低收入或人口剧增等对市场冲击的供应弹性，这在需求方面有可能造成价格泡沫。从实证角度来看，Capozza、Hendershott、Mack（2004）报告称，在美国大城市中，像洛杉矶等住房供应限制较严格的地区，其住房价格变动幅度较大，被高估的住房价格收敛于市场基本面价格（或均衡价格）的均值回归（Mean Reversion）时间也比其他地区较长。

就金融变数而言，过去 2 ~3 年间，有关研究次级抵押贷款和住房价格相关关系的论文纷纷问世。即最近在美国中小城市等地方城市出现的住房价

---

① Project Financing 的略写，指对同为开发商的实施商（包括建设公司的担保）提供的房地产开发建设金融。

格下降幅度与 2008 年金融危机以前的次级抵押贷款有着数量上的相关关系，含有高风险的抵押贷款被大量贷出之后，因坏账增加等因素，有可能导致地区住房价格的下降［参考 Mian/Sufi（2009），Goetzmann et al.（2009），Shiller（2008），Pavlov/Wachter（2008），Wheaton/Nacheyev（2008）等］。针对美国次级抵押贷款在 2003～2007 年急剧增长的原因，很多人指出包括受到当时利率影响引起的流动性增加、抵押贷款审查较松懈，以及 1997 年修改的《美国转让所得税法》等因素［参考 Cho（2010），Duca、Muelbauer、Murphy（2009），Shan（2008）］。

有关住房价格循环性的主要政策包括维持市场稳定，以及提高多种消费阶层的住房可支付性等。后者可由多种指标来测定，如"房价收入比"和"房租房价比"（RTP）等。尤其在最近的研究中，RTP 被广泛利用为分析住房价格上升原因和观察市场动态的手段，下面就对此进行具体讨论。

在竞争市场下，RTP 和综合显示金融变数、房地产相关税收、其他持有住房所需成本的使用者资本成本（User Cost of Capital，UC）的值一致。具体来说，特定地区和时间点的 UC 可分为税后（After-tax）总成本（Nominal Cost）以及对未来住房价格上升的期望值（Expected Capital Gain）。

$$UC_t = \frac{R_t}{P_t} = NominalCost_t - ExpectedCapitalGain_t \tag{1}$$

在完全竞争条件下，公式（1）的右侧应与在市场观测的 RTP 一致。一般而言，UC 随着对持有房地产所需成本的减少以及对住房价格期望值的上升而减少，这会增加（减少）对住房自有（租赁）的需求。以美国为例，直到 2004 年以前，UC 水平与由市场决定的 RTP 相似［Himmelberg、Mayer、Sinai（2005）］。但根据最近的实证研究结果，在次级抵押贷款剧增的 2003～2007 年间，UC 水平维持在负值。据推测，这在消费者选择居住形态方面，大大促使消费者倾向于自有住房市场［Cho（2010）］。

从最近的实证分析报告中可知，UC 还与抵押贷款有着相关关系。Duca、Muelbauer、Murphy（2009）认为，在美国抵押贷款市场上，对生平第一次购买住房的人的平均 LTV 从 20 世纪 80 年代的 85% 急剧上升到 2003 年的 95%，这证实了它有大幅降低 UC 的效果。

以美国为例，住房价格从 1998 年以后持续上升，尤其在 2003 年以后，出现了骤升。这归根结底提高了消费者对未来住房价格上升的期望，再加上，1997 年修改的有关美国《住房转让所得税法》免除了大部分消费者的转让所得税，并导致了价格的大幅度上涨［参考 Cho（2010）］。另外，据调查显示，当消费者购买住房时，即使是在住房价格涨幅不高的地区，对价格上升的期待也成为购买住房的主要原因之一，这暗示着 UC 和对住房价格的期望上涨率（g）有着较高的相关关系。

第二节　对韩国政府稳定房地产市场政策的评价

一　住房政策和解决供应不足问题

21 世纪 00 年代以前，韩国住房市场重要的结构性问题就是在包括首都圈在内的大城市地区长期存在的住房供应不足问题。然而，从 1988 年推行 200 万套建设计划开始，全国性的供应不足问题在一定程度上得到了缓解。1980 年的全国住房普及率为 71.2%，处于严重供不应求的情况，而 2008 年的普及率已达 110%。就居住环境而言，1980 年，人均居住面积从 10.1 平方米增加至 23 平方米，具备现代化洗手间和温水等沐浴设施的比例也分别从 12% 和 4% 大大增加到 94% 和 96%。因此，韩国的住房供应相关政策可评价为在较短时间内同时解决了供应不足和居住环境改善问题的良好政策。随后的政策可以说是解决首都圈和部分地区的住房供应不足问题，以及根据地区和住房类型制定能满足消费者多种需求的住房供应体系。

理论与实证研究表明与土地和住房供应相关的限制措施降低供应价格弹性。因此韩国住房供应政策的走向应是减少政府的直接供应（尤其对自有住房）和废除不必要的限制，这可能会让市场对需求冲击的反应变得更加灵活。因此，相关文献称，住房 200 万套建设等由政府主导的大量供应与其说是提高了住房供应的弹性，不如说是将非弹性的供应曲线右移，其后对市场的冲击有可能带来价格上升而非供应扩大［Renaud（1993），Green et al.

(1994)，Kim、Cho（2010）］。关键在于区分对土地和住房市场的必要和不必要的限制，20世纪90年代中期推行的准农林地设定措施可以说是反面教材，当时因此出现了民间住房开发增加和由此带来的盲目开发后果。换句话说，政府必须要采取措施，减少由不适当的开发项目带来的外部效应，但反过来还需要重新探讨新建住房售价限制等政府对新房开发项目采取限制措施的必要性①。

政府有必要在为低收入阶层提供租赁住房的同时，培育能满足消费者多种需求的民间租赁住房市场。以欧美国家为例，政府的住房政策重点在于直接和间接地向低收入阶层提供租赁住房，如美国的"公共住房"（Public Housing）和英国的"社会住房"（Social Housing）。而目前韩国中央政府和地方政府正通过多种政策增加租赁住房，未来政府有可能转换政策方向，将直接供应和运营所需费用降低到最低，届时可以借鉴美国等国外的经验。以美国为例，政府在20世纪70年代以后从直接供应租赁住房转向通过对消费者的住房补贴和对建设商的税收优惠来向低收入阶层提供租赁住房。这是因为长期的直接供应和运营带来了腐败和成本增加的问题。因此，韩国等新兴市场国家在实行租赁住房政策时，需要深入研究直接供应和间接补贴两者之间的优缺点，并认真思考政策转型问题②。

二 稳定住房价格政策评价

表4-1是1991年以后经合组织成员国的住房价格上涨率和变动率的比较资料。就上涨率而言，韩国排名靠后（日本、德国、瑞士等国家也是如此），而就变动率而言排名靠前，这意味着韩国的住房价格呈现"低增长、高风险"趋势。细看其内容，就标准偏差除以平均增长率的"变动系数"（Coefficient of Variation）而言，韩国的绝对值最大，这表明

---

① 有文献称，新建住房售价上限制及其相关限制措施扭曲了消费者的住房选择（Kim Gyeonghwan，2005）。这让消费者期待受限制措施的新房价格有望上升，从而提升对自有住房的需求，而不是对租赁住房的需求。就住房类型而言，受限制措施的专用面积达85平方米和60平方米左右的住房在供应总量中占据较大比重，从而扭曲消费者的住房选择。

② 详细内容请参照 Kim Gyeonghwan，Cho Yeongha，曹满，S. Phang（2009）。

与 1% 的增长率相比，韩国是变动幅度最大的国家。由此可以推出，这有可能是在 1997～1998 年的亚洲金融危机期间出现的住房价格大幅下降所引起的。

表 4 - 1　各国 1991～2007 年的住房价格比较

Country	Mean	STD	CV	Maximum	Minimum
Korea	- 1. 7	6. 9	- 4. 0	13. 6	- 15. 5
Switzerland	- 1. 8	3. 9	- 2. 1	4. 0	- 8. 2
Germany	- 2. 2	1. 4	- 0. 7	1. 2	- 4. 1
Japan	- 3. 4	1. 8	- 0. 5	1. 0	- 6. 1
Netherlands	6. 1	4. 5	0. 7	15. 5	- 0. 6
France	6. 1	4. 9	0. 8	13. 2	- 2. 4
Finland	4. 7	3. 8	0. 8	8. 4	- 3. 5
Norway	6. 2	5. 5	0. 9	12. 3	- 7. 2
Ireland	8. 4	8. 1	1. 0	28. 2	- 1. 8
Denmark	5. 6	6. 0	1. 1	19. 4	- 3. 5
New Zealand	5. 2	6. 4	1. 2	8. 0	- 2. 5
United States	2. 3	2. 9	1. 2	8. 0	- 2. 5
Australia	4. 1	5. 3	1. 3	15. 3	- 3. 3
Spain	4. 4	6. 6	1. 5	16. 4	- 6. 2
United Kingdom	4. 8	7. 3	1. 5	14. 7	- 8. 3
Canada	2. 6	4. 5	1. 7	9. 1	- 6. 6
Sweden	3. 1	7. 2	2. 3	10. 5	- 15. 1
Italy	1. 3	5. 3	4. 1	7. 5	- 7. 0

Data Source：OECD

STD：standard deviation，CV：coefficient of variation；Cho，M. and Kim，K-H，"Three Pillars of Mortgage Credit Risk Management：A Conceptual Framework and the Case of Korea"，*Housing Finance International*（24），2010.

就境内而言，2006 年以后，韩国全国的住房价格上涨率不及消费者物价指数（Consumer Price Index，CPI）的增长率，首尔的住房价格上涨率几乎与 CPI 持平（见图 4 - 3）。从时间点上看，2002～2008 年的年复利率平均增长率高于前期（全国 7%，首尔 10.4%）。从变动率（标准偏差）看，1987～1996 年出现了最大的偏差（全国 8.8%，首尔 9.3%）。

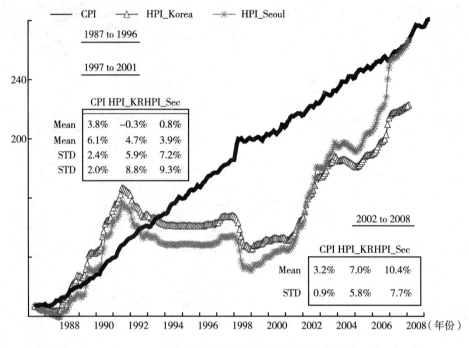

图 4 – 3　韩国的消费者物价指数和住房价格指数

　　图 4 – 4 是住房价格上涨幅度最高的首尔江南和美国价格上涨最大的洛杉矶的价格走势比较图。1987～2008 年，两个城市的年均增长率几乎相似（江南 6.7%，洛杉矶 6.3%），而其变动率因受近期的金融危机风波影响，后者的变动率较高（江南 10.8%，洛杉矶 13.1%）。

　　在价格水平方面，韩国全国的房价收入比（Price-to-income ratio，PTI）为 5 左右（美国的长期比率平均为 3 左右），首尔高达 11。这意味着韩国全国的住房价格虽在 1987 年以后并没有大幅上涨，但在之前的经济开发过程中已经有了大幅度的上涨，因此对多数的消费者来说，住房仍不易购买。

　　如前所述，由持有住房带来的使用者资本成本（UC）和其倒数——房租房价比的倍数（PRM）是显示住房投资价值的综合指标。在表 4 – 2 列出了韩国全国和大城市的 UC，在全国范围内，UC 从 1987～1999 年的 6.5% 下降至 2000～2007 年的 3.7%，出现了 40% 的较大降幅。这是因为 20 世纪

00 年代以后，对持有住房所需的成本大幅减少，而这一点可归因于低利率、抵押贷款活跃以及对住房价格上涨的预期增加。

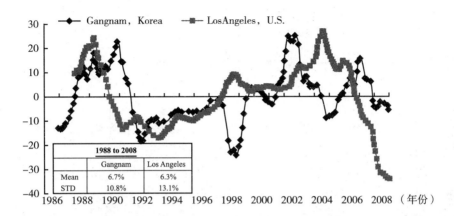

图 4 - 4　住房价格循环性比较：江南 vs. 洛杉矶 （Demeaned Annual GR）

表 4 - 2　韩国的平均住房价格、租赁费 （10000 韩元）、使用者资本成本 （UC） 水平

单位：%

	A. Average Price		B. Average Rent		C. PRM（A/B）		D. UC（B/A）	
	1987 ~ 1999 年	2000 ~ 2007 年	1987 ~ 1999 年	2000 ~ 2007 年	1987 ~ 1999 年	2000 ~ 2007 年	1987 ~ 1999 年	2000 ~ 2007 年
Korea	17839	22715	1184	815	15.8	29.0	6.5	3.7
Seoul	26446	23531	1740	934	16.0	26.2	6.5	4.0
Gangbuk	24004	21770	1320	895	19.3	25.3	5.4	4.2
Gangnam	26896	21695	2107	786	13.4	28.5	7.7	3.7
Busan	21990	28847	1593	876	14.5	34.7	7.2	3.1
Daegu	20616	46045	1470	1513	14.7	31.9	7.1	3.6
Daejun	16821	22385	1052	947	16.9	24.4	6.2	4.2
Kwangju	25249	21032	1808	735	14.6	29.9	7.1	3.6
hchon	15233	38413	888	1203	18.4	33.6	5.7	3.3
Usan	18427	20083	1504	877	12.9	23.7	8.0	4.5

资料来源：Cho, M. and Kim, K-H, "Three Pillars of Mortgage Credit Risk Management: A Conceptual Framework and the Case of Korea", *Housing Finance International* （24）, 2010。

以首尔江南为例，PRM 从 1987 ~ 1999 年的 13.4% 上升至 2000 ~ 2007 年的 28.5%，UC 也随之从 7.7% 下降到 3.7% （降幅达 50% 以上）。但 Wu、

Gyourko and Deng（2010）报告称，首尔江南的 PRM 比起中国大城市不是很高，被列入研究对象的中国 8 个大城市 2007 年和 2010 年的平均 PRM 分别为 26% 和 46%，而其倒数 UC 约为 2% 左右，因此报告认为住房作为投资理财的价值很高。从市场基本面的角度来看，首尔江南的住房价格比起洛杉矶，被低估的程度较低[①]（参见图 4 - 5）。

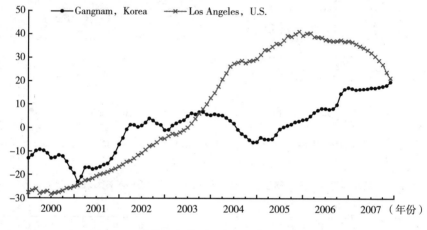

图 4 - 5　高估和低估的比较图：江南 vs. 洛杉矶

　　稳定住房价格的政策目标可以说暗示包含了两个政策方案：一是以此来使低中收入阶层容易购买住房，二是事先防范如次贷风波等给市场带来的冲击以及由此带来的余波。因此在今后采取住房政策时，需要区分这两项之后，针对各项明确树立政策目标。与此同时，还应开发能监督目标达成程度的资料和指标，比如，开发包含有关住房金融变数的住房可支付性指数（Housing Affordability Index，HAI）等指标的同时，明确定位作为政府政策目标的消费者阶层，并针对各阶层制定不同的住房政策，利用 HAI 等指标来追踪、监督政策的影响力。基本上，缓冲市场冲击可包括在宏观审慎监管（Macro-prudence Regulation）的政策课题，而本研究不对此详述。

---

　　①　有关模型的说明参照 Cho（2009）。

三　对住房金融和其他政策的评价

住房金融可分为住房抵押贷款的消费金融和对开发公司贷款的金融。前者需要考虑两个方面：一是政府在制定政策时要考虑有效管理市场冲击和由此带来的风险，二是通过贷款服务提高消费者的福利，这基本上要通过资本充足率等来针对各种贷款机构进行微观审慎监管，但也有可能要考虑通过在全球金融危机之后越来越受关注的宏观审慎监管（对全体金融系统的审慎监管）来有效管理系统风险（Systemic Risk）。与此相关，在贷款审查和风险管理方面，在保障市场自律的同时，政府还要通过 DTI 和 LTV 等标准设定信用风险上限，在不同情况下，这可以说是必要的限制措施。韩国等新兴市场国家的抵押市场仍处于起步阶段，加上没有能在市场上适当主导风险管理的金融机构，因此对此的限制措施有望成为减少系统风险的政策手段。

从系统风险管理方面看，对建设金融适时采取事先监管和限制措施也是需要考虑的政策课题。韩国在 2006 年以后，由低利率和短期外债带来的境内流动性增加促使所谓"PF 贷款"［或"项目融资（Project Financing）"］的建设金融服务剧增，导致了新房供应过剩问题，并在 2008 年发生全球金融危机之后，在恶化宏观经济指标的同时，带来了未售出住房问题。从美国和日本的例子中可知，在住房市场周期的最高点常出现的过度供应者贷款和建筑市场的过热会带来长期市场萎缩，因此需加强事先监管体系，而与此相关的详细内容将作为下一个课题加以研究。

积累可靠的资料和实证证据可以说是有效制定政策的条件之一，包括能适时了解市场价格走势，在统计层面有获得验证的住房价格指数，在价格和供应方面有及时探测过热情况的早期预警系统（Early Warning System）以及能按住房类型细化全国和地区供需情况的指标和模型开发等。由此制定住房政策不仅能基本降低来自未经证实的舆论和媒体报道的影响，而且可以根据资料和证据制定政策，并提高制定政策过程的透明性。

四　对中国住房市场的启示

最近，中国大城市的住房价格呈现陡峭的上升趋势。过去 10 年来，中国 35 个大城市住房价格的实际增长率达 225%，在 2010 年还出现了 41%（以年均增长率为基准）的记录，至今也没有出现调整的迹象［Wu et al.（2010）］。在次级抵押贷款达到高峰的 2006 年左右，美国大城市的名义住房价格上涨率达 20%，从中可知，中国目前的住房价格上升趋势明显大。

导致住房价格上涨率如此高的关键因素在于，过去 20 多年来的经济高速增长（同期 GDP 年均增长率为 10%）、城市人口持续增加、进入 21 世纪 00 年代之后急剧上涨的土地价格等长期趋势。除此之外，还有其他短期因素，包括由中国政府从 2008 年年底实行的 4 万亿元人民币的经济刺激政策带来的流动性增加，从 2008 年年底开始剧增的住房贷款（同期居住用抵押贷款和生产者贷款分别增加 38% 和 50%）等［Wu et al.（2010）］。此外，Wu et al. 证实了目前中国大城市的住房价格水平可以用对住房价格上升的期望值来说明。

进入 2010 年以来，中国政府为稳定住房市场出台了一系列措施，且还正探讨有关抵押贷款的限制措施和对住房征收地方保有税的方案。所谓的有关抵押贷款的限制措施是指将第一套房的最大 LTV 从 80% 下调到 70%（仅针对 90 平方米以上的住房），将第二套房的最大 LTV 从 60% 下调至 50%，以及遏制对第三套房以上住房的贷款。

中国住房市场的发展经验与过去 40 多年来的韩国经验有几点相似之处。两者都经历长期持续的城市化进程，在大城市地区出现住房供应不足，为解决这些问题还需要政府的积极作用。对韩国而言，为此中央政府发挥了主导作用，通过政府的政策，在短时间内同时解决了住房短缺问题和居住环境改善问题，对此可以给予积极评价。但到现在政府仍对土地和住房供应进行的广泛介入，影响了市场效率，这有待解决。相比之下，中国在土地和住房供应方面，地方政府比中央政府扮演着更重要的角色。从市场效率的角度看可以说是良好的，但在适时管理由开发项目带来的外部效应（如同韩国的"准农林地"案例）、提高土地交易的透明性和防止腐败[①]等方面，还需要中央政府发挥更大的力量。

---

① 与此相关，Cai、Henderson、Zhang（2009）表示，中国的土地拍卖系统出现了地方政府和建设商之间挂钩的腐败问题，还提出了相关的实证证据。

在住房金融方面，两国拥有相似的经验。进入 21 世纪 00 年代以来，随着抵押贷款的扩大，持有住房带来的使用者资本成本出现了降低，这带来了住房投资价值提高的效果。如前所述，当政府对住房金融采取调控措施时，要考虑两种政策目标，一方面要通过贷款服务提高消费者福利（通过提高住房可支付性），另一方面要缓解因贷款扩大有可能出现的系统层次的冲击。为此，需要明确设定消费者目标阶层、积累制定政策所需的资料和模型，以及建立资本充足率等适当的风险监管体系。

第三节　韩国快速城市化时期的住房
政策演变及其启示

韩国自 1961 年朴正熙政权上台开始经济改革到 1997 年金融危机爆发的近 40 年时间，经历了快速城市化进程，成功实现了经济腾飞。为解决高速经济增长和快速城市化形成的住房供给与住房分配难题，韩国政府也实施了一系列的住房调控政策。回顾和总结韩国该时期的住房政策，对正经历快速城市化进程的中国当前住房政策制定具有重要借鉴意义。

一　韩国快速城市化时期的住房政策演变

为适应经济发展和住房市场要求，韩国政府在 1960～1990 年的快速城市化时期对住房市场进行了广泛干预，在供给管理、需求管理和公共支持等层面实施了一系列的调控政策。

1. 韩国住房供给管理政策及其演变

韩国早期的住房政策重点集中在供给环节，20 世纪 60 年代初至 20 世纪 80 年代初的近 20 年时间，韩国政府颁布了一系列的政策法令，建立了一套相对完善的政府主导型住房供给管理制度，涉及住房开发商、建筑商、住宅用地获得、住宅开发金融支持等几乎住房供给的各领域。

（1）确立公营主导的住房开发制度

1962 年、1967 年先后成立韩国国家住房公司（KNHC）和韩国住房银行（KHB），并于 1963 年颁发《公营住宅法》，以国家公营公司形式积极介入住房开发建设和住房开发融资。1972 年颁发《住宅建筑加速法》，要求加大住房建造支持力度。

（2）重组并加大对私有建筑部门的支持力度

1977 年修订《住宅建筑加速法》，对私有建筑部门进行了重组，根据公司规模和产量，政府把建筑商分为指定建筑商、登记建筑商和小规模未登记建筑商三类，对指定的大建筑商给予金融、土地、税收等政策优惠，实施对私有住房建筑部门有管理的支持政策。

（3）实施公营方式的住宅用地征用政策

针对私有土地产权抬升住宅用地获得成本问题，韩国政府 1974 年、1980 年先后颁发《土地金库法》（1978 年修订后称为《韩国土地开发公司法》）和《宅地开发促进法》，并于 1978 年成立韩国土地开发公司（KLDC），以公营方式征收住宅开发用地，特别在 1976～1978 年、1988～1992 年的两个时期内，韩国公营征用居住用地达到高潮，公营征用居住用地比重分别达 82.96%、36.68%①，国家通过公营征用方式获得居住用地后再以低于市场价格的水平出租或出售给能够贯彻国家意志的指定建筑商。

（4）加大对住房开发的金融支持力度

进一步加强了住房银行作用的同时，1981 年国家住房基金（NHF）成立，为公共住房开发机构和指定的建筑商提供低利率贷款。

（5）编制五年、十年住房建设规划

韩国政府自 1962 年开始几乎每隔五年或十年编制一轮住房建设规划，如 1962 年第一个《经济开发五年计划》提出住房建设计划目标，1971 年制订韩国第一个住房建筑十年规划（1972～1981），提出"每个家庭度拥有自己住房""一户一套住房"的目标口号，1981 年制订韩国第二个住房建筑十年规划（1982～1991），提出十年内"500 万套住房建设计划"。

2. 韩国住房需求管理政策及其演变

为抑制住房市场的投机性需求并实施相对公平的住房分配，韩国住房政

---

① 除特别说明外，本节所引用住房供给相关数据全部来源于 2005 年《韩国住房与城市统计年鉴》。

策重点自20世纪70年代中后期开始由供给管理向需求管理转型，1977年开始在首尔市试点限购限价政策，1978年出台《商品房上限价政策》、《8.8抑制不动产投机措施》，确立"住宅请约制度"（即住房认购储蓄制度），严格管制的需求管理政策全面铺开，直到20世纪90年代中期，由于住房滞销率上升、房价连续下跌，住房需求管理政策才逐步放松或取缔。

（1）实施新建住房限价管制

20世纪70年代中后期，韩国政府把超过20套的新建住房项目列为政府监管范围，实施销售价格管制。最初的价格管制只在首尔市试点实施，被管制价格一般为市场价的1/2或1/3；1982年开始实施价格封顶制度并在全国推行；1989年开始封顶价格制度又被建筑成本相关的价格控制取代，政府不再规定最高限价，但对建筑商的住房定价按照建筑成本进行价格审批管制。

（2）实施新建住房储蓄账户限购制度

在实施限价管理的同时，韩国还对被管制的住房销售实施了严格的储蓄账户限购制度。国家发起了以合法登记独立住户为发行对象的住房储蓄计划，住房储蓄利率远低于银行存贷款利率，但住房储蓄账户持有者可以由此享受远低于市场价格的被管制住房购买权，被管制新建住房只能销售给住房储蓄账户持有家庭。韩国住房储蓄计划分为两种类型：其一为国家住房定金储蓄（NHSSD），规定具有最优惠价格的国家公营公司新建住房被分配给国家住房定金储蓄账户持有家庭，同时对储户资格也做了较多限制，参加国家住房定金储蓄计划的住户，其月收入必须低于所在地平均户均收入，并且参加储蓄计划前至少作为租房户生活了5年。其二为住房定期定金储蓄（HSID）和住房分期付款储蓄（HISD），该类住房储蓄账户持有者可以优先购买国家公营公司外的被管制住房，但租房户和参加储蓄计划更长的家庭享有优先购买权。

（3）实施居住人口限购和超大城市限购政策

韩国还在不同类型城市实施了不同的住房限购政策，对一般城市，只有持有本市住房储蓄账户的家庭才能购买被管制住房。但为了限制首尔市人口过度膨胀，鼓励首尔市人口外迁，首尔市住房相关储蓄账户持有者可以在全国除釜山市外的任何地方购房，享有同当地账户持有者同等待遇。

3. 韩国住房公共支持政策及其演变

韩国住房调控政策不仅体现在供给与需求管理制度建设上，而且体现在政府对住房领域的直接公共支持上。韩国住房领域的公共支持主要有以下几个特点。

（1）住房公共支持力度大

韩国自 20 世纪 70 年代后期开始加大对住房领域的公共投入，1982～1997 年，韩国政府对住房领域平均公共投入占全国税收收入比率达 2.3%，其中 1988 年该比率更高达 8.02%[①]。

（2）公营部门住房供给占比大

韩国公营部门住房开发对新建住房供给做出了重要贡献，包括 KNHC、KHB 在内的公营部门新建住房占全部新建住房比重很高，特别在 20 世纪 70 年代中期以后，以 KNHC 和 KHB 为主导公营部门开发的住房供给，几乎占据了 1/3～1/2 的新建住房市场供给。

（3）住房公共支持在 1995 年以前以公营住房公司直接投入为主，1995 年后以住房贷款支持为主

1995 年以前绝大多数年份对 KNHC 直接投入比重均在 10% 以上，其中 1991 年、1992 年、1993 年对 KNHC 投入比重更高达 69.21%、62.44%、68.59%；而住房贷款比重在 1995 年以前的多数年份均在 30% 以下，1995 年住房贷款比重开始出现较大幅度上升，1997 年高达 74.65%。

（4）中央政府始终是住房公共支持的主体

在各时期内，包括 KNHC、KHB 在内的中央公营机构始终主导了公营部门的住房供给，其中 1967～1971 年公营部门住房供给的 100% 由中央公营机构提供，1989～1997 年公营部门住房供给的 87.99% 由中央公营机构提供。

---

① 住房公共投入占税收比率 = 政府对住房部门投资总额/同期生产和贸易税收总额，其中政府对住房部门投资额数据来源于 2005 年《韩国住房与城市统计年鉴》，生产与贸易税收额来源于韩国统计信息网的国民收入账户统计数据库，www.kostat.go.kr。

（5）公共支持的住房建设主要集中在中小户型

韩国于 1981 年出台了关于"小户型住宅建设义务比率"的政策，要求在商品房建设中小户型住房（60 平方米以下）所占的比重不得低于 50%，并于 1984 年颁布《租住房建设促进法》，开始了廉租住房的建设。1988 年实施的《200 万套住房建设计划》中 150 万套为 85 平方米以下的中小户型，其中 50 平方米以下的廉租住房 50 万套，40～60 平方米的小户型商品房 40 万套[①]。

二　韩国住房政策的制定与实施特点

尽管总体上快速城市化时期韩国形成了政府主导的住房政策模式，但其政策并非一蹴而就，政策制定和实施均存在不少可以总结的经验教训。

1. 住房政策实施执行受政治因素干扰较大

20 世纪 70 年代末到 20 世纪 90 年代初是韩国由军政权向民主化过渡的政局动荡时期，政治因素对韩国住房政策的制定和实施产生了重大影响。如 1978 年出台了大力抑制投机性需求的管理制度，但由于 1979 年朴正熙总统被刺，随后的 20 世纪 80 年代初期调控政策基本被取缔，导致投机性需求进一步膨胀。

2. 住房政策制定缺乏连续性

由于住房政策受政治因素干扰大，也往往导致住房政策受利益集团左右严重，缺乏连续性和一致性。以住房公共支出为例：公共住房支出占税收收入比重在 1985 年仅为 0.79%，而 1988 年则高达 8.02%；新建住房供给中公营部门占比 1983 年仅为 37%，1984 年则骤升到 51%，1987 年达到创纪录的 68%，但 1988 年则又骤降到 36%。

3. 受经济发展和政府财力限制，早期住房供给规划完成情况较差，后期住房建设规划完成情况较好

除了 1967～1971 年由于住房建设规划目标偏低导致建设规划超额完成

---

①　转引自康青松：《韩国住房政策的历史演变及其启示》，《国际经贸探索》2009 年第 4 期。

外，1987 年前的各期住房建设计划规模较小且完成情况比较差；1987 年后的住房建设计划规模大幅增长且超额完成，如表 4 - 4 所示。

表 4 - 4　韩国住房建设规划及完成情况

时间	建设规划住房（套）			实际建成住房（套）			住房规划实施率（%）		
	总体	公共部门	私有部门	总体	公共部门	私有部门	总体	公共部门	私有部门
1962 ~ 1966 年	475000	60000	415000	325935	39915	286020	68.6	66.5	68.9
1967 ~ 1971 年	500000	30100	47000	540338	69613	470725	108.1	232	100.2
1972 ~ 1976 年	833000	250400	582600	760591	228766	531825	91.3	91.4	91.3
1977 ~ 1981 年	1260000	477000	783000	1116074	496378	620696	88.6	103.9	79.3
1982 ~ 1986 年	1431000	618000	813000	1155071	549344	605727	80.7	88.9	74.5
1987 ~ 1991 年	2027000	803700	1223300	2386491	877101	1509390	117.7	109.1	123.4
1992 ~ 1996 年	2715000	1065000	1650000	3104854	1148940	1955914	114.4	107.9	118.5

资料来源：2005 年韩国《住房与城市统计年鉴》。

三　韩国住房政策的市场效果

韩国广泛干预的住房政策导致了其快速城市化中后期的住房市场和经济社会发展产生了深远影响。

1. 强有力的住房公共支持促使快速城市化中后期住房供给快速增长，大大缓和了住房需求快速增长的矛盾

由于新建住房大幅增长，使得韩国住房存量自 20 世纪 80 年代开始出现快速增长趋势，全国住房存量从 1979 年的 521.1 万套增加到金融危机前 1997 年的 1062.7 万套，2000 年达到 1147.2 万套，这导致了韩国自 1987 年开始有效逆转了由于人口增长和家庭核心化导致的住房供给率长期下降趋势，住房供给率由 1987 年的 69.2% 提升到 1997 年的 92%。

2. 限购管理政策形成相对公平的住房分配格局，居民居住条件得到普遍改善，也大大促进了居住城市化进程

韩国快速城市化中后期不仅住房供给总量增长迅速，而且住房分配也相对公平，居民居住条件得到相对普遍的改善。在平均居住条件不变时，合居率可以用来反映住房使用的公平性；在平均居住条件改善时，合居率快速下降意味着住房建设成果能够被社会普遍性的分享。根据历年韩国住户住房普查，城市合居率 1980 年达到 48.91% 的最高水平，随后呈现明显下降趋势，1995 年下降到 23.04%，2000 年下降到 15.66%；全国合居率 1985 年达到 30.27% 的最高水平，随后呈明显下降趋势，1995 年下降到 18.29%，2000 年下降到 12.86%。而且随着合居率快速下降，合居现象也主要集中于 8 室以上的特大户型住房，合居于中小户型的蜗居现象大大减小。如表 4 - 5 所示。

居住条件特别是城市居住条件普遍性的改善，也极大地促进了韩国以非劳动人口为主导的居住城市化进程。自 20 世纪 70 年代非劳动人口（0 ~ 14 岁与 60 岁以上）城市化速度开始超越劳动人口（15 ~ 59 岁之间）城市化速度，劳动人口与非劳动人口之间的城市化率差距（劳动人口城市化率 - 非劳动人口城市化率）大大缩小，由 1970 年的 9.95 下降到 1990 年的 4.53。

3. 价格信号失真也导致快速城市化后期住房供需结构失调，并助推了 1998 年史无前例的金融危机

由于推行限价政策，价格信号失去对市场供需关系调整的指示作用，在公营机构为主体的住房供给体制中，新建住房供给仅仅根据期初计划实施，缺乏对市场变化的调整适应能力。

表 4 - 5　1980 ~ 2000 年的韩国住房条件变化

年份	全国					城市		
	住房供给率(%)	人均住房面积(平方米)	住房存量(万套)	合居率(%)	8室以上合居住房比率(%)	住房存量(万套)	合居率(%)	8室以上合居住房比率(%)
1980	71.2	10.1	5450	24.42	5.4	246.8	48.45	5.68
1985	69.8	11.3	6317	28.16	8.69		48.91	9.14
1990	72.4	13.8	7357	30.27	12.73	474.9	46.23	13.72
1995	86	17.2	9570	27.82	28.27	677.4	37.97	30.18
1997	92		10627	18.3	48.09		23.05	50.65
2000	96.2	20.2	11472	12.86	66.72	839.3	15.66	68.87

资料来源：2005 年韩国《住房与城市统计年鉴》。

在快速城市化后期，韩国人口增长速度、城市化速度均出现明显下降趋势，居民家庭对改善性中大户型住房需求增长，经过多年对小户型住房供给的公共政策支持，单纯满足基本居住需要的小户型住房需求大大下降。但韩国的住房公共支持政策并没有相应调整，而且随着政府财力增强对保障性住房供给支持力度进一步加大，导致20世纪90年代中期韩国住房市场出现了结构性过剩，特别是公营机构的小户型住房滞销率和闲置率大幅上升。根据KNHC的统计，自1995年开始KNHC的住房滞销率大幅上升，1991~1994年平均住房滞销率仅为5.37%，1995年、1996年、1997年滞销率则分别达到24.58%、46.12%、31.96%①。同时已售住房也有相当部分滞留在中转投资的个人手中，20世纪90年代中期开始作为临时中转或闲置使用的一人户住户占比迅速增加，一人户住户占比由1990年的9%迅速上升到1995年、2000年的12.67%、15.54%。

住房供给结构失衡使得韩国快速城市化后期住房市场泡沫不断累积，并助推了1998年史无前例的金融危机。

四　韩国经验对中国住房政策的启示

经历了近30年高速经济增长和快速城市化后，中国经济社会进入快速城市化的中后期发展阶段，自2003年以来中国城市住房市场持续繁荣，城市住房供给、居民居住条件均有较大改善，同时也伴随了住房投机需求膨胀、房价快速增长。为抑制不断膨胀的住房市场投机性需求，应对房价快速上涨，国家住房政策也进入密集调控期，国家住房公共支持也不断加大，大规模保障性住房建设规划提上日程。很显然，韩国同等发展阶段的住房政策经验可以为中国住房调控和住房保障政策制定提供诸多有益的启示。

1. 快速城市化中后期，应加大对中低收入家庭和城市化移民家庭的住房公共支持

中国经济发展进入转型期，长期依赖外需推动的经济发展模式面临国际经济环境的重大变化，劳动人口城市化速度也已经明显放缓，内需增长和居住城市化是中国经济进一步可持续增长的关键，因此以中低收入家庭和城市

---

① 根据2005年KNHC Statistics 894页表1 housing sale and rental 计算得到：滞销率＝当年未售住房套数/当年住房供给总套数。

化家庭为目标的住房公共支持对经济可持续发展和居住城市化将具有重要意义。

2. 住房储蓄账户机制不失为一种有效的住房公共支持人群识别机制和一种抑制投机性需求的有效政策工具

韩国对住房市场干预实行了一系列的政策创新，其中住房储蓄账户机制为公共支持政策提供了有效的支持人群识别手段。中国长期以来的住房公积金制度和近年来不断加大的保障性住房供给，均存在支持人群识别困难，造成公共支持资源被误导使用。进一步的改革可以参照韩国模式，面向无房户或住房困难户实施低利息或无利息的预先住房储蓄计划，只有储蓄账户持有者才有资格获得保障性住房分配选购权利或获得国家住房公积金支持权利。如果新建住房被限定为只对住房储蓄账户持有者出售，则不仅可以通过预先（住房储蓄账户）储蓄有效驱逐投机性购房需求，而且可以通过各城市住房储蓄账户数量，预先合理组织住房供给，避免需求不确定导致的住房市场泡沫风险。

3. 住房保障规划应量力量需而定

快速城市化中后期，面向中低收入家庭的住房保障支持具有重要意义，但保障性住房建设则应该量力而定、量需而定。一方面，保障性住房建设需要强有力的公共财力支持，只有公共财力有效积累的地区，保障性住房建设才可能真正有效展开；另一方面，保障性住房建设目标也不能脱离住房市场需求盲目制定，保障性住房建设目标应与城市化进程、人口和家庭数量变化、居民收入水平变化相适应。中国人口和家庭增长即将迎来负增长趋势，由新增城市家庭形成的新增基本住房需要也将呈下降趋势；而随着收入增长和储蓄进一步积累，既有城市家庭的改善性住房需求将不断增长，因此中国城市未来面临的住房需求主要矛盾可能来自改善性住房需要而不是基本居住需要，因此面向未来的保障性住房建设规划不应盲目追求覆盖面和建设量。

4. 保障性住房支持应以中央政府为主导，由中央政府根据区域发展战略需要安排

在快速城市化和人口流动相对频繁的社会，城市居住保障形成的城市化效应、内需刺激效应、产业结构升级效应、农地退出保护效应等都属于全国宏观经济层面的外部效应，地方政府很难从住房保障建设获益，因此支持动力不足，只有中央政府主导了整个住房保障体系，住房保障建设才可能真正实施。

5. 供给方面的行政干预和需求方面的行政干预具有不同的市场效应，对住房供给的过度行政干预可能导致市场信号失真，容易累积市场泡沫并促发经济危机

需求方面的行政干预能够有效地抑制投机性需求、支持消费性需求，而供给方面的行政干预则由于住房生产供给的长周期导致住房供给主体缺乏对市场变化的适应力，产生住房市场泡沫甚至引发经济危机。在韩国，需求方面的限购政策有效地促进了住房条件的普遍改善，而供给方面的限价政策则导致价格信号失真、累积住房市场泡沫并助推了金融危机。

参考文献

[1] Abraham, J., and Hendershott, P, "Bubbles in metropolitan housing markets", *Journal of Housing research* 7 (2), 1996.

[2] Blanchard, O., G. Dell'Ariccia, and P. Mauro, Rethinking Macroeconomic Policy, Paper Presented at KDI/IMF Conference on Restructuring the World Economy, February 2010.

[3] Cai, H., V. Henderson, and Q. Zhang, "China's Land Market Auctions: Evidence of Corruption", NBER Working Paper (15067), June 2009.

[4] Capozza, D., Hendershott, P. and Mack, C., "An Anatomy of Price Dynamics in Illiquid Markets: Analysis and Evidence from Local Housing Markets", *Real Estate Economics* 32 (1), 2004.

[5] Cho, M, "Securitization and Asset Price Cycle: Causality and Post-Crisis Policy Reform", KDI School Working Paper, July 2010.

[6] Cho, M, "Home Price Cycles: A Tale of Two Countries", KDI School Working Paper, September 2009.

[7] Cho, M. and Kim, K-H, "Three Pillars of Mortgage Credit Risk Management: A Conceptual Framework and the Case of Korea", *Housing Finance International* (24), 2010.

[8] Duca, J. J. Muelbauer and A. Murphy, House Prices and Credit Constraints: Making Sense of the U. S. Experience, Paper Presented at the 2010 ASSA Meeting, Atlanta,

U. S. A. , 2010.

[9] Glaeser, Edward L, Gyourko, Joseph, and Albert Saiz, "Housing Supply and Housing Bubbles", *Journal of Urban Economics* (64), 2008.

[10] Glaeser, Edward, Gyourko, Joseph, and Saks, Raven, "Why Have House Prices Gone Up?", *Journal of Economic Geography* (6), 2005.

[11] Glaeser, Edward, Gyourko, Joseph, and Saks, Raven, "Why Have House Prices Gone Up?", *American Economic Review*, 95 (2), 2005.

[12] Gramlich, R. , Subprime Mortgages, *America's Latest Boom and Bust* (The Urban Institute Press, 2007).

[13] Green, R. , Malpezzi, S. and Vandell, K, "Urban Regulations and the Price of Land and Housing in Korea", *Journal of Housing Economics* (3), 1994.

[14] Gyourko, J. Mayer, C. and Sinai, T. , "Superstar Cities", NBER Working paper (12355), 2006.

[15] Kim, K. H, "The Impact of Government Intervention on Housing Markets in Korea: 1980 - 2002", *Sogang Economic Papers* (34), 2005.

[16] Kim, K-H: "Housing Prices, Affordability and Government Policy in Korea", *Journal of Real Estate Finance and Economics* 6 (1), 1993.

[17] Kim, C-H. and Kim, K-H, "Political Economy of Government Policies on real Estate in Korea", *Urban Studies* 37 (7), 2000.

[18] Kim K-H and Renaud B, "The Global House Price Boom and its Unwinding: An Analysis and A Commentary", *Housing Studies* 24 (1), 2009.

[19] Mayo, S. and Sheppard, S, "Housing Supply Under Rapid Economic Growth and Varying Regulatory Stringency: An International Comparison", *Journal of Housing Economics* (5), 1996.

[20] Malpezzi, S. , and Wachter, S. "The Role of Speculation in Real Estate Cycle", *Journal of Real Estate Literature* (13), 2005.

[21] Mian, A. , and A. Sufi, "The Consequence of Mortgage Credit Expansion: Evidence from the U. S. Mortgage Default Crisis", *The Quarterly Journal of Economics*, November 2009.

[22] Park, Y. , and Y. Kim, The Policy and Performance in Korean Territorial Development ver the Six Decades, Paper Presented in the Seminar on the Korean Economy, Six Decades of Growth and Development, August 2010.

[23] Shiller, R, *The Subprime Solution: How Today's Global Financial Crisis Happened, and What to Do About It*? (New Jersey: Princeton University Press, 2008).

[24] Wheaton, W. , and G. Nechayev, "The 1998 - 2005 Housing 'Bubble' and the Current 'Correction': What's Different This Time?" *Journal of Real Estate Research*

30 (1)，2008.

[25] Wu, J. , J. Gyourko, and Y. Deng, "Evaluating Conditions in Major Chinese Housing Markets", NBER Working Paper（16189），July 2010.

[26] 国家简报特别企划组：《大韩民国房地产 40 年：1967~2007 年房地产政策的过去与现在》，Hans Media，2007。

[27] Kim Gyeonghwan、Cho Yeongha、曹满、S. Phang：《政府对住房供应的介入范围和介入方式变化的研究》，西江大学市场经济研究所，2009。

[28] Kim Jungyeong：《全球金融危机和我们的应对措施》，KDI 国际政策大学院，2008。

[29] Bae Yeonggyun：《韩国各地区公寓价格的长短期动态分析》，西江大学博士学位论文，2010。

[30] 康青松：《韩国住房政策的历史演变及其启示》，《国际经贸探索》2009 年第 4 期。

[31] Yoong IL-Seong, *Housing in a Newly Industrialized economy：the Case of South Korea*（*Avebury Ashgate Publishing Company*，1994）.

[32] Werner Puschra, Kim Kwan-Young, *Housing Policy in the 1990s：European Experiences and Alternatives For Korea*（Korea Development Institute，1993）.

[33] Chung Joseph H. , *Housing Crisis in Korea：Analysis and Policy Orientation*（Korea Research Institute for Human Settlements，1983）.

【附录 4-1】　韩国主要国土开发政策和住房政策

年　份	主要国土开发政策	主要住房政策
1948~1970	▲农地改革；战后重建(20 世纪 50 年代) ▲开发出口工业园区 ▲修建京釜高速公路	▲第一个及第二个经济开发五年计划(扩大住房供应和住房投资)
1971~1987	▲建设东南海岸工业地带(Industrial Belt) ▲开发首尔-釜山高速公路周边地区(Development Corridor) ▲推动新村运动 ▲西海岸填海造地(Land Reclamation) ▲推动首都圈和非首都圈的均衡发展	▲树立第三次国土开发综合计划(1972)和住房建设十年计划 ▲制定《住房建设促进法》(1972)、扩大对住房建设、出售和管理的政府管制 ▲8.8 房地产投机遏制对策(1978) ▲刺激房地产景气对策(1981~1983) ▲杜绝投机综合对策(1985)
1988~2000	▲追求改善生活质量(Quality of Life) ▲推动建设首都圈 5 大新城市和住房 200 万套 ▲放宽投资限制 ▲为实现地方分权化，扩大对 SOC 的投资 ▲加强地方的竞争力	▲发布首都圈 5 大新城市和 200 万套建设五年计划(1988) ▲推动遏制投机和土地公有概念政策 ▲为刺激住房景气，缓解和废除限制措施(1994~1998) ▲刺激住房和建设景气的对策(1999~2001)

续表

年　份	主要国土开发政策	主要住房政策
2001~2010	▲扩建国家公路网络(目前全国均已实现半日生活圈) ▲放宽绿色地带限制 ▲推动多功能行政综合城市 ▲"推动5~2巨型经济区域" ▲推动四大江项目	▲10.29 住房市场稳定综合对策(2003) ▲8.31 房地产综合对策(2005) ▲稳定房地产市场的制度改善(2007) ▲8.29 刺激房地产景气对策(2010)

【附录4-2】　按类型和时间点区分的房地产政策

政策	20世纪70年代	20世纪80年代	20世纪90年代	21世纪00年代
有关土地使用的限制措施	▲引进开发限制区域制(1971) ▲第一次国土开发综合计划(1972~1981) ▲城市再开发法、允许民间土地开发(1976)	▲引进公营开发制度(1980) ▲第二次国土开发综合计划(1982~1991) ▲土地和住房问题综合对策(1983) ▲实行土地交易申报制(1984) ▲实行土地交易许可制(1985) ▲成立土地公概念研究委员会(1988);制定土地公概念三项法律(1989) ▲引进地价公示制度(1989)	▲第三次国土开发综合计划(1992~2001) ▲引进准农林地制度(1994) ▲修改《农地法》、放宽对农地的限制措施(1996)	▲为防止盲目开发,下调建筑覆盖率和容积率(2000) ▲第四次国土综合计划(2002~2020) ▲整合有关土地征收的法律法规(2002) ▲第四次国土综合计划修改计划(2006~2020) ▲稳定房地产市场方案、扩大在公共宅地内的住房供应等(2006) ▲华城、东滩地区新城市开发计划(2007)
住房供应及其相关限制措施	▲《住宅建设促进法》(1972)	▲扩大供应员工用租赁房(1981) ▲住房200万套建设计划(1988) ▲建设租赁住房30万套(1988) ▲2.4 紧急房地产投机遏制对策、建设首都圈5个新城市(1988)	▲5.22 刺激住房景气对策、新建住房售价自由化(暂时免除转让税、废除土地交易许可申报制)(1998) ▲9.25 建设产业刺激方案(1998) ▲3.22 住房景气刺激对策、再建筑支援等(1999) ▲租赁住房10万套建设计划(1999)	▲地方建设刺激方案、建造天安、大田和木浦3个新市区(2000) ▲为稳定民众居住的传贳和月租综合对策(2001) ▲5.26 租赁住房建设刺激对策(2001) ▲扩大国民租赁住房3.5万套(2001) ▲国民租赁住房100万套建设计划(2002) ▲8.31 投机遏制综合对策(2005)

政策	20世纪70年代	20世纪80年代	20世纪90年代	21世纪00年代
新建住房售价上限制及其相关限制措施	▲从首尔开始实行新建住房售价上限制(1977)	▲新建住房售价引进分级制、改善新房的购买申请制度(1982) ▲禁止转售期限延长至2年(1982)	▲新建住房售价自由化(1996) ▲12.12建设和房地产景气刺激对策(1998)	▲重新引进新建住房售价上限制(2001) ▲1.31市场稳定和提高居住福利对策(2007)
房地产税收制度	▲引进"房地产投机遏制税"(1967) ▲8.8房地产投机遏制综合对策(1978)	▲9.16刺激经济对策;转让税下调5%~20%(1980) ▲12.13刺激房地产景气对策(1980) ▲1.14房地产对策;延长转让税弹性税率适用期限(1982) ▲5.18刺激景气对策(1982),减免购置税和注册税 ▲2.16房地产投机遏制对策(1983);按实际交易价格建立转让税收标准,债券招标制 ▲5.20杜绝房地产投机的综合对策、引进综合土地税等(1985) ▲2.12住房景气促进方案(1986) ▲加强一人一户免税条件、转让税累进征税(1988)	▲1.20房地产市场稳定对策、加强土地超额增值税征管(1997)等	▲10.29住房市场稳定综合对策、缩短实行综合房地产税期限等(2003) ▲设定房地产税收政策方向、加强保有税率和按实际交易价格征收转让所得税等(2005)
有关住房、房地产金融的限制措施	▲成立住宅银行(转换住宅基金)(1969)	▲成立国民住宅基金(1981) ▲扩大国民住宅基金支援对象(1986)	▲《住房抵押债券证券化公司法》(1999) ▲5.31民众居住稳定对策、扩大批次款项贷款和国民住宅基金贷款(1999)	▲民众住宅基金支援规模扩大到3万亿韩元(2000) ▲《房地产投资公司法》(2001) ▲扩大长期住房金融(2008)、废除DTI等刺激景气(2010)

续表

政策	20 世纪 70 年代	20 世纪 80 年代	20 世纪 90 年代	21 世纪 00 年代
其他市场稳定化政策	▲紧急措施三号、对非业务用房征重税(1974)	▲部分取消对新建住房售价的管制(1981) ▲扩大未售出住房供应对象(1982)	▲2.16 房地产传贳和月租稳定对策(1990) ▲4.13 房地产投机遏制对策(1990) ▲招引境外资本和民间资本(1994) ▲引进房地产实名制(1995) ▲境外人士投资促进方案(1998)	▲住房市场稳定对策、对投机者实施税务调查和上调标准市价(2002) ▲扩大指定投机地区和投机过热地区(2003) ▲实际交易价格申报义务制和登记簿记载（包含在 8.31 政策内）(2005)

第五章
中国房地产制度与政策演变

房地产市场不同于普通商品市场，作为一个产业在国民经济中占有重要地位，在发展经济中更具有重要的产业拉动效应；因为金融工具的广泛介入，房地产市场又属于高风险、波动的市场，作为房地产的主要组成部分，住房市场更对民生保障和城镇化具有重要的分配促进效应。因此房地产不仅仅是一个产业发展问题，还是关系到宏观经济稳定和社会目标实现的重大国计民生问题。所以房地产制度和政策实际上包含两个层面，其一是作为产业市场发展的制度建设，其二是维护宏观经济稳定和促进民生社会目标形成的房地产调控政策。在中国由于 1998 年实施住房分配制度市场化改革，各经济主体对住房市场的全面参与基本上是在 21 世纪以后才真正实现的，之前的房地产调控基本上属于局部的、区域层面的，全国性的全面房地产调控基本上只发生在 21 世纪以后。因此本章分三个层面来分别考察中国房地产制度和政策演变，房地产制度变革自新中国成立以来进行回溯，房地产调控历程自改革开放以来进行回顾，对房地产调控政策的路径逻辑则自 21 世纪以来进行重点探讨。

第一节　新中国成立以来房地产制度变革回顾

一　房地产的国有化阶段（1949～1978）

新中国成立到改革开放前的 30 年计划经济时期，是中国房地产国有化阶段，从国有化的进程看，大致又可以分为三个时段（杨俊峰，2011）。

1. 国有化改造的过渡时期（1949～1956）

新中国成立前，土地（包括城市土地）基本上以私人所有制为主。1950 年前后所进行的土地改革，仅限于传统意义上的农村，而对于城市包括城郊房地产则基本上维持了新中国成立前的所有制状况，私人所有制也基本得以延续①。1949 年 4 月 25 日《中国人民解放军布告》中明确宣布："保护全体人民的生命财产"；并在提出"农村中的封建的土地所有权制度，是不合理的，应当废除"的同时，又强调"城市的土地房屋，不能和农村土地问题一样处理"②。

1949 年 9 月中国人民政治协商会议《共同纲领》第三条明确规定："保护工人、农民、小资产阶级和民族资产阶级的经济利益及其私有财产。"工、农、小资产阶级与民族资产阶级这四个主要社会阶层的私有财产中，当然应当包括私有土地。1950 年发布的《城市郊区土地改革条例》，对城郊土地按照使用性质不同实施了不同的改造方针，对农用土地实行社会主义改造，而对于工商资本家的住宅和工商经营房地产则保护其私有产权。即使1954 年《宪法》宣告要"通过社会主义工业化和社会主义改造，保证逐步消灭剥削制度，建立社会主义社会"，也仍规定"国家依照法律保护手工业者和其他非农业的个体劳动者的生产资料所有权"以及"资本家的生产资料所有权和其他资本所有权"；而且"国家保护公民的合法收入、储蓄、房屋和各种生活资料的所有权"。因此，对于城市的私有土地，无论是作为生产资料还是作为生活资料都受到承认和保护。

实际上直到 1955 年，私有房地产在各城市房地产总量中仍然很高，最高如苏州可达到 86%。当时③，在城市里，私人之间的房地产自由买卖相当活跃。20 世纪 50 年代初期和中期，一些文化名人为了在北京安家落户购置

---

① 《土地改革法》第三十五条规定明确指明该法仅"适用于一般农村"，不适用于"大城市的郊区"。

② 参见 1949 年 4 月 25 日《中国人民解放军布告》第（一）、第（七）项。

③ 参见 1955 年 12 月 16 日中央书记处第二办公室《关于目前城市私有房产基本情况及进行社会主义改造的意见》的统计。

了房地产，如吴祖光购买了一套四合院，价钱在 1 万～2 万元之间。当时的四合院包括土地和房屋建筑，这些私人财产受到 1954 年《宪法》的保护。

总之，在 20 世纪 50 年代中期之前，当时的土地制度改革只限于农村地区，而城市房地制度的状况则是大致上保持原有状态。

2. 随着私房改造运动开始部分国有化时期（1956～1967）

1954 年《宪法》颁布之后不久，开始了对部分城市房地产事实上的国有化。在 1955 年 12 月 16 日中央书记处第二办公室提出，并由中共中央于 1956 年 1 月 18 日批转的《关于目前城市私有房产基本情况及进行社会主义改造的意见》中，提出"对私有房产的社会主义改造"政策。改造"总的要求是加强国家控制，首先使私有房产出租完全服从国家的政策，进而逐步改变其所有制"。1961 年中央工商行政管理局、商业部《关于加速城市私人出租房屋社会主义改造工作的联合通知》进一步要求加强私房改造。

改造的具体方式有两种：①国家经租。"由国家进行统一租赁、统一分配使用和修缮维护，并根据不同对象，给房主以合理利润。"国家经租绝不仅仅意味着房主丧失了经营自主权，而且也丧失了房屋所有权。"凡是由国家经租的房屋，……房主只能领取固定租金，不能收回已由国家经租的房屋"；并明确批判了"有些房主认为房屋由国家经租还没有过渡到全民所有制，仍然属于个人所有"的主张，将之定性为"尖锐的两条道路的斗争"。②公私合营。"原有的私营房产公司和某些大的房屋占有者，可以组织统一的公私合营房产公司，进行公私合营"。而对于"工商业者占有的房屋，可以随本行业的公私合营进行社会主义改造。他们出租的、与企业无关的房屋可由国家经租"。据之后官方发布的《关于私有出租房屋社会主义改造问题的报告》，"私房改造的形式，除少数大城市对私营房产公司和一些大房主实行公私合营以外，绝大多数是实行国家经租"。此外，《关于目前城市私有房产基本情况及进行社会主义改造的意见》还明确提出，要将"一切私人占有的城市空地、街基等地产，经过适当的办法，一律收归国有"。

按照上述办法，截至 1963 年年底，"全国各城市和三分之一的镇进行了私房改造工作。纳入改造的私房共约有 1 亿平方米"。不过，尽管经历了城市私有房产改造，甚至出现了许多扩大化的情形，但在事实上城市至少还存在着相当一部分非国有土地，尤其是私人自住（或有少量出租）的私有房地产，作为生活资料仍保留其私人所有权，没有触动。

3. 大规模国有化时期（1967～1970年代末）

城市房地产彻底国有化的主张，是"文革"开始之后的1967年11月4日，在国家房产管理局、财政部税务总局《答复关于城镇土地国有化请示提纲的记录》（简称《记录》）中提出的。这是目前已知最早的，主张一次将城镇土地全部收归国有的政策性文件。在这份名为《记录》的文件中，擅自将上述《关于目前城市私有房产基本情况及进行社会主义改造的意见》中"一切私人占有的城市空地、街基等地产，经过适当的办法，一律收归国有"的要求，扩大解释为"其中街基等地产应包括在城镇上建有房屋的私有宅基地"；还强调"无论什么空地（包括旗地），无论什么人的土地（包括剥削者、劳动人民）都要收归国有"；"公社社员在镇上的空闲出租土地，应该收归国有"。据此，城镇私有宅基地也被纳入到国有化的范围中。

在这份文件中，还透露了之前关于城市土地国有化路线的内部争议："对土地国有化问题，63年研究过一次，有两种意见，一种是所有城镇土地一律收归国有，另一种是先解决空闲的出租的土地收归国有，各执一词，不得解决。65年又进行了调查，当权派的意见是分两步走，在目前文化大革命期间造反派的意见要一次解决，并批判了原来两步走的意见。"在当时的语境下，"当权派"属打倒之列，而"造反派"则自然是革命和正确的代名词，因而很显然，将城镇土地一步走的一律国有化是这份文件的意旨。

以该《记录》为行动纲领，以本地革命委员会"通告"时间为准，在"革命"的名义下，用极端的办法在事实上将本城市的私有土地收归国有。同时，集体所有制也名存实亡，形成了国家所有为主、集体所有为辅的城市土地公有制格局。

不过，尽管"文革"时期城市房地产被事实上国有化，真正从法律形式上确认城市土地国有，是在1982年《宪法》中确立的。在其中第十条第一款明确规定"城市的土地属于国家所有"。

表5-1是房地产国有化阶段的主要政策文件（1950～1978）。

表 5 – 1　房地产国有化阶段的主要政策文件 (1950 ~ 1978)

发布时间	政策文件	主要内容
1950 年 6 月 28 日	中华人民共和国《土地改革法》	没收地主的土地、耕田、多余的房屋
1950 年 11 月 21 日	《城市郊区土地改革条例》	保护城郊住宅、工商经营房地产的私人所有
1951 年 8 月 8 日	中华人民共和国《城市房地产税暂行条例》	对房地产征税办法
1956 年 1 月 18 日	《中央批转中央书记处第二办公室关于目前城市私有房产基本情况及进行社会主义改造的意见》	对私有房产的社会主义改造;国家经租、公私合营两种改造方式
1961 年 5 月 13 日	中央工商行政管理局、商业部《关于加速城市私人出租房屋社会主义改造工作的联合通知》	进一步加强私有房产的社会主义改造
1964 年 1 月 13 日	国务院批转的《关于私有出租房屋社会主义改造问题的报告》	确认 1956 年开始的私有房产改造,并纠正扩大化问题
1964 年 7 月 13 日	国务院批发的《关于加强全民所有制房产管理工作的报告》	加强城市房屋维修管理
1967 年 11 月 4 日	国家房管局、财政部税务总局《答复关于城镇土地国有化请示提纲的记录》	城市土地和房屋全面国有化;该文件精神贯彻了整个"文革"时期

二　房地产改革探索阶段 (1978 ~ 1998)

20 世纪 70 年代末开始的"市场化导向"的经济改革,也推动了房地产领域的改革,然而相对于其他领域的改革,房地产领域的改革明显滞后,直到 20 世纪后几年实质性的市场化改革才真正推动,1978 ~ 1998 年的相当时间内房地产领域的改革基本上处于试点探索阶段 (李恩平,2010)。

1. 房地产改革萌芽时期 (1979 ~ 1988)

在住房方面,1978 年邓小平提出了关于房改的问题。1980 年 4 月,他更明确地提出了住房制度改革的总体构想,提出要走住房商品化的道路。同年 6 月,中共中央、国务院批转了《全国基本建设工作会议汇报提纲》,正式宣布将实行住宅商品化的政策。1979 年开始实行向居民全价售房的试点,中央拨款给西安、柳州、梧州、南宁四市,建设住房向居民出售。1980 年试点扩大到 50 个城市,1981 年又扩大到 23 个省、自治区、直辖市的 60 多个城市及部分县镇。1982 年开始实行补贴出售住房的试点，即政府、单位、个人各负担房价的 1/3。1982 年先在郑州、常州、四平及沙市四市进行试点。1984 年国务院批准北京、上海、天津三个直辖市扩大试点。截至 1985 年年底，全国共有 160 个城市和 300 个县镇实行了补贴售房，共出售住房 1093 万平方米。同时，1983 年 12 月国务院发布《城市私有房屋管理条例》，从法规上认可了城市房屋私有产权性质，正式承认并允许私人合法建造、买卖房屋。

在土地使用方面，1980 年 7 月，国务院《关于中外合营企业建设用地的暂行规定》，提出"中外合营企业用地，不论新征土地，还是利用原有企业场地，都应计收场地使用费"。随着体制改革起步，土地有偿使用制度在一些改革前沿地区开始探索，1982 年深圳特区正式开征城市土地使用费，1984 年辽宁抚顺市把土地分为四个等级进行全面开征土地使用费的试点工作，同年广州市对部分土地开征土地使用费。随后，土地有偿出让和转让试点工作也逐步展开。深圳特区率先进行了土地有偿出让和转让的试点，1987 年 9 月深圳市以协议方式将一块住宅用地以总价 108.24 万元出让给中航进出口公司深圳工贸中心，这次出让协议揭开了中国城市土地使用制度实质性改革的序幕，开启了中国城市土地使用制度改革的先河，随后的 1988 年，福州、海口、广州、厦门、上海、天津等城市也相继进行了这方面的试点。

2. 房地产改革全面探索时期（1988～1998）

在土地使用方面，1988 年全国人大通过《宪法》修正案，删除《宪法》中不得出租土地的规定，改为"土地的使用权可以依照法律的规定转让"，这为土地使用制度改革的全面展开和深入发展扫清了障碍，促成了几项重要的法律法规制定和颁发。在土地使用税费方面，1988 年国务院发布《城市土地使用税暂行条例》，正式在全国范围内征收土地使用税；1993 年国务院颁发《土地增值税暂行条例》对转让土地收益征收增值税。在土地使用权获得程序方面，1990 年国务院发布《城市国有土地使用权出让和转让暂行条例》，对土地使用权出让、转让、出租、抵押、终止及划拨等做出明确规定。1994 年通过《城市房地产管理法》，对土地使用权出让和转让做了法律规定，城市土地有偿使用在全国范围内全面实施。

在住房方面，1988 年 1 月国务院召开了第一次全国住房制度改革工作会议，同年 2 月国务院批准印发了国务院住房制度改革领导小组《关于在全国城镇分期分批推行住房制度改革的实施方案》。这是国务院颁发的全国指导城镇住房制度改革的重要文件，充分肯定了试点城市的做法和经验，确定了房改的目标、步骤和主要政策，对全国房改工作进行了部署，标志着住房制度改革进入了整体方案设计和全面试点阶段。住房改革全面试点阶段实际上也存在三个不同侧重点时期。1991 年 6 月国务院发布《关于继续积极稳妥地进行住房制度改革的通知》，在继续提出合理调整现有公房租金、出售公有住房的同时，强调实行新房新政策。同年 10 月，国务院召开全国第二次住房制度改革工作会议，随后批转了国务院住房制度改革领导小组起草的《关于全面推行城镇住房制度改革的意见》，提出从改革公房低租金着手，将现行公房的实物福利分配制度逐步转变为货币工资分配制度。1994年 7 月发布的国务院《关于深化城镇住房制度改革的决定》，对进行城镇住房制度改革的根本目的、基本内容以及近期的改革重点等做了原则规定。这次改革，一是全面推行住房公积金制度；二是积极推进租金改革，实行新房新租；三是稳步出售公有住房，对不同收入家庭按不同价格售房；四是加快建立经济适用住房的开发建设，大力发展房地产交易市场和社会化的房屋维修、管理市场。1995 年 2 月 6 日，国务院办公厅发出转发国务院住房制度改革领导小组《国家安居工程实施方案的通知》，旨在解决国有大中型企业职工和大中城市居民住房困难的安居工程正式开始运行。为促进城镇居民购房，1996 年国务院办公厅转发《关于加强住房公积金管理意见的通知》，在全国城镇范围内建立职工住房公积金。

三　房地产全面市场化阶段（1998 年至今）

1998 年是中国住房制度改革的转折年，这一年开始中国停止了长达数十年实物分房的福利住房制度，房地产进入了全面市场化发展阶段。其中1998～2002 年处于市场化改革初期，是一系列市场化制度初步建立时期；2003 年以后经历多年市场化发展，房地产市场制度的诸多缺陷不足也慢慢显露，各项市场制度也逐渐被完善（李恩平，2007）。

1. 房地产全面市场化改革（1998～2003）

（1）全面开启住房制度市场化改革

1998 年 7 月，国务院下发《关于进一步深化城镇住房制度改革，加快住房建设的通知》，停止实物分房，实行货币分房，建立和完善以经济适用住房为主的多层次城镇住房供应体系。这一文件的颁布，不仅肯定了住房制度的改革，同时也标志着房地产业发展真正地走向了市场，真正地走向了普通大众，中国从此进入住房建设市场化和消费货币化的新一轮改革阶段。与此同时，全国范围内开始出现旧城改造和新区开发的热潮，给整个房地产业的发展带来了生机，拉动了市场需求的增长。居民个人购房消费增加，个人购房成为住宅消费的绝对主体，市场化程度进一步提高。

（2）建立与市场化相配套的房地产开发交易制度

1998 年 7 月国务院发布《城市房地产开发经营管理条例》；2000 年 7 月 25 日，当时的建设部发布中国第一个房产测量国家标准《房产测量规范》（简称《规范》），于当年 8 月正式实施。《规范》推行预售面积的核准制度，即开发商在预售商品房面积之前，必须先到房地产管理部门取得公用面积分摊办法审核确认，并到测绘部门进行预售面积测算后，再办理预售许可证进行预售，以减少预售面积和实测面积的误差。从此，房产测量开始进入有法可依、有据可循的新时期。同年 9 月，建设部和国家工商行政管理局颁布了《商品房买卖合同示范文本》，新版《商品房买卖合同示范文本》于 2001 年在全国范围内参考使用。示范文本的颁布，极大地改变了开发商与购房人之间因信息不对称而导致合同地位不对等的状况，对房地产市场的规范起到了极为重要的作用。2002 年为更好地引导支持城镇居民购房，国务院发布《住房公积金管理条例》，对住房公积金的运作经营管理做了详细规定。

（3）初步建立市场化的土地出让制度

2001 年国务院发布《关于加强土地资产管理的通知》，要求各地把土地当作国有资产一样来经营管理；2002 年 5 月 9 日，国土资源部签发《招标拍卖挂牌出让国有土地使用权规定》（11 号文件），文件叫停了已沿用多年的土地协议出让方式，要求自 2002 年 7 月 1 日起，商业、旅游、娱乐和商品住宅等各类经营性用地，必须以招标、拍卖或者挂牌方式进行公开交易。土地市场开始了从划拨、协议"暗箱操作"走向招拍挂"阳光操作"。

2. 房地产市场制度完善（2003 年至今）

自 2003 年开始国家先后从几方面加强了土地管理。

（1）完善土地出让制度

在土地使用方面，继 2003 年 7 月国务院发文严格控制土地供给之后，国土资源部、监察部又联合发文《关于继续开展经营性土地使用权招标拍卖挂牌出让情况执法监察工作的通知》（71 号令）。71 号令明确了在 2004年 8 月 31 日之前，各省区市不得再以历史遗留问题为由采用协议方式出让经营性国有土地使用权，以前盛行的以协议出让经营性土地的做法被正式叫停。该文件同时还规定，2004 年 8 月 31 日以后，开发商必须及时缴纳土地出让金，而且如果在两年内不开发，政府可无偿收回土地。2006 年 8 月国务院发布《关于加强土地调控的通知》，国土资源部制定的《招标拍卖挂牌出让国有土地使用权规范》和《协议出让国有土地使用权规范》正式施行，2007 年发布《工业用地招标拍卖挂牌出让制度有关问题的通知》，规范对招标拍卖挂牌或协议出让国有土地使用权的范围做了细化，进一步明确六类情形必须纳入招标拍卖挂牌出让国有土地范围：供应商业、旅游、娱乐和商品住宅等各类经营性用地和工业用地，并建立国有土地出让的协调决策机构和价格争议裁决机制。

（2）建立土地督察制度

2006 年国务院办公厅发布《关于建立国家土地督察制度有关问题的通知》，正式建立土地督察制度。

（3）建立与市场化相适应的住房社会保障屏障

2004 年 5 月 31 日，由建设部、国家发展和改革委员会（简称国家发改委）、国土资源部、中国人民银行联合颁布的《经济适用住房管理办法》正式施行，对经济适用住房的建筑特点和分购人群均做了详细规定，首次明确经济适用住房面向中低收入人群属社会保障性质。2007 年 8 月国务院发布

《关于解决城市低收入家庭住房困难的若干意见》，第一次全面要求加强对城市中低收入家庭的住房保障，开始形成廉租住房、经济适用住房、限价房等多种形式的住房保障体系。2011 年 3 月发布的《中华人民共和国经济和社会发展第十二个五年规划纲要》明确提出国家将加强住房社会保障力度，"十二五"期间将新建 3600 万套保障性住房。2010 年 6 月 12 日，住房与城乡建设部等 7 部门联合制定发布《关于加快发展公共租赁住房的指导意见》（建保〔2010〕87 号），旨在解决中国城市中等偏低收入家庭住房困难。分析指出，这份指导意见弥补了长期以来"夹心层"住房政策缺位，是解决"夹心层"住房困难的有力举措。

　　（4）规范房地产市场管理。2004 年 7 月底，国家发改委、建设部下发《物业服务收费明码标价规定》的通知，提出自 2004 年 10 月 1 日起，物业服务收费实行明码标价，明确物业管理企业向业主提供服务应当标明服务项目、收费标准等有关情况。2006 年 8 月 30 日，建设部制定了《城镇廉租住房工作规范化管理实施办法》，加强城镇廉租住房制度建设，规范了城镇廉租住房管理。2007 年 1 月 23 日，建设部、央行联合发布了《关于加强房地产经纪管理规范交易结算资金账户管理有关问题的通知》，依此，北京市针对二手房交易，相继出台了资金监管、网上签约、标准买卖合同三大详尽并相互配合的文件；对于二手房交易而言，提供了实质性的操作规范，对行业具有划时代的意义；网上签约自 2007 年 7 月 1 日正式实施。同年的《物权法》则从法律上肯定了住房土地出让产权的延续性。2009 年 5 月 24 日，最高人民法院公布了《关于审理建筑物区分所有权纠纷案件具体应用法律若干问题的解释》和《关于审理物业服务纠纷案件具体应用法律若干问题的解释》。这两部司法解释于 2009 年 10 月 1 日起施行后，使解决小区车位该不该收费、地下室能不能被物业公司出租、物业擅自对物业费提价业主能不能拒交等诸如此类的问题有法可依。2009 年 10 月 19 日，住房和城乡建设部发布《关于修改〈房屋建筑工程和市政基础设施工程竣工验收备案管理暂行办法〉的决定》，加强对房屋建筑工程竣工验收备案的管理。

　　表 5 - 2 是 1978 年以来中国房地产制度建设相关文件。

表 5－2　1978 年以来中国房地产制度建设相关文件

发文时间	文件名称
1982－5－4	《国家建设征用土地条例》
1983－11－19	国务院《关于制止买卖、租赁土地的通知》
1983－12－17	《城市私有房屋管理条例》的通知
1986－6－25	《中华人民共和国土地管理法》(1986 年)
1988－2－25	国务院办公厅《关于转发国务院住房制度改革领导小组鼓励职工购买公有旧住房意见》
1988－2－25	国务院《关于印发在全国城镇分期分批推行住房制度改革实施方案的通知》
1988－8－27	《国家土地开发建设基金回收管理试行办法》
1988－9－27	《中华人民共和国城镇土地使用税暂行条例》(1988 年)
1988－12－29	全国人民代表大会常务委员会《关于修改〈中华人民共和国土地管理法〉的决定》
1989－5－12	《关于加强国有土地使用权有偿出让收入管理的通知》
1989－7－22	《关于出让国有土地使用权批准权限的通知》
1990－5－19	《外商投资开发经营成片土地暂行管理办法》
1990－5－19	中华人民共和国《城镇国有土地使用权出让和转让暂行条例》
1990－5－19	《外商投资开发土地管理办法》
1991－1－4	《中华人民共和国土地管理法实施条例》
1991－6－7	《关于继续积极稳妥地进行城镇住房制度改革的通知》
1991－11－23	《国务院办公厅转发国务院住房制度改革领导小组关于全面推进城镇住房制度改革意见的通知》
1992－11－4	国务院《关于发展房地产业若干问题的通知》
1993－10－26	《关于进一步加强国有土地使用权有偿使用收入征收管理工作的通知》
1993－12－31	《关于制止低价出售公有住房问题的通知》
1994－7－5	《中华人民共和国城市房地产管理法》(1994 年)
1994－7－18	《关于深化城镇住房制度改革的决定》
1995－5－6	《关于转发国务院住房制度改革领导小组国家安居工程实施方案的通知》
1996－6－8	国务院办公厅转发国务院住房制度改革领导小组《关于加强住房公积金管理意见的通知》
1998－4－10	《关于制止违反规定突击分房和低价出售公有住房问题的紧急通知》
1998－9－18	《国务院办公厅转发建设部等部门关于支持科研院所、大专院校、文化团体和卫生机构利用单位自用土地建设经济适用住房若干意见的通知》
1998－7－3	国务院《关于进一步深化城镇住房制度改革加快住房建设的通知》
1998－7－20	《城市房地产开发经营管理条例》
1998－8－29	《中华人民共和国土地管理法》(1998 年)
2001－4－20	《关于加强国有土地资产管理的通知》
2001－12－25	《关于国土资源部报国务院批准的土地开发用地审查办法的批复》

续表

发文时间	文件名称
2002 – 3 – 24	《住房公积金管理条例》(2002 年)
2004 – 8 – 28	全国人民代表大会常务委员会关于修改《中华人民共和国土地管理法》的决定(2004 年)
2006 – 7 – 13	国务院办公厅《关于建立国家土地督察制度有关问题的通知》
2006 – 12 – 17	国务院办公厅《关于规范国有土地使用权出让收支管理的通知》
2006 – 12 – 31	国务院关于修改《中华人民共和国城镇土地使用税暂行条例》的决定
2007 – 3 – 12	《中华人民共和国物权法》
2007 – 8 – 7	国务院《关于解决城市低收入家庭住房困难的若干意见》
2011 – 1 – 21	《国有土地上房屋征收与补偿条例》
2011 – 3 – 14	《中华人民共和国国民经济和社会发展第十二个五年规划纲要》

第二节 改革开放以来房地产调控历程回顾

由于房地产在国民经济中具有重要地位，且对诸多上下游产业具有明显的产业拉动效应，更由于资本市场对房地产领域的深度介入，房地产供需关系经常偏离真实国民经济发展，形成泡沫经济风险。因此为国民经济可持续发展，有必要对房地产市场实施调控。中国房地产调控从房地产制度改革时期即已经开始了，根据各时期调控任务和特点，可以把改革开放以来的房地产调控分为五个阶段（陈峰、丁烈云，2007）。

一 房地产市场萌芽时期的调控 （1986 ~ 2002）

在房地产市场化制度建立之前，中国实际上经历了两次较小规模的房地产调控，第一次发生在 20 世纪 80 年代中期 ~ 20 世纪 90 年代初期，第二次发生在 20 世纪 90 年代中期 ~ 21 世纪 00 年代初期。

1. 20 世纪 80 年代中期 ~ 20 世纪 90 年代初期的调控

20 世纪 80 年代改革开放初期，各地乡镇企业遍地开花，大量占用农地耕地，引起中央重视，1986 年 3 月发布《关于加强土地管理、制止乱占耕地的通知》，开始了第一次土地清理整顿。随着商品房改革，部分地区也出现房地产开发企业资质混乱现象，引发了首次房地产开发整顿，1989 年 5 月国务院批转国家计委《关于加强商品房屋建设管理请示的通知》，1990 年 7 月国务院办公厅转发建设部《关于进一步清理整顿房地产开发公司意见的通知》，着手对房地产开发乱象进行清理整顿。

2. 20 世纪 90 年代中期～21 世纪 00 年代初的调控

1992 年邓小平同志南方谈话后，房地产业的市场地位真正得以正名，房地产业作为新兴产业闪亮登场后便迅速掀起了房地产开发热潮，在中国南方尤其是海南、北海等地炒作极为严重。由于大规模的非理性炒作，随后出现了"硬着陆"，直到 1995 年，国内的房地产市场仍处于萎缩状态，导致了国家对土地开发和房地产炒作的调控管理。1995 年国务院发布《关于严格控制高档房地产开发项目的通知》，限制全国范围内高档房地产建设，1997 年 5 月国务院发布《关于进一步加强土地管理切实保护耕地的通知》；1999 年 5 月国务院发布《关于加强土地转让管理严禁炒卖土地的通知》，控制农地建设转换规模，打击炒地；1999 年 7 月、2000 年 4 月国务院办公厅先后就海南积压房地产发布两份文件消化部分地区的房地产泡沫。为消化积压空置商品房，其中主要是部分地区房地产泡沫破裂后遗留下来的烂尾楼，2001 年 4 月 19 日，财政部、国家税务总局出台了《关于对消化空置商品房有关税费政策的通知》，规定：对于 1998 年 6 月 30 日以前建成尚未售出的商品住房，至 2002 年 12 月 31 日之前销售，免征营业税、契税；对于 1998 年 6 月 30 日以前建成的商业用房、写字楼在 2001 年 1 月 1 日至 2002 年 12 月 31 日期间销售的，免征营业税、契税；同时对于开发企业在 1998 年 6 月 30 日以前建成的商业用房、写字楼、住房（不含别墅、度假村等高消费性的空置商品房），免予征各种行政事业性收费。

二 房地产首次纳入宏观经济调控（2003～2005）

1998 年的住房制度市场化改革，至 2003 年年初已经基本形成较为完善的市场体系，居民、企业对房地产市场的参与程度大幅提高，房地产业在国民经济中的支柱地位日益显现，房地产市场稳定对宏观经济稳定的重要意义得到更大程度的认同。为维持宏观经济稳定，2003 年首次把房地产调控纳入宏观经济调控。

1. 土地调控

2003 年 7 月 18 日、7 月 30 日，国务院办公厅先后发出《关于暂停审批各类开发区的紧急通知》《关于清理整顿各类开发区加强建设用地管理的通知》。2003 年 7 月 31 日国务院再次专门召开全国进一步治理整顿土地市场秩序电视电话会议。2003 年 8 月 8 日国务院责成国土资源部与国家发改委、监察部、建设部、审计署五部委联合组成十个督查组，对全国 31 个省（区、市）的土地市场进行督查。2003 年 11 月 3 日，国务院又发出《关于加大工作力度，进一步治理整顿土地市场秩序的紧急通知》，提出要通过治理整顿，使违规设立的各类开发区得到清理和规范，乱占滥用耕地和非法转让土地的行为得到依法查处，经营性用地招标拍卖挂牌出让制度得到全面推行和落实，土地市场秩序和土地执法环境得到明显改善。至 2003 年 12 月底，全国共撤销各类开发区 2426 个，整合 294 个，基本刹住了开发区"圈地"之风。2004 年 7 月国土资源部、监察部又联合发文《关于继续开展经营性土地使用权招标拍卖挂牌出让情况执法监察工作的通知》（71 号令）。71 号令明确了在 2004 年 8 月 31 日之前，各省区市不得再以历史遗留问题为由采用协议方式出让经营性国有土地使用权，以前盛行的以协议出让经营性土地的做法被正式叫停。该文件同时还规定，2004 年 8 月 31 日以后，发展商必须及时缴纳土地出让金，而且如果在两年内不开发，政府可无偿收回土地。该文件是中央政府从土地供给上抑制房地产过热的又一举措。业内普遍称为"8·31 大限"。

2. 房地产开发方面

2003 年 4 月，中国人民银行下发《关于进一步加强房地产信贷业务管理的通知》。规定对购买高档商品房、别墅或第二套以上（含第二套）商品房的借款人，适当提高首付款比例，不再执行优惠住房利率规定。此份文件是中国第一轮房地产牛市启动之后，中央政府第一次采取抑制房地产过热的措施，表明中央政府对房地产的态度由支持转为警惕，被普遍解读为房地产市场宏观调控政策的首个拐点。2003 年 8 月 12 日，国务院发布《关于促进房地产市场持续健康发展的通知》（18 号文件），首次在国务院文件的层面，提出房地产业已成为国民经济的支柱产业，明确提出要保持房地产业的持续健康发展，要求充分认识房地产市场持续健康发展的重要意义。要根据城镇住房制度改革进程、居民住房状况和收入水平的变化完善住房供应政策，调整住房供应结构，增加普通商品住房供应。加强对土地市场的宏观调控，对于高档、大户型商品住房以及高档写字楼、商业性用房积压较多的地区，要控制此类项目的建设用地供应量，或暂停审批此类项目。2004 年 9 月 2 日，中国银监会公布了《商业银行房地产贷款风险指引》，规定建筑商不得为开发商垫资建楼，开发商开发项目自有资金不低于项目总投资的 35%，购房者的月供房款不得超过收入的 50%，这是继上年央行"121 文件"后金融监管部门发出的又一次加强房地产贷款监管的重要信号。2004 年 10 月，10 年来首次提高贷款利率，2005 年 3 月 17 日，央行决定调整商业银行自营性个人住房贷款政策。宣布取消住房贷款优惠利率；对房地产价格上涨过快的城市或地区，个人住房贷款最低首付款比例可由现行的 20% 提高到 30%。中央政府对房地产的政策调控力度进一步加大。

2005 年 3 月 26 日，国务院出台《国务院办公厅关于切实稳定住房价格的通知》内容如下：一是高度重视稳定住房价格；二是将稳定房价提高到政治高度，建立政府负责制；三是大力调整住房供应结构，调整用地供应结构，增加普通商品房和经济住房土地供应，并督促建设；四是严格控制被动性住房需求，主要是控制拆迁数量；五是正确引导居民合理消费需求；六是全面监测房地产市场运行；七是积极贯彻调控住房供求的各项政策措施；八是认真组织对稳定住房价格工作的督促检查。2005 年 5 月 13 日，国务院办公厅发出通知，转发建设部等七部委《关于做好稳定住房价格工作的意见》，要求各地区、各部门要把解决房地产投资规模过大、价格上涨过快等问题，作为当前加强宏观调控的一项重要任务。主要内容有：一是强化规划调控，改善商品房结构；二是加大土地供应调控力度，严格土地管理；三是加强对普通商品住房和经济适用住房价格的调控，保证中低价位、中小户型住房的有效供应；四是完善城镇廉租住房制度，保障最低收入家庭基本住房需求；五是运用税收等经济手段调控房地产市场，特别要加大对房地产交易行为的调节力度；六是加强金融监管；七是切实整顿和规范市场秩序；八是加强市场监测，完善市场信息披露制度。2005 年 5 月 27 日，国家税务总局、财政部、建设部等三部委联合下发《关于加强房地产税收管理的通知》，文件要求：2005 年 5 月 31 日前，各地要公布本地区享受优惠政策的普通住房标准。2005 年 6 月 1 日以后，个人将购买超过 2 年（含 2 年）的符合当地普通住房标准的住房对外销售，应持该住房的坐落、容积率、房屋面积、成交价格等证明材料及地方税务部门要求的其他材料，向地方税务部门申请办理免征营业税手续。符合规定条件的免征营业税，不能提供属于普通住房证明材料或经审核不符合规定条件的，一律按非普通住房的有关营业税政策征收营业税。个人购买的非普通住房超过 2 年（含 2 年）对外销售的，在向地方税务部门申请按售房收入减去购买房屋价款后的差额缴纳营业税时，需提供购买房屋时取得的税务部门监制的发票作为差额征税的扣除凭证。2005 年 9 月底，中国银监会下发《加强信托投资公司部分业务风险提示的通知》（212 号文），大大提高了房地产信托的准入门槛。2005 年 10 月 11 日，国家税务总局发布了《关于实施房地产税收一体化管理若干具体问题的通知》（国税发〔2005〕156 号），正式明确了个人买卖二手房，必须缴纳个人所得税。

三 以抑制房地产泡沫为中心的紧缩性房地产调控（2006～2008.8）

经历 2004～2005 年连续两年的房地产价格高速上涨，房地产市场泡沫大幅积累，同时国家对宏观经济过热担心与日俱增，在这种宏观经济背景下，一场以抑制房地产泡沫为中心的紧缩性房地产调控于 2006 年展开。2006 年 5 月 17 日，国务院常务会议提出了促进房地产业健康发展的《关于调整住房供应结构稳定住房价格的意见》六项措施：①切实调整住房供应结构。②进一步发挥税收、信贷、土地政策的调节作用。③合理控制城市房屋拆迁规模和进度，减缓被动性住房需求过快增长。④进一步整顿和规范房地产市场秩序。⑤加快城镇廉租住房制度建设，规范发展经济适用住房，积极发展住房二级市场和租赁市场，有步骤地解决低收入家庭的住房困难。

⑥完善房地产统计和信息披露制度，增强房地产市场信息透明度，全面、及时、准确地发布市场供求信息，坚持正确的舆论导向。这六条措施开启了本轮房地产调控序幕，称为"国六条"。由此在金融、土地、税收、市场监管等方面的调控措施不断翻新。

1. 金融调控

在利率方面，2006 年 4 月开始，连续加息。2006 年分别于 4 月 27 日、8 月 9 日两次加息，2007 年分别于 3 月 18 日、5 月 19 日、7 月 20 日、8 月 22 日、9 月 15 日、12 月 21 日六次加息，大幅提高了房地产贷款利率。2008 年 1～6 月则于 1 月 16 日、3 月 18 日、4 月 16 日、5 月 12 日、6 月 7 日先后五次提高银行存款准备金率。无论贷款利率还是银行准备金率提高均导致了房地产信贷支持大幅下降，从金融方面大大抑制了房地产投资投机活动。

与此同时国家还针对房地产领域特别出台差别管理方案，2007 年 9 月 27 日，中国银监会发布《关于加强商业性房地产信贷管理的通知》，规定：对购买首套自住房且套型建筑面积在 90 平方米以下的，贷款首付款比例不得低于 20%；对购买首套自住房且套型建筑面积在 90 平方米以上的，贷款首付款比例不得低于 30%；对已利用贷款购买住房，又申请购买第二套（含）以上住房的，贷款首付款比例不得低于 40%，贷款利率不得低于中国人民银行公布的同期同档次基准利率的 1.1 倍。央行发布的《关于加强商业性房地产信贷的补充通知》对"第二套房"做出明确说明，是以借款人家庭（包括借款人、配偶及未成年子女）为单位来认定房贷次数。2008 年 1 月 18 日，中国人民银行、银监会联合发布《经济适用住房开发贷款管理办法》，以信贷政策鼓励房地产商涉足经济适用住房领域。规定：开发经济适用住房，房地产开发企业的贷款利率可以下浮 10% 以内；开发经济适用住房，房地产开发企业的建设项目资本金不低于项目总投资的 30%，比 35% 的常规要求有所降低；开发经济适用住房，房地产开发企业的贷款期限一般为 3 年，最长不超过 5 年，比常规 2 年的贷款期限有所延长。

2. 土地调控

2006 年 8 月 1 日，国土资源部制定的《招标拍卖挂牌出让国有土地使用权规范》和《协议出让国有土地使用权规范》正式施行，规范对招标拍卖挂牌或协议出让国有土地使用权的范围做了细化，进一步明确六类情形必须纳入招标拍卖挂牌出让国有土地范围：供应商业、旅游、娱乐和商品住宅等各类经营性用地以及有竞争要求的工业用地，并建立国有土地出让的协调决策机构和价格争议裁决机制。2008 年 1 月 7 日，国务院办公厅下发《国务院关于促进节约集约用地的通知》，指出：土地闲置满两年、依法应当无偿收回的，坚决无偿收回，重新安排使用；土地闲置满一年不满两年的，按出让或划拨土地价款的 20% 征收土地闲置费。对闲置土地特别是闲置房地产用地要征缴增值地价，国土资源部要会同有关部门抓紧研究制订具体办法。还要求：2008 年 6 月底前，各省、自治区、直辖市人民政府要将闲置土地清理处置情况向国务院做出专题报告。

3. 税收调控

2006 年 5 月 31 日，国家税务总局下发《关于加强住房营业税征收管理有关问题的通知》（74 号文件），对"国六条"中二手房营业税新政策的具体执行问题予以明确。要求自 2006 年 6 月 1 日起，个人将购买不足 5 年的住房对外销售，全额征收营业税；个人将购买超过 5 年（含 5 年）的普通住房对外销售，应持有关材料向地方税务部门申请办理免征营业税的手续。该文件意在从税收层面上抑制投机性需求，避免房地产泡沫出现。2006 年 7 月 26 日，国家税务总局发布《关于住房转让所得征收个人所得税有关问题的通知》，规定自 2006 年 8 月 1 日起，各地税局将在全国范围内统一强制性征收二手房转让个人所得税。2008 年 4 月 16 日，国家税务总局发布《关于房地产开发企业所得税预缴问题的通知》，对房地产开发企业所得税预缴问题做出了明确规定。对省级地区的住宅（非经济适用住房）的预售收入，按照预计利润率不低于 20% 的标准预缴企业所得税，开发产品完工、结算计税成本后按照实际利润再行调整。

4. 市场监管

2006 年 5 月 29 日，国务院办公厅出台《关于调整住房供应结构稳定住房价格的意见》（九部委"十五条"），该文件是对"国六条"的进一步细化，而且在套型面积、小户型所占比率、新房首付款等方面做出了量化规定，要求从 2006 年 6 月 1 日起，各大城市新开工的项目中，套型建筑面积小于 90 平方米的房屋比重不得少于 70%（"90/70 政策"）。2006 年 7 月 6 日，建设部联合发改委、工商总局下发《关于进一步整顿规范房地产交易秩序的通知》（166 号文件），要求房地产开发企业取得预售许可证后，应当在 10 日内开始销售商品房。同时加强房地产广告发布管理，规定未取得商品房预售许可证的房地产项目，不得发布商品房预售广告。2006 年 7 月 11 日，建设部联合其他五部委下发《关于规范房地产市场外资准入和管理的意见》，加强了对外商投资企业房地产开发经营和境外机构和个人购房的管理，确立外商投资企业房地产开发经营的"项目公司"原则和"商业存在"原则，限制境外人士只能购买一套自住用房。2006 年 9 月 14 日，国家税务总局发布《关于加强房地产交易个人无偿赠与不动产税收管理有关问题的通知》（国税发〔2006〕144 号），加强无偿赠与行为、受赠房屋销售、赠与行为后续管理的税收征管，是国家对二手房交易税费漏洞的补充，显示了国家规范二手房交易的决心。2007 年 1 月 23 日，建设部、央行联合发布了《关于加强房地产经纪管理规范交易结算资金账户管理有关问题的通知》，依此，北京市针对二手房交易，相继出台了资金监管、网上签约、标准买卖合同三大详尽并相互配合的文件；对于二手房交易而言，提供了实质性的操作规范，对行业具有划时代的意义；网上签约自 2007 年 7 月 1 日正式实施。2007 年 6 月商务部、国家外汇管理局 6 月初发出《关于进一步加强、规范外商直接投资房地产业审批和监管的通知》，通知要求各地商务主管部门严格控制外商投资高档房地产；并严格控制以返程投资方式并购或投资境内房地产企业。2007 年 10 月 8 日，国土资源部下发《关于进一步加强土地供应调控的通知》，通知明确提出，各地要合理控制单宗土地供应规模，缩短土地开发周期，每宗地的开发建设时间原则上不得超过 3 年，同时还明确要优先安排用于解决城市低收入家庭住房困难的住房用地，廉租住房、经济适用住房和中低价位、中小套型普通商品住房建设用地，其年度供应总量不得低于住宅供应总量的 70%。2007 年 12 月，国家发改委和商务部联合颁布《外商投资产业指导目录（2007）》，对外商投资房地产业限制范围有所扩大，继续限制外商投资于高档宾馆、别墅、高档写字楼和国际会展中心的建设、经营，外商投资土地成片开发则必须与内资企业合资、合作；并新增对外商投资房地产二级市场交易及房地产中介或经纪公司的限制。此外，还将"普通住宅地开发建设"从《外商投资产生指导目录（2006）》的鼓励投资类别中删除。

四　以抑制金融危机为中心的扩张性房地产调控（2008.9~2009）

2008 年 9 月 15 日，美国第四大投资银行雷曼兄弟宣布破产，次贷危机升级为全球性金融海啸。经过多年连续的宏观调控，中国房地产市场刚刚步入调整期，却被严峻的国际形势所打断，国家宏观调控政策一夜之间转向，调控重点从稳定房价转移到保持经济增长。从 2008 年 9 月开始，国家开始推出一系列促进房地产市场发展的政策。

1. 2008 年年末的积极救市政策

自 2008 年 9 月开始国家开始陆续推出一系列积极救市政策，金融机构连续降息，国务院专题会议和文件相继出台，特别是 2008 年 12 月连续召开国务院会议，均把房地产作为调控重点，2008 年 12 月 20 日国务院出台《关于促进房地产市场健康发展的若干意见》，把积极救市政策推向高潮。

金融方面。2008 年 9 月起，央行连续下调存贷款利率，紧缩性政策开始放松。2008 年 9 月 16 日、10 月 9 日、10 月 30 日、11 月 27 日、12 月 23 日连续 5 次下调利率。央行自 2008 年 10 月 27 日起，将商业性个人住房贷款利率的下限扩大为贷款基准利率的 0.7 倍；最低首付款比例调整为 20%，规定金融机构对客户的贷款利率、首付款比例，应根据借款人是首次购房或非首次购房、自住房或非自住房、套型建筑面积等是否系普通住房，以及借款人信用记录和还款能力等风险因素在下限以上区别确定；对居民首次购买普通自住房和改善型普通自住房的贷款需求，金融机构可在贷款利率和首付款比例上按优惠条件给予支持；对非自住房、非普通住房的贷款条件，金融机构适当予以提高。2008 年 12 月 13 日，国务院办公厅出台《关于当前金融促进经济发展的若干意见》，被称为"国办金融 30 条"。有关房地产的主要内容包括落实和出台有关信贷政策措施，支持居民首次购买普通自住房和改善型普通自住房。加大对城市低收入居民廉租住房、经济适用住房建设和棚户区改造的信贷支持。房企的资金来源将在未来得到政府更多的支持。

税收调控方面。2008 年 10 月 22 日，财政部、国家税务总局出台《关于调整房地产交易环节税收政策的通知》，规定：自 2008 年 11 月 1 日起，决定对个人住房交易环节的税收政策做出调整，降低住房交易税费。其中个人首购 90 平方米以下住房，契税税率下调到 1%，个人买卖住房暂免征收印花税，个人卖房暂免征收土地增值税。

2. 谨慎的救市政策

由于国家 4 万亿元投资的刺激，至 2009 年年初宏观经济快速下滑趋势得到有效遏制，房地产市场交易也开始逐渐转暖，这导致积极救市政策转向谨慎救市。

金融方面。2009 年 2 月 26 日，中国银监会主席刘明康表示，中国银监会坚持持续风险监管和审慎风险监管，严格实施二套房政策，积极防范房地产金融风险。表明国家在救市的同时，也在谨慎防范房地产投资过热。2009 年 5 月 27 日，国务院发布《国务院关于调整固定资产投资项目资本金比例的通知》，通知决定保障性住房和普通商品住房项目的最低资本金比例下调为 20%，其他房地产开发项目的最低资本金比例下调为 30%。2009 年 6 月 23 日，银监会下发《关于进一步加强信贷管理的通知》，再次强调防止信贷资金违规流入资本市场、房地产等领域，要求各银行业金融机构从授信尽职调查、确保信贷资金进入实体经济。2009 年 7 月，银监会先后发布了《固定资产贷款管理暂行办法》和《项目融资业务指引》《流动资金贷款管理暂行办法》（征求意见稿），规范金融机构贷款业务，确保信贷资金进入实体经济，防止信贷资金过度流入房地产领域。

税收方面。2009 年 5 月 12 日，国家税务总局制定了《土地增值税清算管理规程》，对房地产开发项目土地增值税清算工作进行规范。2009 年 6 月 15 日，财政部、国家税务总局下发《关于个人无偿受赠房屋有关个人所得税问题的通知》，强调除以下三种情况外：房屋产权所有人将房屋产权无偿赠与配偶、父母、子女、祖父母、外祖父母、孙子女、外孙子女、兄弟姐妹；房屋产权所有人将房屋产权无偿赠与对其承担直接抚养或者赡养义务的抚养人或者赡养人；房屋产权所有人死亡，依法取得房屋产权的法定继承人、遗嘱继承人或者受遗赠人。受赠人因无偿受赠房屋取得的受赠所得，要按 20% 的税率缴纳个人所得税。

市场规制方面。2009 年 4 月 24 日，住房和城乡建设部、监察部联合召开治理房地产开发领域违规变更规划、调整容积率问题专项工作电视电话会议。会议明确提出，力争通过 1 ~ 2 年的专项治理，使房地产开发领域违规变更规划、调整容积率等问题明显减少，房地产开发中规划审批环节腐败问题易发多发的势头得到有效遏制。2009 年 10 月 19 日，住房和城乡建设部发布《关于修改〈房屋建筑工程和市政基础设施工程竣工验收备案管理暂行办法〉的决定》，加强对房屋建筑工程竣工验收备案的管理。2009 年 11 月 10 日，国土资源部发布《关于印发〈限制用地项目目录（2006 年本增补本）〉和〈禁止用地项目目录（2006 年本增补本）〉的通知》，明确规定商品住宅项目宗地出让面积不得超过下列标准：小城市（镇）7 公顷，中等城市 14 公顷，大城市 20 公顷。禁止党政机关（含国有企事业单位）新建、改扩建培训中心（基地）和各类具有住宿、会议、餐饮等接待功能的设施或场所建设项目。

土地调控方面。2009 年 8 月 11 日，国土资源部发布《关于严格建设用地管理、促进批而未用土地利用的通知》，通知要求：加快城市建设用地审批和土地征收实施，切实抓好批而未征土地的处理，进一步规范和加强建设项目用地管理，坚决查处违法批地和用地行为，加强建设用地批后监管，严肃查处违反土地管理法律法规新建"小产权房"和高尔夫球场项目用地。8 月 12 日，国土资源部、监察部联合下发《关于进一步落实工业用地出让制度的通知》，进一步完善工业用地出让制度。通知主要内容有：工业用地出让方式可按规定灵活选择、用地出让先预申请、旧城改造涉及工业用地问题需分类处理、加强工业用地出让执法监察。

住房保障方面。2009 年 6 月 3 日，发改委、财政部、住房和城乡建设部联合发布《2009 ~ 2011 年廉租住房保障规划》：从 2009 年起到 2011 年，争取用三年时间，基本解决 747 万户现有城市低收入住房困难家庭的住房问题。进一步健全实物配租和租赁补贴相结合的廉租住房制度，并以此为重点加快城市住房保障体系建设，完善相关的土地、财税和信贷支持政策。

五　以促民生、保增长为多重目标的新一轮房地产调控（2010 年以来）

经历 2008～2009 年房地产市场剧烈的 V 型震荡反转，2010 年房地产市场再次成为社会关注的热点，房地产市场走向争论分歧加大，国家房地产调控也面临艰难决策。一方面，要防范房地产市场风险促进住房市场的民生保障功能，另一方面又担心房地产市场过度紧缩可能导致宏观经济回落，促民生、保增长、防风险多重政策目标成为房地产调控的新特点。2010 年以来国务院先后三次出台针对房地产调控的政策文件，2010 年 1 月 10 日，国务院办公厅下发了《关于促进房地产市场平稳健康发展的通知》，2010 年 4 月 17 日，国务院发出《关于坚决遏制部分城市房价过快上涨的通知》、2011 年国务院办公厅发布《关于进一步做好房地产市场调控工作有关问题的通知》，配合国务院文件精神，各部委各地方细化政策也逐渐推出。

金融方面。作为央行常规调控工具，2010 年以来，多次调整存款准备金率，截至 2011 年 6 月一年内先后 6 次提高银行存款准备金率，2011 年 3 月 25 日起，上调存款类金融机构人民币存款准备金率 0.5 个百分点。2011 年 4 月 6 日起上调金融机构人民币存贷款基准利率，从信贷方面限制房地产投资投机。同时更针对房地产市场出台了一系列针对性的金融政策，2010 年 1 月 10 日国务院出台"国十一条"，严格二套房贷款管理，首付不得低于 40%，加大房地产贷款窗口指导。2010 年 2 月 20 日，中国银监会正式发布《流动资金贷款管理暂行办法》和《个人贷款管理暂行办法》，出拳打击炒房者和投机行为。2010 年 4 月 11 日，中国银监会主席刘明康表示，银监会要求所有银行在 6 月底之前提交贷款情况的评估报告，并称房地产风险敞口大，要严控炒房行为。银监会表示，银行不应对投机投资购房贷款，如无法判断，则应大幅提高贷款的首付款比例和利率水平。北京部分银行已将第二套房首付比例提升至 60%。2010 年 4 月 15 日，国务院出台具体措施，要求对贷款购买第二套住房的家庭，贷款首付款不得低于 50%，贷款利率不得低于基准利率的 1.1 倍。对购买首套住房且套型建筑面积在 90 平方米以上的家庭，贷款首付款比例不得低于30%。2010年4月18日，国务院发布通知指出，商品住房价格过高、上涨过快、供应紧张的地区，商业银行可根据风险状况，暂停发放购买第三套及以上住房贷款；对不能提供1年以上当地纳税证明或社会保险缴纳证明的非本地居民暂停发放购买住房贷款。2011年1月26日，国务院办公厅发布《国务院办公厅关于进一步做好房地产市场调控工作的有关问题的通知》，要求将第二套房的房贷首付从原来的不低于50%改为不低于60%。

　　税收方面。2009年12月20日，财政部出台《关于调整个人住房转让营业税政策的通知》规定，国际金融危机时期的二手房转让营业税优惠政策就此终止，这无疑是在打击投机购房，给炒房者带来不利影响。2010年3月9日，财政部、国家税务总局联合下发了《关于首次购买普通住房有关契税政策的通知》（财税〔2010〕13号），通知明确：对两个或两个以上个人共同购买90平方米及以下普通住房，其中一人或多人已有购房记录的，该套房产的共同购买人均不适用首次购买普通住房的契税优惠政策。2010年5月26日，国家税务总局发布《关于土地增值税清算有关问题的通知》（国税函〔2010〕220号），明确了土地增值税清算过程中若干计税问题。如房企逾期开发缴纳的土地闲置费不得在土地增值税中扣除、土地增值税清算时收入确认的问题等。2010年6月3日，国家税务总局下发《关于加强土地增值税征管工作的通知》（国税发〔2010〕53号），抬高了土地增值税预征率的下限。国家税务总局规定，除保障性住房外，东部地区省市预征率不得低于2%，中部和东北地区省市不得低于1.5%，西部地区省市不得低于1%。2010年9月29日，财政部、国家税务总局、住房和城乡建设部三部委联合发布《关于调整房地产交易环节契税个人所得税优惠政策的通知》（财税〔2010〕94号），规定对个人购买普通住房，且该住房属于家庭（成员范围包括购房人、配偶以及未成年子女）唯一住房的，减半征收契税。对个人购买90平方米及以下普通住房，且该住房属于家庭唯一住房的，减按1%税率征收契税。对出售自有住房并在1年内重新购房的纳税人不再减免个人所得税。2011年1月27日，财政部公布了《关于调整个人住房转让营业税政策的通知》，规定个人将购买不足5年的住房对外销售的，将全部征收营业税。2011年1月28

日，上海和重庆正式实施房产税，深圳宣布成为第三个房产税试点城市。

土地方面。2010 年 1 月 21 日，国土资源部发布《国土资源部关于改进报国务院批准城市建设用地申报与实施工作的通知》（国土资发〔2010〕9号），提出申报住宅用地的，经济适用住房、廉租住房和中低价位、中小套型普通商品住房用地占住宅用地的比例不得低于 70%。2010 年 12 月 19 日，国土资源部发布《国土资源部关于严格落实房地产用地调控政策促进土地市场健康发展有关问题的通知》（国土资发〔2010〕204 号），要求各省区市国土资源行政主管部门及派驻地方的国家土地督察局，密切关注当前土地市场动向，抓紧采取有力措施，严格落实房地产监管和调控政策措施，打击囤地炒地闲置土地等违法违规行为，坚决抑制少数城市地价过快上涨趋势。

市场规制调控方面。2010 年 3 月 18 日国务院国有资产监督资理委员会（简称"国资委"）就央企介入房地产业做出回应①，表示除 16 家以房地产为主业的中央企业（简称"央企"）外，还有 78 家不以房地产为主业的央企正在加快进行调整重组，在完成企业自有土地开发和已实施项目等阶段性工作后，要退出房地产业务。2010 年 4 月 13 日，住房和城乡建设部发布实施《关于进一步加强房地产市场监管完善商品住房预售制度有关问题的通知》（建房〔2010〕53 号），明确要求各地加强商品住房预售行为监管。今后，未取得预售许可的商品住房项目，房地产开发企业不得以认购、预订、排号、发放 VIP 卡等方式向买受人收取或变相收取订金、预订款等性质的费用。房地产开发企业应将取得预售许可的商品住房项目在 10 日内一次性公开全部准售房源及每套房屋价格，并严格按照预售方案申报价格，明码标价对外销售。2010 年 4 月 27 日，住房和城乡建设部公布了《关于加强经济适用住房管理有关问题的通知》（建保〔2010〕59 号），规定：经济适用住房购房人在取得完全产权以前，只能用于自住，不得出售、出租、闲置、出借，也不得擅自改变住房用途。对违规出售、出租、闲置、出借经济适用住房，或者擅自改变住房用途且拒不整改的，按照有关规定或者合同约定收回，

---

① 引自人民网：《国资委：78 家央企将逐出房地产业》，http：//potitics. people. com. cn/GB/1027/11173501. html。

并取消其在 5 年内再次申请购买或租赁各类政策性、保障性住房的资格。2011年国务院办公厅发布关于进一步做好房地产市场调控工作有关问题的通知后，部分房价上涨过快城市推出针对外来人口的限购令。2011 年 5 月 1 日，根据国家发改委的有关规定，一、二手房销售单位必须在醒目位置为每套房明码标价，以打击价格欺诈现象。

表 5 - 3 是改革开放以来国家房地产调控性政策文件。

表 5 - 3　改革开放以来国家房地产调控性政策文件

发文时间	文件名称
1986 - 3 - 21	《关于加强土地管理、制止乱占耕地的通知》
1989 - 5 - 12	《国务院批转国家计委关于加强商品房屋建设管理请示的通知》
1990 - 7 - 14	《国务院办公厅转发建设部关于进一步清理整顿房地产开发公司意见的通知》
1995 - 5 - 26	《关于严格控制高档房地产开发项目的通知》
1997 - 5 - 18	《关于进一步加强土地管理切实保护耕地的通知》
1998 - 10 - 7	《关于加强房地产价格调控加快住房建设的意见》
1998 - 10 - 25	《国务院批转国家计委关于加强房地产价格调控加快住房建设意见的通知》
1999 - 7 - 14	《国务院办公厅关于印发海南省人民政府、建设部、财政部、国土资源部、中国人民银行处置海南省积压房地产试点方案的通知》
1998 - 10 - 25	《国务院批转国家计委关于加强房地产价格调控加快住房建设意见的通知》
1998 - 10 - 7	《关于加强房地产价格调控加快住房建设的意见》
1999 - 5 - 6	《关于加强土地转让管理严禁炒卖土地的通知》
2000 - 2 - 24	国务院办公厅《处置海南省积压房地产补充方案》
2001 - 4 - 20	《关于加强国有土地资产管理的通知》
2003 - 8 - 12	国务院《关于促进房地产市场持续健康发展的通知》
2003 - 11 - 3	国务院《关于加大工作力度进一步治理整顿土地市场秩序的紧急通知》
2004 - 4 - 29	国务院办公厅《关于深入开展土地市场治理整顿严格土地管理的紧急通知》
2004 - 10 - 21	国务院《关于深化改革严格土地管理的决定》
2005 - 3 - 26	国务院办公厅《关于切实稳定住房价格的通知》
2005 - 5 - 9	《国务院办公厅转发建设部等部门关于做好稳定住房价格工作意见的通知》
2006 - 5 - 24	《国务院办公厅转发建设部等部门关于调整住房供应结构稳定住房价格意见的通知》
2006 - 8 - 31	国务院《关于加强土地调控有关问题的通知》
2008 - 12 - 20	国务院办公厅《关于促进房地产市场健康发展的若干意见》
2010 - 1 - 7	国务院办公厅《关于促进房地产市场平稳健康发展的通知》
2010 - 4 - 17	国务院《关于坚决遏制部分城市房价过快上涨的通知》
2011 - 1 - 26	国务院办公厅《关于进一步做好房地产市场调控工作有关问题的通知》

第三节　21 世纪以来房地产调控政策
演变的路径特点

由于 1998 年实施住房分配制度市场化改革，各经济主体对住房市场的全面参与基本上是在 21 世纪以后才真正实现的，之前的房地产调控基本上属于局部、区域层面，全国性的全面房地产调控基本上只发生在 21 世纪以后。我们重点研究 21 世纪以来作为国家宏观经济调控组成部分的房地产调控政策的演变路径和逻辑，从调控对象和调控方向两方面来分析。

一　房地产调控对象转变路径

从调控对象看，21 世纪以来中国房地产调控由初期的土地调控为中心转向了土地调控与房屋调控并重。就土地调控而言，也由早期对工业用地调控为主转向了对商住用地的调控。

2003 年中期以前国家政策调控的中心在于对建设用地的调控，几项主要政策都集中在对土地资源的控制和管理上，尽管 2002 年曾出台两项住房方面的政策法规，但都以国务院令即法规的形式体现出来，属于 20 世纪 90 年代末住房制度改革的延续。而土地方面，无论是 2001 年的国发 15 号文还是 2003 年的国办发 70 号文都以中央文件的方式出台，具有明显的调控意义。

而 2003 年中期以后国家政策对房屋方面的调控明显加强，2003 年 8 月份的国发 18 号文颁发了首次以"房地产"为标题的国务院文件，表明中央对房地产市场的调控对象由初期以土地市场为中心转向了包括住房在内的整个房地产市场，不过在 2003 年的国发 18 号文以后直到 2005 年年初，国家对房地产调控的重点仍然以土地市场为主，房地产相关的国发文件多以土地为主题。

由于主要城市房产价格上涨过快，2005 年开始国家房地产政策调控对象进一步转向房产市场，使房产市场成为与地产市场同等重要的调控对象。2005～2011年国发、国办发的8项房地产调控性政策文件，4项主题明确针对住房市场，3项主题为包括土地和房屋的房地产市场，仅针对土地市场的文件只有一项即2006年国务院《关于加强土地调控有关问题的通知》。当然在把房产作为重要调控对象的同时，国家对土地市场的调控也并没有放松，只是在加强房产市场调控的同时更加大了对土地市场调控的力度。不过房产调控加强也表明土地调控的结构发生变化，由原来以工业用地为主的调控转向了对商住用地的调控。

二　房地产调控方向演变路径

从调控方向看，21世纪以来土地调控从初期对国有土地增值的关注转向对开发区圈地和失地农民的关注再转向对建设用地总量增加和农地减少的担心；房屋调控由早期重视房地产业发展转向中期对住房价格的关注和对住房结构的调控。

1. 土地调控

从国家发布的政策公告看，土地调控一直是这些年国家房地产调控的重心，国家对土地调控大致上可以分为以下四个阶段。

第一个阶段即2001～2002年，国家对土地问题的关注主要是把土地作为国有资产控制和管理，关心国有土地资产的增值。

2001年国发15号文件即以加强国有土地资产管理作为标题，把土地作为一种资产由国家来经营的意味很明显，把"切实防止国有土地资产流失"作为"加强国有土地资产管理"的中心目标。该文对国有土地资产管理提出六条措施，其中第2条（严格实行国有土地有偿使用制度）、第3条（大力推行国有土地招标拍卖）、第4条（加强土地使用权转让管理）、第5条（加强地价管理）都很明显在于提高国有土地资产的价值体现，即使第1条（严格控制建设用地供应总量）也不是从后来的保护农用地的调控目标出发的，在该条款中甚至提出"只有在严格控制土地供应总量的前提下，才能有效发挥市场配置土地资源的基础性作用，充分实现土地资产价值"，可见该文所体现的政策精神在土地资产的保值和增值上，对土地市场调控的要求几乎没有被体现出来。

第二阶段即从 2003 年到 2004 年中期国家对土地问题的政策重心开始由国有资产的增值转向了对不合理开发区圈地和失地农民问题的关注。

2003 年国办发 70 号文首次提出对开发区建设用地进行整顿。该文件的政策精神在于"纠正越权审批、违规圈占土地、低价出让土地等行为，促进各类开发区健康发展和土地资源的可持续利用"。从文件中多次强调要求开发区的规范化以及对开发区名称和投资额的规定都可以看出，该文件的政策重心仍然不在于对土地市场本身的调控，而在于对经济成长中表现的分散化和低效率状况的关注以及对宏观经济过热的担心，提出的政策要求也主要在于对不合理开发区的清理和规范，而对建设用地总量的调控并没有成为重心。

与此同时，因为开发区圈地也导致了失地农民的增加和农业用地的减少，这引起了国家有关部门的重视，导致了 2004 年国发 8 号文和国办发 31 号文的出台，前者着重农业用地的开发，提出留取部分土地出让金用于农业土地的开发（设立专项账户，将不低于 15% 的土地出让纯收益用于农业土地开发，其中 30% 以下集中到省级政府使用）；后者则提出切实解决征用农民集体所有土地补偿费支付、管理和使用中的突出问题。通过了解和掌握征用农民集体所有土地以及补偿费的管理和使用情况，督促地方各级政府严格按照依法批准的征用土地方案给予被征地农民合理补偿，严禁拖欠、截留和挪用征地补偿费，依法保护农民的合法权益，落实国家土地管理政策和耕地保护制度，这时尽管国家对农业用地减少高度重视，但政策方案提出的解决办法仍然主要强调农业用地的开发。

第三阶段即 2004 年中期至今，建设用地总量调控成为政策的中心，土地管理的制度建设也成为该时期政策的重点。

2004 年 4 月下旬的国发 12 号文和国办发 20 号文提出对土地市场进行清理整顿并暂停农用地转用审批半年的决定，开始把农地与非农建设用地的总量转化问题作为土地调控的核心问题，提出加强对土地管理的制度建设；在同年 10 月 21 日国发 28 号文中进一步提出实行最严格的土地管理制度，这一精神在同年 10 月 28 日的总理讲话中进一步得到强调，宣誓中国政府将会严格控制建设用地的总量规模，保护农用地和耕地；2005 年的国办发 52 号文件更是明确对省级政府耕地保护责任考核做出规定。

2004 年中期以后国家土地政策的另一特点在于比以前更强调土地管理的制度建设，2004 年的国发 28 号文和总理的讲话都强调了土地管理的法制化建设，从 2004 年中期开始更发布了一系列制度建设方面的政策公告，2004 年国发 21 号文发起了对省级以下国有土地管理体制的改革，"市辖区国土资源主管部门的机构编制上收到市人民政府管理，改为国土资源管理分局，为市国土资源主管部门的派出机构。乡（镇）国土资源管理所的机构编制上收到县（市、旗）人民政府管理，县（市、旗）可以根据实际情况和工作需要，按乡（镇）或区域设置国土资源管理所，为县（市、旗）国土资源主管部门的派出机构"，"完善土地利用总体规划编制和审批管理体制"，"强化省级人民政府及其国土资源主管部门的执法监察职能"。又经过一年多的酝酿，2006 年中期以后土地管理制度建设的一系列文件再次被推出：2006 年国办发 50 号文正式提出建立国家土地督察制度，国家设立土地督察及其办公室，向地方派驻 9 个地方督察局代表国家土地总督察履行监督检查职责；2006 年国发 31 号文对土地调控的制度建设提出更明确的要求，除了加强土地督察和保障失地农民外，还突出了规范土地出让收支管理、调整有关税费的政策、建立工业用地出让最低价标准统一公布制度等政策要求，这导致了国办发〔2006〕100 号文和国务院令 438 号公告的出台。

第四阶段即 2008 年以后房地产开发用地结构与效率成为政策关注重点。

2009 年 8 月 11 日，国土资源部发布《关于严格建设用地管理、促进批而未用土地利用的通知》，通知要求：加快城市建设用地审批和土地征收实施，切实抓好批而未征土地的处理，进一步规范和加强建设项目用地管理，坚决查处违法批地和用地行为，加强建设用地批后监管，严肃查处违反土地管理法律法规新建"小产权房"和高尔夫球场项目用地。8 月 12 日，国土资源部、监察部联合下发《关于进一步落实工业用地出让制度的通知》，进一步完善工业用地出让制度。通知主要内容有：工业用地出让方式可按规定灵活选择、用地出让先预申请、旧城改造涉及工业用地问题需分类处理、加强工业用地出让执法监察。

2. 房屋调控

房屋调控实际上也可以分为四个阶段：初期重视房地产业发展，中期关注住房价格，最近对住房结构调控和对住房保障问题的重视。

第一阶段的重心在如何支持房地产业的可持续健康发展。

国家对房屋市场的政策可以追溯到 1998 年的国发 23 号文"深化住房制度改革加快住房建设"，直到 2003 年住房基本分配制度改革和增加住房供给作为国家房屋政策的基本精神一直没有改变。但 2003 年部分城市房价增长过快，房产投资也出现了过旺的势头，这引起了有关部门的注意。首先是人民银行出于对银行房地产贷款呆坏账的担心，出台了影响深远的银发〔2003〕121 号文，要求对房地产信贷进行严格限制，但银发 121 号文引起了房地产开发商强烈的反弹。在各方利益的推动下，2003 年 8 月出台了国发 18 号文，该文明确指出"房地产业关联度高，带动力强，已经成为国民经济的支柱产业"，把房地产作为一个产业来发展和支持的意图很显然；为了保障房地产业的持续健康发展，要求"完善供应政策、调整供应结构""改进住房制度、健全市场体系""发展住房信贷、强化管理服务""加强规划管理、调控土地供应""加强市场监管、整顿市场秩序"，与银发 121 号文对房价上涨和房产投资增长过快的担心相比，国发 18 号文对住房价格和住房投资增长过快的问题并未过多强调，很显然国发 18 号文所体现的政策精神并不认为当时的房价或房地产市场问题严重，如何支持房地产业的健康发展仍然是国家政策关注的焦点。

第二阶段的重心在于稳定房价。

2004 年全国主要城市房价出现了大幅度上涨，房地产市场明显过热，不少城市房价高涨激起了强烈的社会不满，这导致了 2005 年 3 月的国办发 8 号电，该电文直接以"稳定住房价格"为标题，要求控制房价涨幅过快，从土地和房屋供应结构、减少拆迁、引导消费、市场监测等多方面来稳定房价，并首次以行政问责形式将稳定房价提高到政治的高度，被媒体称为老"国八条"。一个月以后国务院办公厅再次转发建设部等七部委《关于做好稳定住房价格工作的意见》（国办发〔2005〕26 号），进一步提出加大土地供应调控力度、调整住房转让环节营业税政策、加强信贷管理、明确享受优惠政策普通住房标准等 8 项措施，被媒体称为新"国八条"。

第三个阶段重心在于调整住房供应结构。

尽管中央政策把房价调控提到了前所未有的高度，但新老"国八条"并没有能够有效地抑制房价上涨，这促使中央政策再次调整，2006 年 5 月国务院办公厅转发建设部等九部委《关于调整住房供应结构稳定住房价格的意见》（国办发〔2006〕37 号文），被媒体称为"国六条"，提出了调整住房供应结构、加强税收、信贷土地调控等六大条款措施，与新老"国八条"以住房价格为调控中心不同的是，"国六条"强调了对住房结构的调控，其税收、信贷、土地供应等措施明确了对不同住房供应结构的不同条款，强调了优先保障中小套型，明确了新建住房结构比例，同时提出有步骤地解决低收入家庭的住房困难，提出加快城镇廉租住房建设、规范发展经济适用住房。由此可以看出国家房屋市场的调控由 2005 年对价格调控转向了结构调控。

第四个阶段同时关注住房保障与房价。

2007 年 8 月国务院发布《关于解决城市低收入家庭住房困难的若干意见》，第一次全面要求加强对城市中低收入家庭的住房保障，开始形成廉租住房、经济适用住房、限价房等多种形式的住房保障体系。2011 年 3 月《中华人民共和国国民经济和社会发展第十二个五年规划纲要》明确提出国家将加强住房社会保障力度，"十二五"期间将新建 3600 万套保障性住房。2010 年 6 月 12 日，住房和城乡建设部等七部委联合制定发布《关于加快发展公共租赁住房的指导意见》（建保〔2010〕87 号），旨在解决中国城市中等偏低收入家庭住房困难。分析指出，这份指导意见弥补了长期以来"夹心层"住房政策缺位，是解决"夹心层"住房困难的有力举措。与此同时，出于对房价过快增长影响宏观经济稳定的担心，房价问题重新成为国家房地产调控的重要目标。2010 年国务院《关于坚决遏制部分城市房价过快上涨的通知》，2010 年 1 月、2011 年 1 月的两项国办发文件均直接针对房价增长问题而发，除了金融、土地、税收等调控手段外，限购、约谈等行政规制手段也被广泛采用。

第四节　中国房地产制度与政策演变的绩效评价

房地产市场关系国民经济可持续发展、经济结构优化和社会民生保障，因此房地产制度和政策变化不仅对房地产市场产生影响，也对国民经济和社会发展产生深远影响。我们从房地产生产供给、市场分配关系、城市化效应等几方面来考察中国房地产制度与政策演变的绩效特点。

一　房地产政策的市场供给效应

自 1998 年住房制度改革以后，中国房屋建筑年度竣工面积明显加大，特别是房地产开发出现了快速增长势头，1998～2009 年的 12 年间城镇竣工房屋和住宅建筑面积增长率达 7.36%、4.64%，房地产企业贡献开发的商品房更出现了高速增长势头，1998～2010 年竣工商品房和商品住宅建筑面积年均增长率分别达到 11.92%、13.01%。很显然住房制度市场化改革大大促进了房地产商品供给。

同时结合近年来房地产调控政策也能明显看出国家房地产调控对房地产供给的深刻影响。2003 年国家严格调控土地供给、推进土地出让改革，导致当年城镇竣工房屋面积增幅大幅下降、竣工住宅面积出现负增长；2004 年房地产开发执行 8·13 大限，导致房地产开发企业预期转变，当年商品房供给增幅出现大幅回落。但 2005 年房屋特别是商品房供给出现最高增幅。2005 年国家开始针对住房的结构和价格调控，导致随后的 2006 年城镇住宅竣工建筑面积出现负增长，商品住宅建筑面积增幅也出现大幅回落。2008 年金融危机影响房地产投资，商品住宅供给出现负增长，但城镇住宅供给则出现两位数以上增长；同年国家采取房地产支持政策导致 2009 年商品住宅供给出现 20.83% 的高速增长，而同年城镇住宅供给增幅则出现回落，低于 2008 年增长率。由此部分调控政策较好地调控了市场供给，但也存在部分房地产调控政策给市场传导的调控信息相对混乱现象，控制房价政策被市场理解为紧缩政策，导致供给下降最终也导致房价进一步增长，孟国鸿

（2008）、范志勇（2008）的研究也得出类似结论。

表5－4是中国各年度房地产供给状况。

表5－4　中国各年度房地产供给状况

年份	城镇竣工房屋建筑面积（万平方米）	竣工房屋建筑面积增长率（%）	竣工商品房屋建筑面积（万平方米）	竣工商品房屋建筑面积增长率(%)	城镇竣工住宅建筑面积（万平方米）	竣工住宅建筑面积增长率（%）	竣工商品住宅建筑面积（万平方米）	竣工商品住宅建筑面积增长率(%)
1995	58631		19929		37489			
1996	61443	4.80	20545	3.09	39450	5.23		
1997	62490	1.70	15820	－23.00	40550	2.79		
1998	70166	12.28	17567	11.04	47617	17.43	12480	
1999	79646	13.51	21411	21.88	55869	17.33	16195	29.76
2000	80508	1.08	25105	17.25	54860	－1.81	18948	17.00
2001	85279	5.93	29867	18.97	57476	4.77	22544	18.98
2002	93018	9.08	34976	17.10	59794	4.03	26613	18.05
2003	93115	0.10	41464	18.55	54972	－8.06	32200	21.00
2004	101034	8.50	42465	2.41	56897	3.50	34677	7.69
2005	118126	16.92	53417	25.79	66142	16.25	40004	15.36
2006	120705	2.18	55831	4.52	63047	－4.68	43247	8.11
2007	134247	11.22	60607	8.55	68821	9.16	47767	10.45
2008	147066	9.55	66545	9.80	75969	10.39	47750	－0.04
2009	164539	11.88	72677	9.22	82101	8.07	57694	20.83
2010			75961	4.52			61216	6.10
1998年以来年均增长	107287	7.36	45992	11.92	61964	4.64	35487	13.01

资料来源：城镇竣工房屋建筑面积、城镇住宅建筑面积数据来自2010年《中国统计年鉴》，竣工商品房屋建筑面积、竣工商品住宅建筑面积数据来自中国统计数据应用支持系统 http：// gov. acmr. cn。

二　房地产政策的市场分配效应

房地产市场特别是住房市场关系民生保障，对社会分配具有重要意义。以下我们考察房地产特别是住房市场的分配效应。

1. 住房持有状况

中国商品住宅基本上分布在城市和县城，建制镇较少存在商品住宅开发。根据2010年国家统计局住户调查，中国38%城镇家庭户拥有商品住房，考虑城镇家庭户调查统计中不包含几乎不拥有住房的约1.7亿以上的集体户人口和农民工人口（2010年外出农民工人数达15335万人，集体户人口约占户籍人口1.7%左右，1500万人左右），剔除1.5亿人左右的建制镇人口，估算2010年不包括建制镇在内的城镇家庭户人口约3.45亿人，则实际持有商品住房的城镇人口约1.15亿人。而1998~2010年城镇累计竣工的新增商品住宅面积达56.61亿平方米，套均面积约为100.87平方米，据此推算，拥有商品住房家庭户均持有商品住房约1.46套，考虑部分持有商品住房家庭还持有房改房和自建房，其户均持有的实际住房套数更高。在住房供给率低于或接近1的条件下，高比例的多套住房家庭，意味着更多家庭实际沦为无房家庭。

2. 房价收入储蓄关系

2009年中国城镇家庭的平均房价收入比为9.6倍，远远超出国际上4~6倍的合理空间。城镇家庭平均房价储蓄比为33.7倍，意味着平均近34年的储蓄总和才可能购买一套商品住房，大大超出一般家庭30年左右的储蓄周期。不同收入家庭对房价承受能力存在明显差异，约10%最高收入户、10%高收入户、20%中等偏上户、20%中等收入户、20%中等偏下户、10%低收入户、10%最低收入户的房价储蓄比为10.7、20.1、29.1、41.1、62.8、104.3、412（见表5-5），按照家庭最长30年储蓄周期计算，60%以上的家庭无力购房。

表5-5　按收入等级分城镇居民家庭收支与住房购买能力（2009年）

项　　目	全国	最低收入户	低收入户	中等偏下户	中等收入户	中等偏上户	高收入户	最高收入户
调查户比重（%）	100	9.9	10.0	20.1	20.1	20.0	9.9	9.9
平均每户家庭人口（人）	2.89	3.29	3.23	3.04	2.84	2.71	2.61	2.51
平均每人可支配收入（元）	17174	5253	8162	11243	15399	21017	28386	46826

项 目	全国	最低收入户	低收入户	中等偏下户	中等收入户	中等偏上户	高收入户	最高收入户
平均每人消费性支出（元）	12264	4900	6743	8738	11309	14964	19263	29004
平均每人储蓄－收支剩余（元）	4910	352	1419	2504	4090	6053	9122	17821
家庭房价收入比	9.6	27.7	18.1	14.0	10.9	8.4	6.5	4.1
家庭房价储蓄比	33.7	412.0	104.3	62.8	41.1	29.1	20.1	10.7

注：这里的房价为 2009 年商品住房套均价格，2009 年商品住宅销售总金额为 384328951 万元，商品住宅销售套数为 8040470 套，套均售价 47.7993 万元。家庭收入 = 人均可支配收入 * 平均每户家庭人口；家庭储蓄 = 人均储蓄 * 平均家庭户人口。

资料来源：《中国统计年鉴2010》。

综上分析，中国城镇房地产特别是住房市场呈现出不利于民生保障的分配关系，住房投资投机现象普遍，相当部分家庭持有多套住房，导致了住房资源闲置浪费，同时更拉动了房价上涨，导致中低收入家庭无力购房沦为无房家庭，消费性购房需求被驱逐。

三 房地产政策的城市化效应

中国城镇化导向已经由早期的劳动人口就业收入主导转向了包括非劳动人口在内的家庭居住生活与劳动人口就业收入并重，面向农民工家庭的城镇住房价格变化直接影响其居住城镇化决策。我们从城乡住房互动关系和城镇化速度两方面来考察城镇住房价格对农民（工）家庭购建房决策和城镇化速度的影响。

1. 农民（工）家庭住房购建决策

2003 年开始的城镇房价快速上涨对应了农村农户新建住房态势调整，2004 年农村农户建房开始改变 1996 年以来持续下降的态势；2004～2005 年连续两年保持稳定态势；随着城镇平均房价特别是 2004 年、2005 年连续两年较大幅增长后，2006 年农村农户新建住房面积开始大幅增长并连续攀升，如图 5-1 所示。

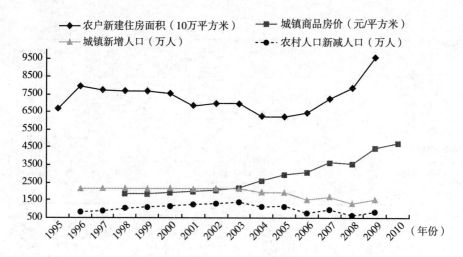

图 5 - 1　城乡住房市场互动关系

2. 城镇化速度

2003 年以来城镇房价开始快速上涨对应了 2004 年以后城镇化速度减缓，特别是 2006 年开始城镇化速度开始小于 1，2006～2009 年"十一五"前 4 年城镇化年均速率 0.91，大大低于 2001～2005 年"十五"的 1.35，城镇化速度放缓趋势明显。

住房是居住城镇化的物质载体，近年来城镇住房价格与农户建房态势、城镇化速度的对应关系，表明农民工家庭面对城镇高房价可能被迫回乡建房居住从而推迟或放弃居住城镇化迁移，意味着城镇住房市场实际发挥了城镇化抑制效应。

四　小结

房地产制度改革和政策调控对中国房地产市场和经济社会发展产生了深远的影响。回顾并评价制度和政策演变，我们可以有以下结论与启示。

（1）房地产制度改革特别是 1998 年住房分配制度改革，大大地促进了中国房地产开发供给，使房地产业成为国民经济的支柱产业，为对国民经济快速增长做出了重要贡献。

（2）城镇房地产特别是住房市场成为扭曲性社会分配的重要推手。由于投机性购房需求膨胀，推动房价过快增长，导致新增住房供给向多套住房持有者集中，中低收入和青年家庭的消费性购房被驱逐，既有城镇家庭被迫走向租房市场，在租赁市场承受租金盘剥，部分青年家庭在收入积累后被迫从多套住房投机客手中高价接受二手房，形成不利于中低收入家庭和青年家庭的住房市场社会再分配机制。

（3）城镇房价增长明显抑制了居住城镇化进程。城镇房价增长，拉大了城乡住房价格差异和居住成本差异，促使农民工家庭被迫推迟或放弃居住城镇化进程。一方面抑制了农民工家庭的城市服务相关消费，增加了其生活成本和交通往返成本；另一方面限制了城镇市场规模扩展，不利于城市服务产业发展和城市竞争力提高。

参考文献

［1］陈峰、丁烈云：《我国房地产政策周期的比较研究》，《经济与管理研究》2007年第5期。

［2］范志勇：《中国房地产政策回顾与探悉》，《学术交流》2008年第8期。

［3］李恩平：《我国房地产政策回顾与绩效考察》，载牛凤瑞主编《中国房地产发展报告No.4》，社会科学文献出版社，2007。

［4］李恩平：《中国城市土地制度改革回顾与展望》，《改革与战略》2010年第5期。

［5］孟国鸿：《中国城市房地产政策探究》，《中国房地产金融》2008年第2期。

［6］杨俊峰：《我国城市土地国有制的演进与由来》，《甘肃行政学院学报》2011年第1期。

第三部分　住房保障

第六章
韩国住房保障政策及其效果分析

政府干预住房市场主要出于两个目的：一是效率问题，纠正住房市场中市场机能可能出现的缺陷，实现住房资源的合理配置。二是公平问题，针对无法依靠自身能力在市场中解决居住问题的人群，即对不具备经济承担能力的收入群体提供合理的住房福利（金京焕与徐昇焕，2009）。在这两种目的中，与住房因其公益品特性及外部性等特点而需要政府干预的效率观点相比，普遍更强调公平性原则，政府强化对难以自主地达到"社会满意的最低标准居住水平"的低收入阶层的住房保障政策，进行收入再分配。

居住稳定对人民的生活产生着重要的影响。首先，住房是人类生存及生活的最基本条件，拥有稳定的住房可以提升劳动者的工作意志，消除因过高的居住成本导致的工资偏低及物价上涨压力。其次，住房资源的平等配置可以缓解阶层间的相对剥夺感与互不信任，促进社会和谐与经济发展。大多数国家都将为百姓提供适当的住房保障、创造良好的居住环境设定为住房政策的最优先课题，而这正是基于政策的推进最终可以谋求社会和谐与经济发展的坚定信念。

20世纪90年代后期，韩国发生了金融危机，国家经济萧条，收入分配恶化，自此政府开始将居住保障纳入社会保障体系的一个组成部分，逐步从福利角度研究国民的居住环境。这种认识的转变源于住房也是人民生活的基本要素，为了保障人的基本权利，实现文明社会的起码目标，就必须以提供一定水平的住房保障为前提。住房保障根据评价福利水平的对象范围，可定义为两种：一是从广义上讲，保障"人人有房住"，满足所有人的基本居住权。二是从狭义上讲，以特定阶层（主要为低收入住房困难群体）为对象，满足他们最低程度的居住需求（Kim Hyu-Seung 等，2004）。另一种观点与上述划分类似，即将提升人民整体的居住水平、谋求社会稳定、改善福利水平作为广义概念，而狭义概念认为住房保障是改善不具备在市场经济机制下解决住房问题的社会成员的居住水平与居住条件（居住学研究会，2005）。

其间，韩国经济总量不断增长，住房总量不足现象也随之得到整体改善，平均居住品质显著提升。自 2002 年住房普及率首次突破 100% 以来，2008 年几乎达到 110%，每户居住面积、房间数、住宅设施等均得到了改善。根据韩国统计厅的人口住宅普查结果显示，2005 年韩国平均每户居住面积为 66 平方米，相比 1990 年增长了 1.3 倍，而平均每户可使用房间数达到 3.6 间，增加了 1.4 倍。住宅内具备厨房、现代水冲式卫生间、温水洗浴设施的家庭比率也超过了 95%。住房自有率也由 1990 年的 50.8% 持续增长到 2005 年的 55.6%。

虽然数据显示平均意义上的住房条件不断改善，然而具体分析的话，低收入阶层的住房保障（文中将深入说明），即狭义概念的住房保障情况却并非如此。而这种现象并非只出现在韩国，其他世界主要国家也都普遍存在这种问题。因此，在大多数国家，政府对住房市场的干预主要以改善低收入层的居住水平为目标。

本章将从狭义概念出发，分析低收入阶层的住房保障政策，以韩国各届政府的住房保障政策的基本方向与政策手段为中心，探讨韩国住房保障政策的发展进程。本章还将从效率与公平等两个方面分析各项政策手段的效果，并通过分析研究，揭示韩国各种住房保障政策的经验及启示。

第一节　住房保障政策的演变①

一　"国民政府"之前的住房保障政策

在经济高速发展的 20 世纪 80 年代中期以前，针对住房保障问题，更确

---

① 本节内容参照裴舜锡等（2008）的研究内容。

切地说，针对低收入阶层的住房问题，政府并未制定任何政策。其原因多种多样，从国家整体来看，当时认为将有限的国家资本用于经济开发才是更加合理的认识深植人心。为了重点且集中地发展重化学工业等国家核心支柱产业，不仅需要国家的财政支持，而且需要民间资本等资金予以支持，所以低收入阶层的住房问题在政府的宏观经济政策方面微乎其微。

20 世纪 80 年代后期，随着经济总量增长，国际贸易收支实现顺差，货币流动性显著增长，很大一部分资金流入证券与房地产市场，导致了股价与房地产价格快速暴涨。另外，随着韩国重新引入总统直选制，民主化运动正式展开，对改善收入分配以及福利保障的需求增多，为实现社会稳定，住房问题的重要性开始得到关注。

由此，政府设定了通过增加住房供给量、稳定住房市场的目标，正式推进"建设 200 万套住房计划"。这是韩国自建国以来，首次根据收入组制定住房供给目标，向第一组即最低收入组供给永久租赁住房，向第二～第四组的收入阶层，提供出售与出租形式的劳动者租赁住房，向第三～第五组的收入阶层供应小户型商品住房与长期租赁住房。在此期间供给的永久租赁住房与劳动者租赁住房是韩国首次推出的长期公共租赁住房，具有深远的意义。

在金泳三总统执政的"文民政府"时期，韩国推出了"新经济五年规划"，逐步放宽各种政策，提出实现"经济正义"，制定并推行了多项经济政策。该时期，民间部门的作用显著强化，政府的作用减弱，旨在通过增强民间与市场的职能，构建进入发达国家的基础。1996 年 12 月，韩国最终成为了经济合作与发展组织第 29 个成员。

然而，这一时期的住房保障政策并未取得显著成果。根据"建设 200 万套住房计划"建设的永久性租赁住房中，低收入层的入住率非常低，反而允许收入相对高的阶层入住，导致对持续供给永久性租赁住房必要性的认识减弱。由此，"金泳三政府"中断了永久性租赁住房供给制度，决定向更高一级收入组供给 10 万套租期长达 5 年或 50 年的长期租赁住房，不过实际供给量仅达到 7.5 万套。并且，政府还中止了向租期长达 50 年的公共租赁住房建设的财政支持（每套建造成本的 50%），由国民住房基金融资方式代替。

二 "国民政府"时期的住房保障政策（1998~2002）

"国民政府"于 1998 年成立，当时正值韩国金融危机时期，民营企业与公营企业均开展了大规模的结构调整，失业率攀升，收入锐减，且由于推行了国际货币基金组织的高息政策，消费急剧萎缩，经济陷入萧条。当时，"国民政府"一方面将放宽政策与恢复市场功能定位为政府工作的最优先课题加以解决，另一方面还致力于构建社会保障体系，政府提出"生产性福利"方针，旨在强化国家在提升人民福利方面的职责。

金融危机使韩国的住房市场萧条，导致房价暴跌，韩国政府为提升房地产市场，取消了新建住房售价限制这一房地产市场中的典型制约制度，以恢复市场机能，同时还努力稳定国民的住房情况。2000 年韩国开始施行"最低居住标准"，加强个人贷款服务。"国民政府"住房保障政策的核心是，继承和发展了之前的公共租赁住房制度，供给"国民租赁住房"。1998 年 9 月开始推行的安居工程——国民租赁住房政策获得了国民的热烈欢迎，计划供给量也在不断向上调整，当初制订的供给 5 万套住房计划，到 2001 年 4 月和 2002 年 4 月，分别调整为 10 万套以及 50 万套，而 2002 年政府进一步将供给目标扩大调整为 100 万套。虽然"100 万套国民租赁住房计划"颁布时已届"国民政府"执政末期，其实效性难以得到保障，然而进入"参与政府"时期，该政策在住房保障政策中得到了继承和发扬。

三 "参与政府"时期的住房保障政策（2003~2007）

在社会保障制度方面，"参与政府"与"国民政府"可谓一脉相承，着力扩大和巩固"国民政府"已构建的社会保障体系。然而，不同的是，"国民政府"兼顾了社会保障体系的构建以及激活市场功能和民间活动，而"参与政府"则注重加强政府和公共部门的作用，加强政府干预及对市场的调控。在"参与政府"成立初期，最突出的经济现象是贫富差距与收入两极分化，因此政府旨在通过政府干预，改善收入分配情况。

与往届政府相比，"参与政府"制定并推行了多样的政策，强化住房保障。在成立初期的 2003 年 5 月，出台了《不同收入层住房保障路线图》

（见表6－1），向房租支付困难的第1收入组，供给多户型租赁住房及小户型国民租赁住房；对于不具备购置自有住房的第2～4收入组，供给国民租赁住房及扩大房租贷款力度，针对不同收入层，采取不同的住房保障制度。

表6－1　不同收入阶层住房保障方案

最低收入层 （第1收入组） 月收入83万韩元以下	房租支付困难者	– 阶段性调整住房补贴 – 低息房租贷款 – 小户型国民租赁住房
低收入层（第2～4收入组） 月收入190万韩元以下	不具备购置自有住房者	– 改善城中村居住环境 – 50万套国民租赁住房 – 房租贷款
可成为中产者层（5～6组） 月收入不足255万韩元	在政府的支持下,可购置住房者	– 小户型商品住房 – 扩大住房金融
中产层（7～10组） 月收入超过255万韩元	可独立购置住房者	– 在市场中解决

　　另外，"参与政府"还在2003年6月修改了《住宅法》，将"国民政府"时期仅为建设交通部告示的"最低居住标准"制度法律化，显著提升了住房保障制度的地位。此外，"参与政府"还对"国民政府"末期推出的"100万套国民租赁住房计划"制订了具体的时间规划以及实施措施。国民租赁住房的规模更多样化，对国民租赁住房建设的财政支持规模增多，入住目标家庭收入标准扩大到低于城市劳动者家庭平均月收入的所有家庭，大幅增加了受惠家庭数（见表6－2）。

表6－2　国民租赁住房各户型入住标准

类型	入住标准
使用面积小于50平方米	月平均收入在前一年度城市劳动者 家庭平均月收入50%以下的无房户
使用面积50～60平方米	已开设住宅预约储蓄账户的无房户,月平均收入在前一年度 城市劳动者家庭平均月收入的70%以下者
使用面积超过60平方米	已开设住宅预约储蓄账户的无房户,月平均收入在前一年度 城市劳动者家庭平均月收入的100%以下者

公共租赁住房的类型多样化，除国民租赁住房外，还有多户型住房租赁、传贳租赁（给房东押约合房子价格 60% 左右的金额，不交纳每月的房租费用）、买入老旧危房、拆迁后新建住房租赁等形式。政府还计划通过支持民间企业建设长期租赁住房，拟供给 50 万套长期租赁住房（见表 6-3），使长期租赁住房占整体住宅的比例到 2012 年达到 15%，2017 年占比达 17%。

表 6-3　国民租赁住房及长期租赁住房供给计划

	2003 年	2004 年	2005 年	2006 年	2007 年	2008 年	2009 年	2010 年	2011 年	2012 年
100 万套国民租赁住房	8	10	10	11	11	10	10	10	10	10
50 万套长期租赁住房	—	3	5	6	6	6	6	6	6	6

四　"实用政府"时期的住房保障政策（2008 年至今）

"实用政府"认为"参与政府"推行的以改善分配为中心的政策削弱了国家竞争力，政府的市场规制明显扭曲了市场，因此开始追求以市场为中心的政策。"实用政府"改变住房保障制度范式，由前几届政府采取的以租赁住房供给为主的消极政策过渡为采取"在保障居住稳定的情况下，通过支持资产的形成扩大中产阶层"等积极的住房保障范式。在制度方面，促进低收入层的资产形成，引导进入中产阶层是"实用政府"倡导的建立"国民成功时代"的核心政策。"实用政府"的住房保障政策主要为"安乐居住房"供给计划，除反映了前几届政府的重点项目"国民租赁住房"等长期公共租赁住房政策外，还将小户型商品住房纳入政府主导的住房供给对象中，通过促进自有资产的形成，最终实践扩大中产阶层的政策目标。

2008 年 9 月，"实用政府"颁布了其核心住房政策——《扩大住房供应及安乐居住房建设方案》。该项制度的基本方针包括两个方面，一是通过市场机制正常化与扩大城区住房供给，在未来十年间每年平均供给 50 万套住房，以根本解决住房供需及房价问题。为此，政府计划改善人为制约因素，放宽各种针对供给的制约，依靠市场机制扩大民间资本保障性住房的供给，并大规模地增加市内及城市近郊的住房供给，以此实现市场的根本性稳定。二是为解决无住房家庭和低收入层的居住问题，推行量身定做式的安乐居住房保障政策，满足公共商品住房及租赁住房的需求，计划在未来十年间供给150万套住房，以低于新建住房售价15%的价格供给商品房，提升无住房家庭与新婚夫妻家庭的自有住房比率。公共租赁住房种类更加多样化，需求者可根据收入及喜好自由选择永久租赁住房、传贳型租赁住房、股份型租赁住房等各类租赁住房。另一方面采取提前预约方式，方便需求者选择入住时间、房屋价格、地点等，促进针对性住房供给。扩大财政支持与信贷支持，缓解需求者的负担。

表6-4按地区、类型、房屋规模整理了"实用政府"的中长期住房供给计划。从地区来看，首都圈年计划平均供给30万套，其他地区年平均供给20万套；从类型来看，拟供给公共商品住房41万套，租赁住房9万套；从房屋规模来看，中小型与大中型房屋计划分别供给30万套和20万套。

表6-4　中长期住房供给计划（2009～2018年）

		年均供给量	备注
地区	首都圈	18万套	市中心（改造、重建、地铁圈开发）
	首都圈	4万套	近郊（限制开发区中可解除限制的地区、山地、丘陵区）
	首都圈	8万套	远郊住房用地开发（二期新城市）
	地　方	20万套	城区、商业街预留地、限制开发区中可解除限制的地区
类型	商品房	41万套	
	租　赁	9万套	
规模	中小型	30万套	公共15万套（安乐居住房），民间5万套（基金、住房用地支持），民间10万套（改善多户型住宅规制）
	大中型	20万套	民间20万套（修改重建、再开发的规制）

表6-5为现政府住房政策的主干，说明了现政府住房政策的目标与针对不同收入阶层供给的住房类型、主体及支持手段。

表 6 – 5　不同类型住房供给体系及供给计划 （2009～2018 年）

目标	构建住房保障体系			购置自有住房			稳定房价			
收入阶层	1组	2组	3组	4组	5组	6组	7组	8组	9组	10组
需求特点	房租承担能力不足阶层		购置自有住房能力不足阶层		在政府支持下可购置自有住房阶层		可自立购置自有住房阶层、换新房需求阶层			
商品住房							大中型民间商品住房（200万套）（放宽限制等）			
				多户、单门独户住房（100万套）						
					中小型民间（40万套）（宅地、基金支持）					
			公共商品住房（70万套）							
租赁住房				公共租赁住房（30万套）（股份型、传贳型）		民间租赁（10万套）				
			国民租赁住房（40万套）							
	永久租赁（10万套）									
供给主体	公共部门主导			公共部门 + 民间部门			民间部门主导			
公共支持	财政、住房基金、宅地			住房基金、宅地			放宽限制			
住房规模	使用面积小于60平方米			使用面积60～85平方米			使用面积超过85平方米			

　　由表 6 – 5 可知，现政府推行的供给计划是根据收入阶层制订不同的目标，未来十年将建造的中小型住房（300 万套）中的 50%，即 150 万套由公共部门直接建造，并向第 5 收入组及以下的家庭供给。安乐居住房由永久租赁住房、国民租赁住房、公共租赁住房、公共商品住房构成，具体内容如表 6 – 6 所示。公共租赁住房又分为股份型租赁住房与传贳型租赁住房两种，股份型租赁住房承租人在承租十年、租期结束时可购买所租房屋的产权，是促进无房家庭拥有产权房屋的手段。传贳型租赁住房租期为 10～20 年，为提高便利性，多位于城市中心。国民租赁住房与永久租赁住房都是租期在 30 年以上的租赁住房，其中永久租赁住房是在20 世纪 80 年代末施行 "200 万套永久租赁住房计划" 以后，特别为低收入阶层再次启动的。

表 6 - 6　安乐居住房住宅类型及其内容

类型		供给	说明
经济适用住房		70 万套	中小型低价房
租赁住房	公共租赁（租期 10 年）	20 万套	承租 10 年,期满后购置产权 以"股份型住房"为主,逐步促进购置自有住房(体现积极福利)
	长期传贳（租期 10 ~ 20 年）	10 万套	采取无月租负担的"长期传贳"租赁方式,提供需求者多样的选择机会(以市中心为主)
	长期租赁（30 年以上）	50 万套	40 万套国民租赁住房:市场价格的 60% ~70% (不同收入阶层适用不同的房租标准,可自由选择传贳或月租方式) 10 万套永久租赁住房:特别为最低收入家庭而重新启动(国家财政支持下,房租为市场价格的 30%)

　　股份型租赁住房是一种租期为十年的租赁住房，旨在降低无住房家庭的购房负担，促进购置自有住房，建立在李明博政府政权接收委员会所提出的草案的基础上。这种租赁住房由政府部门建设并出租，承租者在入住后，阶段性地支付房款以取得产权。政府期望该项制度将有助于虽有一定首付款但难以利用住房抵押贷款购置住房的低收入层家庭提升居住水平。股份型租赁住房建设优先选择无房户需求较大、购房负担又比较大的公共住房用地，建设以国民住宅面积（使用面积小于 85 平方米）住房为主要原则，在优先试点小户型（60 平方米）住房后，再逐步建造安乐居住宅小区。

第二节　主要住房保障政策

一　公共租赁住房

1. 公共租赁住房概述及建造总额

　　韩国的租赁住房制度根据为新建还是收购既有住房以及是否有公共部门支持等而进行细分。首先根据新建或收购的标准，租赁住房可分为建设型租赁住房与收购型租赁住房，建设型租赁住房为出租方出于租赁目的而建造并出租的住房，收购型租赁住房为出租方购入产权后再进行租赁的住房。建设型租赁住房又根据是否有政府支持分为公共部门建设的租赁住房和民间建设的租赁住房，公共部门建设的租赁住房包括国家或地方政府出资建造或建造并租赁的住房、依托国民住房基金支持建造并租赁的住房、在依靠公共事业形成的住房用地上建造并租赁的住宅。民间部门建造的租赁住房是指在依靠公共事业开发的住房用地之外的用地上，完全依靠民间资本建造的租赁住房。简而言之，由公共部门在财政、住房用地、国民住房基金贷款等方面的支持下，建造并供应的所有租赁住房都可称为公共租赁住房。根据现行《租赁住宅法》，公共租赁住房的类型包括永久租赁住房、50 年公共租赁住房、国民租赁住房、长期传贳、5 年及 10 年租赁住房以及员工租赁住房等。由政府支持建造供给的租赁住房对抵押金、房租、义务租赁期、承租人资格及审定流程、优先出售产权对象、房屋售价核定标准、住宅配套设施等都制定了严格的政策及制度。

如表 6 - 7 所示，1982～2008 年，韩国共建造了约 1280 万套住房，16.6%约 212 万套住房为租赁住房（包括员工租赁住房）。其中，公共租赁住房 118 余万套，永久租赁住房 19 余万套，员工租赁住房 7.6 万多套，国民租赁住房 67 万多套。1996～2001 年间建造的公共租赁住房占住房总量的比例相对较高，1998 年以后虽持续减少，但进入"参与政府"时期，公共租赁住房的比例再次呈现增加趋势。

表 6 - 7　租赁住房建造总量

单位：套

年份	建造总量	小计（占比）（%）	公共租赁	永久租赁	员工租赁	国民租赁
1982～1986	1155071	77719(6.7)	77719	—	—	
1987	244301	51918(21.3)	51918	—	—	
1988	316570	52218(16.5)	52218	—	—	
1989	462159	82475(17.8)	39222	43253	—	
1990	750378	144544(19.3)	64890	60004	19650	

续表

年份	建造总量	小计（占比）（%）	公共租赁	永久租赁	员工租赁	国民租赁
1991	613083	76391（12.5）	15074	49607	11710	
1992	575492	62679（10.9）	15121	36706	10852	
1993	695319	41525（5.9）	30912	507	10106	
1994	622854	74862（12.0）	65751	—	9111	
1995	919057	82032（13.2）	77584	—	4448	
1996	592132	111063（18.8）	104648	—	6415	
1997	596435	108728（18.2）	108115	—	613	
1998	306031	93795（30.6）	91294	—	—	2501
1999	404715	109417（27.0）	89107	—	84	20226
2000	433488	95932（22.1）	85923	—		10009
2001	529854	102557（19.4）	66980	—	350	35227
2002	666541	86586（13.0）	35767	—	—	50819
2003	585382	86005（14.7）	12977	—	—	73028
2004	463800	97226（30.0）	5803	—	—	91423
2005	463641	105787（22.8）	9604	—	—	96183
2006	469503	111536（23.8）	14551	—	173	96812
2007	555792	146565（26.4）	34639	—	1616	110310
2008	371285	116908（31.5）	30729	—	1297	84882
合　计	12792883	2117258（16.6）	1180546	190077	76425	671420

资料来源：国土海洋部：《住宅业务便览》，2009。

在 1998 年建造的 30 多万套住房中，公共租赁住房的比例达到 30.6%，然而其后公共租赁住房的建造率持续减少，2001 年和 2002 年分别降到了 19.4% 和 13%。2003 年开始，公共租赁住房建造率重新增长，2008 年占到整体住房的 31.5%。从表 6-8 的最后一列可知，公共租赁住房建造比例增加的主要原因在于国民租赁住房的建造，国民租赁住房在 2002 年突破 5 万套以后，持续增长，2007 年达到 11 万套。

表 6 – 8　不同建造主体的公共租赁住房建造量（1997～2008 年）

单位：套，%

年份	合　　计			长期（公共）租赁住房			员工租赁住房		国民租赁住房	
	地方政府	住宅公社	民间	地方政府	住宅公社	民间	地方政府	民间	地方政府	住宅公社
1997	1057	15941	91730 (84.4)	1057	15941	91117	—	613	—	—
1998	160	13958	79677 (84.9)	160	11457	79677	—	—	—	2501
1999	441	30115	78861 (72.1)	441	9889	78777	—	84	—	20226
2000	1714	30953	63265 (65.9)	1714	20944	63265	—	—	—	10009
2001	2438	40908	59211 (57.7)	2088	5681	59211	350	—	—	35227
2002	4033	55403	27150 (31.4)	1831	6786	27150	—	—	2202	48617
2003	10331	65698	9976 (11.6)	1816	1185	9976	—	—	8515	64513
2004	6150	86845	4231 (4.35)	42	1530	4231	6108	85315		
2005	18533	84476	2778 (2.63)	2216	4610	2778	16317	79866		
2006	9461	96991	5084 (4.56)	2360	7242	4949	38	135	7063	89749
2007	15769	117351	13445 (9.17)	7957	13593	13089	1260	356	6552	103758
2008	12802	94788	9318 (7.97)	3065	19643	8021		1297	9737	75145

注：括号内数据表示民间部门建造供给的公共租赁住房占比。

资料来源：国土海洋部：《住宅业务便览》，2009。

　　表 6 – 8 的数据显示，民间部门建造的租赁住房数量在 1997 年达到最高点，共供给 9.1 万多套，之后呈持续减少趋势，1999 年减少到 7.8 万多套，2003 年减少到约 1 万套。除 2007 年外，2003 年以后的民间部门租赁住房供给量都未超过 1 万套，从比例来看，2004 年民间部门建造的租赁住房占 4.35%，而 2005 年仅为 2.63%。然而不同于民间部门，2003 年以来大部分

租赁住房都是以国民租赁住房形式由公共部门提供。

2008年年底韩国租赁住房存量为1341670套，约占当时14169千套住房存量的9.5%。然而从表6-9可知，永久租赁住房、50年公共租赁住房、国民租赁住房（租期30年）、10年租赁住房、传贳型租赁住房等租期长的公共性质的租赁住房存量为57.7万套，仅占整体房屋存量的4.1%，截至2003年12月长期公共租赁住房建设比例占比很低，过去五年间长期公共租赁住房的占比增加了1.7个百分点。这主要是因为"参与政府"每年平均持续供给9.6万多套国民租赁住房、推进其核心住房保障政策所致。

表6-9　公共租赁住房存量状况（截至2008年12月）

单位：套，%

永久租赁	50年公共租赁(含改建改造住房)	建造租赁(5年/10年)(公共/民间/建筑许可)	国民租赁(含购/破产/未销售商品房等)	员工租赁(公共/民间)	购入租赁(公共/民间)	传贳租赁	合计(套)
190077 (14.2)	100949 (7.5)	476193 (35.5)	258056 (19.2)	22697 (1.7)	269009 (20.1)	24689 (1.8)	1341670

注：括号内数据表示公共租赁住房占比。
资料来源：国土海洋部：《住宅业务便览》，2009。

2. 公共租赁住房政策评价

公共租赁住房长期以来一直是韩国低收入家庭住房保障政策的主干，然而如永久租赁住房、公共租赁住房（5年期、50年期）、员工租赁住房、国民租赁住房及现政府推出的安乐居住房等政策名称纷繁复杂，政策缺乏连续性，而且入住对象、房屋面积、支持体系等方面缺乏系统性，甚至1992～2001年之间供给的53万套5年制公共租赁住房对扩充公共租赁住房的存量未起到任何贡献，建造目的不明确（国土研究院，2003）。

首先，住房保障政策缺乏明确的目的、连续性、系统性的最主要原因在于未能明确政策的受益阶层，换句话说，政府缺乏准确把握政策目标层的收入水平、可支付的居住类型以及通过何种工程给予哪些支持的准确判断。

Yoon Ju-Hyun、Kim Hye-seung（1997）分析 1995 年公共租赁房入住者实地调研数据显示，资格不符的中产阶层以上家庭住在由政府支持的公共住宅的比例达到 10% ~ 50%。该研究还指出 1991 ~ 1996 年施行的保障性住房政策中，符合政策目标的受惠家庭占 1990 年当时政策目标对象总数的 46%。目标家庭与受惠家庭不一致，会导致政策目标对象规模测算不准确，依此制定并供给的保障性住房中住进资格不符的家庭，使公共住房供给出现缺口，致使为了解决未能受惠的住房需求而要再多建公共住宅。

其次，公共租赁住房的供给标准未能充分考虑阶层之间及地区间的差异，而且国民住房基金不考虑租赁住房建设地区的市场特点，而是根据租赁住房的类型和规模提供贷款。以 50 年公共租赁住房为例，贷款标准参考的不是建造地点，而是按每户固定的金额提供融资支持。比较大城市与其他地区由住房用地成本与建筑成本构成的建造成本可知，大城市的建造成本相对较高，但提供的融资规模是一样的，因此贷款与建造成本比也就更低。大城市对公共租赁房的需求更高，因此应对大城市中的公共租赁住房提供比其他地区更多的融资支持（郑义澈，2001）。

再次，公共租赁房的标准房租也几乎没有反映阶层间与地区间的差异。有研究显示虽然永久租赁住房根据入住阶层采取不同的房租标准，但是设定的差额不合理，而且根据住房供给地区采取的差额租房抵押金与房租方案也有可能不合理（吴东薰，2000）。此外，50 年公共租赁住房的标准租赁抵押金主要依据成本决定，所有阶层间不存在差异。

政策目标对象的不明确性、各项公共租赁房工程支持标准的相异性、未考虑入住者支付能力的房租体系等衍生出影响阶层间垂直公平与水平公平问题。郑义澈（1999）与吴东薰（2000）的研究显示，永久租赁住房及 50 年公共租赁住房入住者利益分配具有累退性，地区间公平失衡。此外，受惠阶层与非受惠阶层间还存在公平问题，公共租赁住房的承租人以相对低的房租实现有房住，然而非入住阶层则需要支付相对高的租金才能享受同等居住水平。2003 年永久租赁住房入住者现状显示，非法定贫困人群（开设住房申购储蓄账户及贫困人群资格不符者）的入住率占 50%（河晟奎，2004）。

最后，公共租赁住房的管理不到位。张英姬（2003）的研究结果说明，尽管公共租赁住房的老化速度非常快，但因修缮专项公积金费率较低，长期修缮费用融资困难。同时，对承租者的物业管理也不到位，经常发生侵犯他人生活的事件，而且依靠人力管理的方式导致人工费支出高，相反修缮管理金等设施投资费融资困难，导致公共租赁住房及其配套设施老化及边缘化，最终增加社会成本。

3. 公共租赁房制度的完善措施

（1）公共租赁房类型多样化

公共租赁住房制度采取的主要方式是在城市近郊或新城市住房用地开发项目形成的用地上建造公共租赁住房小区，批量供给租赁住房。其优点是可以节省建造成本，扩大供给量，供给速度快，却存在离公共租赁住房入住对象阶层——低收入层的生活据点较远的空间错位（Spatial Mismatch）问题。为此，政府推出以低收入群体生活据点为中心供给租赁住房的购入多户住宅再租赁政策、传贳型租赁住房政策等。

购入多户住宅再租赁政策，采用购入住宅后再配租的方式，帮助最低生活保障家庭等低收入层居住在当前生活圈内，分为普通家庭型、共同生活家庭型、单身住房、针对棚户区住户提供的住房等，由国家财政预算负担45%，国民住房基金、项目施行方、入住者分别承担40%、10%和5%。截至2008年，政府共供给此类保障性住房2.5万多套，并计划未来每年供给7000套。

表 6 - 10 购入住宅再租赁总量与计划

单位：套

	合计	2004 年	2005 年	2006 年	2007 年	2008 年	2009 年	2010～2012 年
计划	53000	500	4500	6000	6500	7000	7500	7000
实绩	25037	503	4539	6339	6526	7130	—	—

资料来源：国土海洋部：《住宅业务便览》，2009。

公共租赁住房政策还致力于解决低出生率与老龄化问题。随着低出生率与老龄化趋势日益加剧，提升老年家庭的生活自立与居住稳定成为迫切需要解决的课题，为此政府出台了"老年住宅改造标准"，以应对老龄化社会。"老年住宅改造标准"综合老年人的健康等身体情况、房屋类型、房屋的老化及危旧程度、房屋的结构制约因素等，将房屋改造成提升住房稳定性与自立生活便利性的无障碍（Barrier-free）居住空间，由老年住宅稳定性基础标准（21条）与提升老年住宅自立性基础标准（17条）等共38条构成。针对低收入老年人，韩国政府开展了低收入老年人可承担的廉价老年国民租赁住房建设试点项目，在2005～2009年共审批了6000套住房的建设，还计划2010年再增加1500套老年国民租赁住房建设。

政府还积极支持购房能力低的低收入新婚夫妻购置自有住房，奖励结婚和生育。特别向无房低收入新婚夫妻供给使用面积小于60平方米的商品房和使用面积小于80平方米的租赁住房，并同时提供低息房租贷款及低息购房贷款。

（2）改善房租定价机制

公共租赁住房管理上最主要的问题是入住者支付的房租是根据建造成本确定的，并未考虑到入住者的支付能力。房租不能反映承租人的支付能力时，必然导致入住公共租赁住房获得的利益呈现累退性，而且地区间房租偏差也会导致地区间公平失衡。

郑义澈（2006）以大韩住宅公社与国土研究院2004年进行的《承租家庭居住调查》与《国民租赁住房入住者意识调查》数据为基础，分析国民租赁住房入住者享受的利益及不同收入水平和不同地区利益分配关系的研究显示，基于Hicks的等价变化（Equivalent Variation）测算的公共租赁住房入住者获得的利益随收入的增加而增加。研究还显示，不同地区入住者的利益偏差较大，以首尔为基础类型的地区虚拟变量的参数估计显示，当其他条件一定时，京畿道地区入住者获得的利益最高，其他大城市（釜山、大邱、大田）的入住者获得的利益相似，中等城市（全州、清州）地区最低，仁川地区入住者可获得的利益低于首尔及京畿道等首都圈。究其原因，公共租赁住房的房租定价与入住者的收入水平无关，而是与租赁住房的建造成本及租赁住房供给地区的房租挂钩。

2006年1月，政府出台了《国民租赁住房标准房租抵押金及标准房租》，修改了原有的房租和抵押金标准，引入了按面积和地区推行多样的抵押金和房租机制，并于 1 月 21 日以后适用于首次配租的租赁住房。根据告示，最低收入阶层主要入住的小户型租赁住房的房租押金大幅降低，扩大了实际入住机会，针对面积相对较大、超过 16 坪（1 坪相当于 3.3058 平方米）的租赁住房，引入面积系数，按面积推行多种房租押金等级，部分房屋租金升高。

过去，所有面积的租房押金按建造成本的一定比率确定，根据现行标准，使用面积 36 平方米以下的房屋押金降低到以往水平的 2/3，最低生活保障家庭的系数确定为 0.5。对于 16 坪以上面积的租赁住房，规模系数（使用面积/36）相应增大，使房租抵押金随面积增高，不过为了防止抵押金增长过多，规模系数的上限设定为 1.3。另外新标准又引入了地区系数，兼顾地区间居住成本差距的实际，保证地区间的公平，将全国分成三个区域，每个区域适用不同的地区系数，第一区域（首都圈地区中稠密限制区域及人口 50 万人以上城市）的地区系数为 1.15，第二区域（第一区域外的首都圈区域、直辖市、各道政府所在城市）为 1.0，第三区域（其他地区）为 0.85。2005 年 2 月以后开始配租的租赁住房的抵押金测算方式为建设成本的20% × 规模系数 × 地区系数。

目前还未有后续研究按照收入水平和地区对根据住房面积及地区确定的房租体系带来的利益分配进行分析，然而郑义澈（2006）通过模拟测算显示这种级差房租体系虽未能彻底解决不同收入水平间入住者利益累退性问题，但却呈现出缓解的趋势，不过地区间利益分配的公平性并未因地区系数的引入而有所改善。

由此可知，地区系数与规模系数无法保证基于建造成本确定租赁住房房租带给入住者利益的公平性。若要保障入住者的公平性，需要建立依据入住者的收入与资产情况确定房租的体系。政府自 2007 年开始施行根据入住者收入情况征收不同标准房租的试点工程。2007 年、2008 年和 2009 年，分别在 1 个地区、2 个地区和 3 个地区进行试点，根据收入情况确定房租标准，并综合评价所有的试行结果，最终在所有公共租赁住房小区推行按收入标准征收房租。

二 租房贷款及购房贷款

1. 租房（传贳）贷款

2005 年人口住宅普查结果显示，55.6% 的韩国家庭拥有自有住房，22.4% 家庭采用传贳租赁方式租屋，19% 为月租方式，换句话说，租屋而居的家庭中，60% 以上采用传贳租赁方式。传贳租赁是韩国独特的租赁方式，给房东押约合房子价格 60% 左右的金额，不交纳每月的房租费用，传贳房租贷款制度采用向传贳租赁家庭提供租金补贴方式。贷款者可以获得低于市面利率的低息房租贷款，因此可以说贷款者享受相当于市场利息与实际贷款利息间利息差额的隐性房租补贴。传贳房租贷款制度细分为低收入家庭传贳房租贷款、劳动者及平民房租贷款、既有住房传贳房租贷款、无父母家庭租房贷款等。

（1）传贳房租贷款制度与贷款总额

为保障贫困人群的居住稳定，1990 年起国民住房基金开始向城市贫困承租家庭提供低息房租贷款。贷款对象为签订一定金额以下传贳租赁合同的无住房家庭①，传贳租赁合同标准是首都圈稠密限制地区 7000 万韩元以下（月租方式：月租 ×50），首都圈其他地区及直辖市 5000 万韩元以下，其他地区 4000 万韩元以下。贷款人的房屋面积规定为使用面积不超过 60 平方米，不过道知事及市长可结合当地实际情况将房屋面积标准上调至 85 平方米。低收入家庭租房贷款年利率为 2%，15 年分期偿还（在贷款额 50% 的范围，可选择到期日一次偿还），贷款总额在不超过各地传贳房租的 70% 及承租住房传贳房租 70% 的范围内，根据申请者的收入与负债等信用等级和抵押种类确定。

劳动者及平民房租贷款是一种向户主（不包括单人户户主）为年薪（收入）在 3 千万韩元以下，截至贷款申请日前 6 个月以上无住房的劳动者及平民提供的贷款。申请贷款家庭的使用面积需在 85 平方米以下，在传贳房租

---

① 家庭收入在最低生活费 2 倍以下者、拥有《汽车管理法令》定义的中型以上汽车或房地产者除外，家庭抚养的子女数在三人或以上家庭的可贷款总额上调 1000 万韩元。

70%的范围内，最多可贷款6000万韩元（抚养3个子女的家庭贷款额可至8000万韩元），年利率为6.5%，和贫困层传贳房租贷款一样，可在2年内一次性偿还（续约时，可延长2次贷款期限）。

由国民住房基金传贳房租贷款情况（见表6-11）可知，国民住房基金对传贳房租贷款持续增加。1996年对低收入家庭传贳房租贷款额仅为730亿韩元，2002年增长到4800亿韩元，是1996年的6.6倍。2004年开始低收入家庭的房租贷款总额虽有所回落，不过加上既有住房传贳房租贷款与无父母家庭租房贷款，传贳房租贷款重新增多，2008年超过1万亿韩元。

表6-11 国民住房基金传贳房租贷款情况

单位：亿韩元

时间	低收入家庭	劳动者及平民	其他	小计(A)	贷款总额(B)	比率(A/B)×100
1996	730	500		1230	46283	2.66
1997	750	700		1450	46271	3.13
1998	750	1300		2050	55894	3.67
1999	3000	2500		5500	74492	7.38
2000	1692	9608		11300	84199	13.42
2001	2442	7169		9611	102092	9.41
2002	4800	4808		9688	70036	13.83
2003	4854	9647		14501	78897	18.38
2004	2000	6646	2	8648	71868	12.03
2005	2499	11257	1486	15242	100158	15.22
2006	2777	15348	2810	20935	117403	17.83
2007	3178	21897	3453	28528	100418	28.41
2008	3707	32170	6309	42186	95028	44.39

注：其他为既有住房传贳房租贷款与无父母家庭租房贷款总额。

资料来源：国土海洋部：《国民住房基金业务便览》，2009。

劳动者及平民传贳房租贷款在1996年仅为500亿韩元，而到了2003年增长了约18倍，共计约9600亿韩元，2005年超过1万亿韩元，2006年超过1.5万亿韩元，2008年达到约3.2万亿韩元。

传贳房租贷款占国民住房基金贷款的比重也呈持续增长趋势，2000年占比超过10%，从2002年起一直维持在10%以上水平，2007年达到

28.4%，2008 年高达 44.4%。

（2）传贳房租贷款制度完善措施

政府长期以来施行的传贳房租贷款主要为低收入家庭、劳动者及平民房租贷款，但是近年来为解决以近郊及新城市为中心供给的公共租赁住房引起的空间错位问题，以及稳定无父母家庭等社会弱势群体的居住情况，传贳租房贷款的种类也日趋多样化。

既有住房传贳房租贷款是 2008 年 8 月出台的保障政策，由韩国土地公社或地方公社签订既有住房的租房合约，再低价转租给低收入层，旨在保障城市内的最低收入阶层可以以当前收入继续住在原有生活圈，保障住房稳定。房屋面积在 85 平方米以下，贷款额度首都圈每户为 7000 万韩元，其他直辖市每户 5000 万韩元，其他地区为每户 4000 万韩元，年利率为 2%，贷款合约以一年为单位延长。

既有住房传贳房租项目的入住对象为最低生活保障家庭与单亲家庭（第一位）、城市劳动者月平均收入 50% 以下者及残障人士（第二位），首次居住时间为 2 年，可续约四次，最长可居住 10 年；押金是传贳房租的 5%，每月支付扣除押金以外的贷款金额的利息（年利息 2%）。以 7000 万韩元的传贳租赁房为例，入住者需缴纳 350 万韩元的押金，每月的房租为 11 万韩元。

无父母家庭租房贷款以青少年、父母因交通事故死亡的孤儿、寄养在亲属或其他家庭的青少年、离开儿童福利机构的青少年等为对象，提供国民住房基金贷款解决租房负担，稳定社会弱势群体、儿童与青少年的居住生活，该政策于 2004 年 10 月开始施行。贷款对象需为家庭月平均收入低于前一年城市劳动者家庭月均收入的无住房家庭，贷款家庭的住宅使用面积不超过 85 平方米，贷款总额首都圈 7000 万韩元，其他直辖市 5000 万韩元，其他地区 4000 万韩元，贷款为无息贷款，可贷至 20 岁①。

2. 购房贷款

国民住房基金的购房贷款制度始于 1994 年，旨在保障无住房劳动者的居住稳定，2000 年购房贷款对象范围扩大至劳动者以外的普通国民，包括劳

---

① 满 20 周岁时，可申请低收入家庭传贳房租贷款，贷款期以一年为单位，最多可贷款 5 年。

动者及平民购房贷款、劳动者及平民住房按揭款贷款、首套住房购房贷款等。

劳动者及平民购房贷款制度于 1994 年引入，旨在解决无住房劳动者的住房问题，2000 年范围扩大至劳动者以外的普通大众。申请贷款时，借款人需符合无住房、具有一定收入的劳动者或平民的条件，住房贷款的房屋应已竣工，使用面积需在 85 平方米以下，并且要低于贷款条件规定的住房价格。

对贷款家庭的收入规定、贷款总额、利率等不断调整，2006 年 2 月以前，对贷款家庭的收入（夫妻合计年收入）规定为 3000 万韩元，之后下调至 2000 万韩元；贷款总额持续上调，2001 年由 5000 万韩元增至 6000 万韩元，2003 年 4 月又扩大到 1 亿韩元。1994 年的贷款年利率为 8%，与市场利率挂钩波动，1998 年 4 月年利率涨至 11%，其后持续下降，目前年利率保持在 5.2%。截至 2008 年，低息贷款仅向房屋价格在 3 亿韩元以下的家庭提供，偿还方式采用 1 年延付 19 年（或 3 年延付 17 年）等额本息分期付款方式。

劳动者及平民住房按揭贷款的对象为购置依据住宅建设开发规划许可建造供给的商品房并已支付 10% 以上房款者，或是根据《住宅法》及《城市再开发法》成立的地区、企业、重建、再开发委员会的成员，并已缴纳 10% 的分摊款者，贷款家庭的收入标准、利率、贷款住房面积和房价与上述劳动者及平民购房贷款一致。

首套住房购房贷款旨在扩大无房户的购房机会，缓解住房贷款负担，针对第一套房屋使用面积在 85 平方米以下的购房者提供部分住房贷款。该制度于 2001~2003 年短期实行后，再于 2005 年重新启动，并于 2006 年 11 月中止。

申请首套住房购房贷款者的年收入需在 3000 万韩元以下，截至申请时包括户主在内所有家庭成员均不保有住房。申请贷款者的贷款住房需为使用面积小于 85 平方米，且房屋总价低于 3 亿韩元的现房或已获得建设许可、正在建造中的期房。贷款额度由 2001 年的 7000 万韩元增加到 2005 年的 1.5 亿韩元，贷款年利率由 2001 年的 6% 下降至 2005 年的 2.2% 后，2006 年小幅上涨至 5.7%，贷款期限与劳动者及平民购房贷款一致。

根据表 6 - 12 的购房贷款趋势可知，购房贷款与房价有着密不可分的联系。在房价大幅上涨的 2005 年和 2006 年，每年住房贷款超过 3.5 万亿韩元，但随着房价上升速度放缓，贷款额也呈现出减少的趋势。2005 年以前住房贷款约占个人贷款总额的 60%，但从 2005 年开始占比逐年递减，2005 年住房贷款约占贷款总额的 36%，此后持续减少，2008 年达到 17%，与表 6－11 所显示的传贳租房贷款逐年递增呈明显对比。

表6–12　国民住房基金购房贷款情况

单位：亿韩元

年份	劳动者及平民购房	购买首套房	小计（A）	个人贷款总额（B）	贷款总额（C）	（A）/（B）×100	（A）/（C）×100
2001	13784	3555	17339	27207	89301	63.73	19.42
2002	3426	8796	12222	22172	69979	55.12	17.47
2003	1986	18579	20565	35784	78897	57.47	26.07
2004	15563	1714	17277	26839	71868	64.37	24.04
2005	26106	9710	35816	52316	100158	68.46	35.76
2006	11976	25121	37097	60009	117403	61.82	31.60
2007	19239	1099	20338	48929	100418	41.57	20.25
2008	15647	822	16469	60100	95029	27.40	17.33

注：劳动者及平民住房贷款包括劳动者及平民按揭贷款。
资料来源：国土海洋部：《国民住房基金业务便览》，2009。

第三节　主要住房保障政策评价

韩国的住房保障政策主要可分为公共租赁住房供给与依托国民住房基金的传贳租房及购房贷款等。截至目前，已有众多研究分析过住房保障政策，本节参考裴舜锡等（2008）的研究，从效率、公平、效果、行政简单性及市场扭曲最小化等五个方面进行评价。

一　评价标准

效率可通过为获得 1 个单位的利益需要支付多少成本来进行评价，可以从生产方面和消费方面进行评价，不过要从计量经济学角度分析生产方面的话，需要设定住房生产函数等，假设比较复杂，因此本文从相对容易的消费层面着手评价韩国的住房保障措施。

公平是评价政府的保障资源是否公平分配的标准，可分为垂直公平与水平公平。垂直公平是以向收入水平低的阶层提供更多利益为标准，衡量水平公平的尺度是收入水平相同的群体享受的利益也应同等。

效果主要评价政策目标与对象设定是否合理，以及政策的目标是否准确实现；行政简单性是评价政策或政府项目落实到实践以及政策效果惠及政策对象的过程的复杂程度；市场扭曲最小化评价的是政府政策造成市场扭曲的程度。

二　各标准具体评价内容

1. 效率

表 6-13 评价了公共租赁住房与国民住房基金中传贳租房贷款及购房贷款的效率。根据 Hicks 的等价变化（Equivalent Variation）分析可知国民租赁住房与收购住宅再租赁措施的费用/效益比为 0.78 左右，但是劳动者及平民传贳房租贷款、低收入家庭传贳房租贷款与劳动者及平民购房贷款的费用/效益比为 0.72~0.75。

表 6-13　各项政策措施的效率

政策措施		消费效率	生产/管理效率	间接效果	
				成本	效益
供给方面	国民租赁住房	0.782	- 生产及管理过程存在非效率性	- 产生社会距离 - 社会烙印	- 保障最低居住标准 - 扩充租赁住房存量 - 稳定租房市场
	购入多户住宅再租赁	0.665~0.806	- 购入及管理过程存在非效率性	- 产生部分社会距离	- 保障最低居住标准
需求方面	劳动者及平民传贳房租贷款	0.720		- 难以保障最低居住标准	- 易于不同阶层间的社会融合
	低收入家庭传贳房租贷款	0.720		- 难以保障最低居住标准	- 易于不同阶层间的社会融合
	劳动者及平民购房贷款	0.754			- 易于不同阶层间的社会融合 - 有助于社会稳定与区域社会发展

注：裴舜锡、陈正洙、金升钟等：《平民住房保障扩大政策的评价与未来政策方向》，国土研究院，2008，p.167。

　　分析上述结果可以得出这样的结论，即政策对象的收入水平越低，支持金额越少时，消费效率就越低，这是因为低保家庭即使在政府的支持下，其居住水平也难以改善所致，尤其是在购入多户住宅再租赁项目中，支持的规模越少，供给对象的收入水平越低时，消费效率越低的结果与传贳房租贷款的消费效率低也都与此有关。公共租赁住房供给的生产与管理暴露于非效率的可能性极高，而国民租赁住房在生产层面、购入多户住宅再租赁住房在管理层面上存在效率低的可能性也很高。

　　无法直接量化的间接成本与效益也是衡量政策效率的尺度。国民租赁住房保障了入住者一定水平的最低居住标准，扩充了租赁住房存量，稳定了租房市场，然而随着低收入家庭群居在一处，有可能诱发社会差距以及打上社会地位低的无形烙印，这些都将增加社会成本。

　　与公共租赁住房相比，租房贷款或购房贷款政策易于不同阶层间的社会融合，尤其是购置自有住房具有促进社会稳定与社会发展的间接效益，但相比公共租赁住房，又具有保障最低居住标准难的间接成本。

2. 公平

　　表 6-14 的各地区政府支持金额与收入比与表 6-15 的评价结果显示，在同一城市或地区，国民租赁住房的支持金额与收入比最高，其次为购入多户住宅再租赁住房。国民住房基金贷款中，对申请低收入家庭传贳房租贷款家庭的支持金额占收入比最高，其后依次为劳动者及平民传贳房租贷款和劳动者及平民购房贷款。因为国民租赁住房及政府购买住宅再租赁住房的入住

表 6-14　各项政策措施支持金额与收入比

区域	国民租赁	购入多户住宅再租赁	劳动者及平民传贳房租贷款	低收入家庭传贳房租贷款	劳动者及平民购房贷款
首尔市	0.449	0.143	0.065	0.108	0.089
首都圈	0.249	0.130	0.053	0.092	0.083
其他直辖市	0.217	0.111	0.049	0.087	0.068
其他城市	0.197	0.127	0.046	0.083	0.060

　　资料来源：裴舜锡、陈正洙、金升钟等：《平民住房保障扩大政策的评价与未来政策方向》，国土研究院，2008，p. 169。

表 6 – 15　各项政策措施公平性评价

政策		垂直公平	水平公平	评价内容
供给方面	国民租赁住房		收入增加时,支援金额占收入比重减少	– 仅入住者受惠 – 越是边缘城市,支援金额占收入比重越少 – 不同政策的支援金额不同
	购入多户住宅再租赁		收入增加时,支援金额占收入比重减少	– 仅入住者受惠 – 越是边缘城市,支援金额占收入比重越少 – 不同政策的支援金额不同
需求方面	劳动者及平民传贳房租贷款		收入增加时,支援金额占收入比重减少	– 越是边缘城市,支援金额占收入比重越少 – 不同政策的支援金额不同
	低收入家庭传贳房租贷款		收入增加时,支援金额占收入比重减少	– 越是边缘城市,支援金额占收入比重越少 – 不同政策的支援金额不同
	劳动者及平民购房贷款		收入增加时,支援金额占收入比重减少	– 越是边缘城市,支援金额占收入比重越少 – 不同政策的支援金额不同

资料来源：裴舜锡、陈正洙、金升钟等：《平民住房保障扩大政策的评价与未来政策方向》,国土研究院,2008,p. 170。

者的收入水平低于享受传贳房租贷款家庭的收入水平,由此可知收入增加时,支持的金额与收入比下降,达到了一定程度的垂直公平。

然而比较各地区同一政策措施的支持金额与收入比显示首尔的比值最高,其他城市最低,说明地区间的公平没有得到保障,出现地区间失衡的主要原因在于支援金额是基于当地的房屋价格或房租价格确定的。

3. 效果

表 6 – 16 综合了对各政策措施效果的评价,评价政策目标及对象设定的合理性,以及各项政策措施是否实现了既定的政策目标。国民租赁住房的政策目标是稳定低收入群体的住房,扩充租赁住房的存量,目标的方向设定准确,但是在部分地方自治体存在为解决国民租赁住房空置问题而将入住范围提高到中等收入家庭的问题。公共部门收购住宅再租赁住房政策与国民租赁住房一样,其政策的对象也是低收入家庭,特别是低保户等最低收入群体,其政策对象选择具有合理性。

传贳房租贷款或购房贷款政策目标为保障无房劳动者或低收入群体的住房,因此申请家庭也要符合这些条件才能成功贷款,所以政策目标与政策对

象都很合理。然而劳动者及平民购房贷款申请者的年收入标准低于 2000 万
韩元，导致实际可利用此政策的家庭极有限，有必要提升收入标准，向具备
实际支付能力的家庭扩大。

表 6 – 16　各政策措施效果评价

政策措施		政策目标及对象确定是否合理	政策目标实现与否
供给方面	国民租赁住房	– 政策目标:稳定低收入层的住房需求,扩充租赁住房存量 – 部分城市将范围扩大至中等收入群体	– 居住水平改善,满意度升高,政策目标达成 – 若提高收入标准时,政策的受益群体有可能转向非目标对象者
	收购多户住宅再租赁	– 政策目标:稳定低收入层的住房需求 – 低保户为主,政策对象设定合理	– 居住水平改善,满意度升高,政策目标达成 – 若提高收入标准时,政策的受益群体有可能转向非目标对象者
需求方面	劳动者及平民传贳房租贷款	– 政策目标:稳定无房劳动者的住房需求 – 年收入在 3000 万韩元以下家庭,政策对象设定合理	– 有助于实现稳定无住房劳动住房需求的政策目标 – 购房贷款的资格应扩大到具有实际可购房能力的家庭
	低收入家庭传贳房租贷款	– 政策目标:稳定无房劳动者的住房需求 – 以低保户为主,政策对象设定合理	– 有助于实现稳定无住房劳动住房需求的政策目标 – 购房贷款的资格应扩大到具有实际可购房能力的家庭
	劳动者及平民购房贷款	– 政策目标:稳定无房劳动者的住房需求 – 年收入在 2000 万韩元以下家庭,政策对象有限	– 有助于实现稳定无住房劳动住房需求的政策目标 – 购房贷款的资格应扩大到具有实际可购房能力的家庭

资料来源:裴舜锡、陈正洙、金升钟等:《平民住房保障扩大政策的评价与未来政策方向》,国土研究院,2008, p. 171。

4. 行政简单性

表 6 – 17 按各政策措施分析了行政简单性程度，从供给方面看，政策从
执行到入住至少需要一年多的时间，而且涉及的机构超过四五处，行政流程
复杂，但是因为收购住宅再租赁形式无需直接建造生产住宅，所以与国民租
赁住房相比，行政过程较简单。从需求方面来看，贷款政策的主要施行方式

为代理实施的部门（地方政府）先确定支持对象，再由金融机构进行比较简单的信用调查后予以贷款，因此政策从实施到效益转达至需求者的时间相对较短。

表 6–17　各项政策措施行政简单性评价

政策措施		评价内容
供给方面	国民租赁住房	– 有关机构多样，纷繁复杂 – 政策从开始施行到过程复杂，时间长 – 收购住宅后再转租的政策比国民租赁住房政策的流程相对简化，从开始施行到入住的时间短
	收购多户住宅再租赁	– 有关机构多样，纷繁复杂 – 政策从开始施行到过程复杂，时间长 – 收购住宅后再转租的政策比国民租赁住房政策的流程相对简化，从开始施行到入住的时间短
需求方面	劳动者及平民传贳房租贷款	– 有关机构简单 – 政策从开始施行到产生实际效果的过程简单，所需时间短
	低收入家庭传贳房租贷款	– 有关机构简单 – 政策从开始施行到产生实际效果的过程简单，所需时间短
	劳动者及平民购房贷款	– 有关机构简单 – 政策从开始施行到产生实际效果的过程简单，所需时间短

资料来源：裴舜锡、陈正洙、金升钟等：《平民住房保障扩大政策的评价与未来政策方向》，国土研究院，2008，p. 172。

5. 市场扭曲最小化

无论采取何种住房保障政策，市场必然会受到政府的干预，产生扭曲现象。政府干预市场是基于住房的公益品特性，旨在提高低收入群体的居住水平，提升居住福利，政府的干预可以在一定范围内影响市场，然而市场扭曲程度应尽量保持在最低。

表 6–18 分析了各项政策措施影响市场的情况。在国民租赁住房中有部分低收入家庭未入住，而中等收入家庭也拖延入住日期，产生房屋闲置问题，而且使中等收入家庭和低收入家庭的住房需求发生变化，住房市场发生扭曲的可能性大。自从"参与政府"以来，韩国社会一直强调社会融合，

所以可以考虑通过按入住者的收入水平确定房租价格，或是向低收入家庭提供一定租房补贴等方式，提升入住者的收入水平，扩大入住群体范围，这样既可以实现社会融合，又能使市场扭曲最小。

表6-18 各项政策措施市场扭曲程度评价

政策措施		评价内容
供给方面	国民租赁住房	- 政府因住房市场失衡进行的市场干预性质强 - 国民租赁住房的对象家庭扩大至中等收入家庭,存在市场扭曲的可能性 - 如果社会融合是不可避免的话,建议引入市场亲和型举措
	购入多户住宅再租赁	- 政府因住房市场失衡进行的市场干预性质强 - 国民租赁住房的对象家庭扩大至中等收入家庭,存在市场扭曲的可能性 - 如果社会融合是不可避免的话,建议引入市场亲和型举措
需求方面	劳动者及平民传贳房租贷款	- 政府因住房市场失衡进行的市场干预性质强 - 通过调节需求实现目标,市场扭曲的可能性不大
	低收入家庭传贳房租贷款	- 政府因住房市场失衡进行的市场干预性质强 - 通过调节需求实现目标,市场扭曲的可能性不大
	劳动者及平民购房贷款	- 政府因住房市场失衡进行的市场干预性质强 - 通过调节需求实现目标,市场扭曲的可能性不大

资料来源：裴舜锡、陈正洙、金升钟等：《平民住房保障扩大政策的评价与未来政策方向》，国土研究院，2008，p. 173。

第四节 韩国住房保障政策的特点及启示

长期以来，韩国充分利用供给和需求手段，出台了多样的住房保障政策。在供给方面，供给各种类型租赁住房，在需求方面，由国民住房基金提供资金贷款，致力于提升低收入群体的居住福利。本节将通过分析韩国住房保障政策的特点，探讨韩国的住房保障政策带来的启示。

一 住房保障政策以租赁住房供给为中心

韩国低收入群体的住房保障政策以租赁住房供给为中心，租赁住房政策于"国民政府"时期推出,"参与政府"和当前的"实用政府"相继延续了这一政策。"参与政府"在执政末期出台了100万套国民租赁住房、50万套长期租赁住房等未来10年建造150万套租赁住房的供给计划,而"实用政府"也在150万套安乐居供给政策中计划供给"80万套"租赁住房。

注重以租赁住房供给为中心的住房保障政策的实施原因在于,政府认为韩国具有长期属性的租赁住房存量不足。如前所述,截至2008年年底韩国租赁住房存量仅占韩国住宅存量总额的9.5%,而长期性的公共租赁住房仅占4.1%;只有长期性的租赁住房存量积累达到一定程度时,低收入群体的主要市场——租赁市场才能稳定。韩国的房屋租赁市场中,私人产权房屋租赁所占规模非常高,2005年韩国人口住宅普查数据显示,41.1%的家庭相当于657万家庭以传贳方式、押金加月租方式以及月租方式租屋而居。2008年政府发布的住在租赁房的家庭总数约为134万户,因此还有523万户家庭(79.6%)租赁在私有产权的住宅内。即使私有产权住宅当前处于出租状态,然而这些房屋随时都有可能出售,因此难以用作长期性的租赁住房。

房租补贴可以成为替代租赁住房的住房保障方案,通过政府提供房租补贴,帮助低收入家庭在其希望的地区选择适当面积的住宅,因此与政府直接建造供给租赁住房相比,在消费效率方面更优越。若要房租补贴制度有效地提升低收入群体的居住水平的话,则需要房租补贴导致的房租上升幅度应尽量小一些,不过因为租赁住房的供给弹性极低,房租补贴导致的房租上升幅度可能极大。因此政府还需要持续地供给租赁住房,直到租赁住房存量达到一定水平,房屋租赁市场形成稳定运作的条件为止[1]。

二　租赁住房供给以公共部门为主导

韩国的租赁住房供给由公共部门主导,由表6-8可知,截至2003年租赁住房的供给还是由民间部门负责,然而自2004年起公共部门的租赁住房供给占总供给量的比重极大。2003年以来(除2007年外),由民间供给的

---

[1]　2005年经合组织成员国平均廉租住房存量占总住房存量比率为11.5%,欧洲国家平均为13%,欧洲发达八国的平均值为18.7%。

租赁住房均未超过一万套，2004 年民间在租赁住房建造方面的供给为 4.35%，而 2005 年仅为 2.63%。与此相反，公共租赁住房的供给量自 2004 年开始就已接近或超过 10 万套，占住宅供给总量的 23%～32%。

公共部门在主导租赁住房供给时应考虑以下几点。

第一，从国家经济整体方面看，由公共部门供给租赁住房究竟是否有效，也就是说公共部门与民间部门在效率方面的竞争中，公共部门是否有优势。公共部门利用政府职权，可以迅速大量地供给租赁住房，而民间不具有这样的权限，所以租赁住房供给速度自然较缓。众所周知，与民间部门相比，公共部门在生产过程中产生各种行政成本，而且还要负责租赁住房供给后的房屋管理，因此在生产与管理方面的效率性不高。政府为公共租赁住房供给提供低廉的建设用地支持、财政支持、国民住房基金的建设贷款、各种税收优惠等多样的明显的或隐形的支持。虽然对于民间部门在获得相同支持时供给的效率是否提高还没有具体的研究成果，然而依据公共部门与民间部门有关生产效率的一般性经济理论，民间部门的效率会更高。

第二，公共部门的租赁住房供给要具有可持续性（Sustainability）。“参与政府”曾推行过 10 年供给 100 万套公共租赁住房政策，而“实用政府”也启动了 80 万套公共租赁住房计划，然而如此大量的租赁住房供给究竟具有多少可实现性呢？若要持续地供给公共租赁住房，不仅需要巨大的资金投入，建设用地也是必不可少的要素。据估算建设“参与政府”计划的 100 万套公共租赁住房所需的建设用地约要 1.4 亿坪，这些建设用地应位于公共租赁住房政策对象——低收入家庭相对聚居的大城市中，然而这在现实中是受到制约的。此外，所需的财政资源也会持续增加，因为即便不考虑建筑成本增加因素，也要考虑到建筑用地不可能无限供给，所以随着租赁住房建设用地的持续增加，以大城市为中心的可用建设用地减少，导致土地补偿费增加。

如果仍需要持续供给租赁住房，建议可积极利用民间的力量。通过民间部门建造供给的公共租赁住房比例截至 2002 年仍超过 30%，然而近来还不足 10%。民间部门的公共租赁住房供给持续减少的原因在于其间由于商品房价格持续攀升，商品房开发的利润远高于租赁住房建设开发所致。近来随着房价稳定，民间部门商品房开发的利润率有所下降，公共租赁住房供给增加，然而因为商品房出售与租赁的性质不同，所以要通过租赁住房建设克服商品房建设开发的利润问题是有困难的。

综合考虑住宅的市场性、投资的回收期等因素，租赁的期限越长，利润差异就越大。根据张大源与朴宪注（2004）的研究，使用面积为 18 坪、租赁期为 5 年的公共租赁住房与相同面积的商品房的比较显示，租赁住房的净现值仅为商品房的 58%，也就是说为了保障净现值一致，需要提供一定规模的基金支持、下调利率、提高标准工程造价、土地出让价格优惠等。

因此与那些要求资本周转速度较高的建筑企业相比，应以注重稳定的运营利润、资金运营方式采取长周转期的企业为对象，给予各种奖励措施，吸引这些企业参与租赁住房的建设。最近韩国政府为了促进民间部门积极参与到租赁住房建设项目中，出台了税收优惠等鼓励机制，政府不用直接建造租赁住房，也可以通过减免税收等鼓励机制，吸引民间开发商投入到租赁住房开发中，供给大量的租赁住房。

过去十年间，美国就是凭借低收入住房税收补贴计划（Low Income Housing Tax Credit，LIHTC），成功引导民间部门向低收入家庭供给约 167 万套租赁住房，占同期竣工公共住宅的 15.5%。美国的低收入住房税收补贴计划保障了参与低收入租赁住房开发项目企业的利益，使低收入住房税收补贴计划可以自行运作（Jang Kyoung-Seok 与 Seong Joon-Baek，2009）。根据 Jang Kyoung-Seok 与 Seong Joon-Baek（2009）对韩国引入美国低收入住房税收补贴计划进行的可行性研究，如果调整针对廉租住房小区房租的税收补贴时，税收补贴额与既有的国民租赁住房供给所需的补贴总额相似，不产生额外的公共负担。低收入住房税收补贴计划不同于以往由公共部门主导的租赁住房供给政策，它以全新的方式引导民间部门参与租赁住房建设，具有深远的意义。

三　政策措施多样化

"参与政府"以来，住房保障政策措施日趋多样化，过去主要是在城市远郊建造大规模的租赁住房小区并向需求者供给，虽然这种供给方式具有可以节省租赁住房建造成本（特别是建造用地成本）的优势，然而却远离需求者——低收入家庭的主要生活据点，导致部分小区发生房屋空置现象，或者入住家庭的满意度低等问题。"参与政府"计划通过同时在城市中心建造供给租赁住房的方式解决上述问题，包括收购住宅再租赁方式与传贳型租赁住房等。由公共部门收购市区内的住房或签订传贳租房合同后再转租给低收入家庭，优势是低收入群体无需改变生活据点，而在原生活据点内，以低廉的租金实现有房住。另外，还将收购住宅再租赁的租赁住房分为普通家庭型、共同生活家庭型、单身住房、针对棚户区住户提供的住房等，这种根据不同需求制定的详细供给方案考虑了未来人口及家庭结构的多样化、收入阶层差异导致的低收入层的住房需求。

国民住房基金传贳房租贷款也同样考虑了人口及家庭结构变化和低收入群体的住房需求。传统的传贳房租贷款制度以低收入家庭传贳房租贷款和劳动者及平民传贳房租贷款等两个方面为主，然而2004年开始出台了新的传贳房租贷款制度，旨在解决无父母家庭等社会弱势群体的住房问题。新制度的贷款对象为无父母家庭、父母因交通事故死亡的孤儿、寄养在亲属或其他家庭的青少年、离开儿童福利机构的青少年等未满十八岁的户主，因此住房保障政策与应对贫困儿童及青少年问题等社会政策紧密挂钩。

"实用政府"开始执政后，将兼顾"保障居住稳定与促进资产形成"作为主要住房保障政策方针，出台了股份型租赁住房政策，与往届政府相比，采取了明显不同的措施。股份型租赁房是在入住前先缴纳一定金额的押金获得房屋的部分产权后，在居住期内分阶段支付剩余房款取得房屋的完整产权，最终拥有自有住房，根据入住者的个人努力与否，可相对快速地拥有产权。此类促进资产形成的保障政策根据个人的努力程度，可改变居住者的地位，而且从长远来看将节省公共租赁住房供给或房租补贴制度等有限的政府财政资源，提高政府财政资源的效率。

"实用政府"还推出了另一项旨在"促进资产形成"的政策——股份型安乐居住房。股份型安乐居住房是指在公共部门开发的住房用地上建造的小户型住房，以低于市场的价格向无住房者发售。"实用政府"的安乐居住房供给计划拟在未来十年供给的150万套住房中，供给股份型安乐居住房70

万套，约占47%。从住房普及率来看，毋庸置疑的是，以首都圈为中心的住房存量仍不充足，住房品质还有待改善，因此需要持续地供给新建住宅，保障支付能力不足的家庭在政府的支持下实现有房住。不过少数运气好的购房者以低于市场价30%～50%的价格购置住房并不是促进资产形成这一住房保障政策的本质。与周围房价相比，相对低廉的房屋价格会产生资本利得（Capital Gain），当资本利得越高时，竞争就会越激烈，便需要建立一套复杂的资源分配机制，而在这一过程中又会发生交易成本，同时也很难保证资源分配必然会有效运作。促进资产形成的住房保障政策应公平公正，鼓励个人辛勤工作，保障劳有所获，劳动与收获均衡。

四　不同收入阶层的住房保障政策方案

为了住房保障政策可以为政策对象家庭提供合理的政策方案，提升居住水平，首先需要针对各收入阶层设计不同的住房保障政策方案。按照各种政策措施，选择适当的政策对象家庭，提高政策的效率，并使所有政策措施相互联系，以维持政策的水平公平和垂直公平。"参与政府"针对不同收入阶层制订的住房保障支持方案，以及"实用政府"施行的不同类型住房供给体系都揭示出应通过不同政策方案或不同住房供给类型，提升不同收入群体的住房福利。

为了保障不同收入阶层的住房保障政策方案可以有效运作，首先要建立一个可以准确把握每户家庭收入情况的体系。如果不能准确把握家庭收入的话，就不能准确判断向谁提供何种政策方案，而且在现实中也发生过超出相应政策规定的收入标准的家庭享受政府支持的问题，这不仅导致财政资源的浪费，而且有可能激化不同收入群体间的公平问题。国土研究院（2002）的分析结果显示，京畿道地区国民租赁住房的入住者中有35%的家庭收入标准超过对入住者的收入规定，而大韩住宅公社（2002）的分析结果显示首都圈和非首都圈分别有21.7%和13.3%入住者的收入水平超过标准，其中个体经营者的比例相对较高，这是因为个体经营者的收入较难确认，同时准入资格审定时只考虑收入水平，并未考虑收入以外的其他资产保有情况。

　　从长远来看，超过入住规定收入标准的家庭数量持续增加时，国民租赁住房提供给实际需要阶层的机会将减少，而且为了满足未能受益的政策对象家庭，政府还需要再增建国民租赁住房。近来由于 IT 技术的发展，通过计算机联网可以了解经济主体的各项收入活动，把握家庭收入能力与过去相比得到显著改善，上述问题将会大幅减少。

　　不同收入阶层的住房保障政策方案应保障水平公平与垂直公平，所有政策方案应与收入水平挂钩，系统地运作。为此，应结合公共租赁住房与传贳房租贷款、购房贷款制度等间接支持制度，建立测定每项方案的入住者利益，并保障入住者利益按照收入水平实现公平分配的结构。最近公共租赁住房工程正在试点进行根据收入标准收取不同等级房租的措施，而未来构建此类体系将是所有住房保障政策方案所要解决的重要课题。

参考文献

[1] Jang Kyoung-Seok，Seong Joon Baek：《关于利用租税政策的租赁住房供给的研究：以美国 LIHTC 计划为中心》，《住宅研究》2009 年第 17（3）期。

[2] Kim Hye-Seung、Song Ha-Seung，Yoon Ju-Hyun：《住房保障支持及传达体系构建方案研究》，国土研究院，2004。

[3] Lee Young-Man：《李明博政府的住房政策转型与安乐居住房》，韩国房地产分析学会与韩国住宅学会联合政策研讨会论文，2009。

[4] Yoon Ju-Hyun，Kim Hye-Seung：《住房保障制度的评价与改善方案》，国土开发研究院，1997.

[5] 河晟奎：《住宅政策论》，博英社，2004。

[6] 金京焕、徐昇焕：《都市经济》，弘文社，2009。

[7] 裴舜锡、陈正洙、金升钟等：《平民住房保障扩大政策的评价与未来政策方向》，国土研究院，2008。

[8] 吴东薰：《关于韩国大城市公共租赁住房入住者效益的研究》，《韩国政策学会报》2000 年第 9（3）期。

[9] 张大源、朴宪注：《通过与商品房的收益性比较研究租赁住房支持政策的改善方案》，《住宅研究》2004 年第 12（1）期。

[10] 张英姬：《公共租赁住房房租及供给体系改善方案》，首尔市政开发研究院，

2003。

［11］郑义澈：《关于公共租赁住房入住者效益分配的研究》，《公共财政论文集》1999 年第 13（2）号。

［12］郑义澈：《国民租赁住房效益估算及房租调整的效益分配效果》，《住宅研究》2006 年第 14（3）号。

［13］郑义澈：《韩国租赁住房的现状与课题》，《住宅》2001 年春季号。

第七章
中国住房保障制度建设及政策

中国的住房保障制度随着住房制度改革的推进和深化而不断演变。不同时期的住房保障有不同特点。改革开放以来，中国城镇居民住房条件有了较大改善，1978 年全国城镇居民人均建筑面积为 6.7 平方米，20 世纪 80 年代末期国家提出住房分配制度改革，1998 年以后停止住房实物分配，同时培育和发展房地产市场，到 2011 年年底，全国城镇居民人均住房建筑面积约为 32.7 平方米。但随着住房市场化速度的加快，城镇居民住房的增量已主要来自于商品住宅，但是由于发展不平衡，市场体制处于不断完善之中。近年来，在房价高企的情况下，最低收入居民住房比较困难，住房保障制度建设逐步推进，政策逐步完善。

第一节　住房保障制度内涵

住房是人类的基本生存条件，也是基本生活需求。人人享有合适的住房，也是联合国千年发展目标的重要内容。住房是最昂贵的生活必需品，低收入阶层难以依靠自身力量解决其住房问题，政府有责任建立合适的住房保障制度，满足居民基本的住房需要。

一　住房问题

1. 城市住房问题

城市住房问题是住房问题的焦点。城市住房问题是从住房的空间分布和集聚形态角度来讲的，尤其是人口密集的大中城市的住房问题更为突出。因为人口密集的城市住房问题远比乡村中住房问题复杂，住房建设已从住房本身的建设扩展为城市土地开发，交通、城市基础设施和住宅配套设施等复杂的综合开发建设。作为18世纪产业革命产物的城市住房问题，与全球性的城市化历史进程密切相关。正如恩格斯在其《论住宅问题》中所提出的，"住宅缺乏现象"是大工业发展和城市发展的产物。由于住房问题伴随着工业化和城市化发展而产生，世界上几乎所有国家都经历过住房短缺而完成工业化和城市化。解决了城市住房问题，就基本上解决了全社会的住房问题。

2. 城市低收入家庭住房问题

低收入家庭是统计概念，即国家或城市收入统计中收入最低的两个群体，一般包括低收入和最低收入两个阶层。这种意义上的低收入家庭绝对地存在于各个国家或城市。从狭义角度看，住房政策意义上的低收入家庭指政府根据各社会阶层收入水平与房价（房租）水平的相对状况，通过特定的住房发展计划给予住房补贴，以通过收入再分配帮助其实现住房权利的政策目标群。

在我国，城市低收入家庭是指家庭成员人均收入和家庭财产状况符合当地人民政府规定的低收入标准的城市居民家庭。家庭成员是指具有法定赡养、抚养或扶养关系并共同生活的人员。而低收入标准全国没有统一规定，各省市政府根据当地的实际情况确定①。一般低收入标准实行定期调整、定期公布。如北京低收入家庭认定标准为最低生活保障标准的170%。

3. 住房问题的本质

从本质上讲，住房问题从质量和数量两方面反映居住者的基本需求。在以住房市场为基础的住房分配体系中，即在住房被作为商品租、售的条件下，人们对于住房质量和数量的要求取决于其对住房的支付能力。住房的价格和居民的支付能力是住房问题的核心。多数低收入家庭不具备支付适宜住房的能力，这也是各国政府干预住房市场的主要原因之一。因此，世界各国政

---

① 2008年民政部等十一部委在《城市低收入家庭认定办法》中的定义。

府无一例外地在不同程度上为低收入家庭解决住房问题提供帮助，政府在解决低收入家庭住房问题中承担了重要的社会责任和经济责任。国家或政府把低收入家庭的住房问题作为住房发展的目标主体，通过对住房供应及对住房生产的直接干预来满足低收入家庭不断增长的住房需求。这种关注低收入家庭住房问题的住房政策的经济、社会和政治意义是，缓解和减少社会不稳定因素，在全社会逐渐富裕时，把人人享有住房作为一项全民性的社会权利。从这个意义上说，提高低收入家庭的住房支付能力是解决住房问题的关键。

二 住房保障制度

住房保障制度是国家或政府在住房领域实施社会保障职能，对城镇居民中住房困难的中低收入家庭进行扶持和救助的一系列住房政策措施的总和。它是一种在住房领域内实行的社会保障制度，其实质是政府利用国家和社会的力量，通过行政手段为住房困难的中低收入家庭提供适当住房，解决他们的居住问题。主要包含以下几个要点。

1. 住房保障制度的责任主体是国家或政府

首先，实行住房保障的目的是维护社会安定和基本人权。这是一项社会目的，是一项广泛的社会功能，应该由社会的集中代表——中央和地方政府来担当。其次，住房保障的成本巨大，非某个社会阶层或社会成员所能应付，只有政府有能力调动全社会的资源去应付，且政府承担住房保障职能更具有规模经济，可以降低分散化保障带来的过高的执行成本。最后，住房保障的程序复杂，必须以政府的权威和系统组织能力来实施。这三个原因决定了住房保障的责任主体只能是国家或政府。

2. 住房保障的目标是满足中低收入家庭的基本居住要求

政府通过住房保障制度缓解中低收入家庭支付能力不足、住房困难的问题，维护社会安定。但政府通过行政力量解决这个问题主要着眼于满足在住房方面的弱势群体的基本居住要求。与其他保障制度一样，住房保障制度具有较强的"刚性"，所以保障的深度不能太高。当然，中低收入家庭和基本的居住要求都是具体的、变化的，在不同国家、不同时期有不同的标准。

3. 住房保障得以实施的保证和依据是相应的社会立法

现代社会保障制度是以健全、完备的法律体系为支点的，住房保障制度亦是如此。必须以法律形式规范国家（政府）住房保障职能机构的设置、编制、职能、责任与工作程序，国家、企业、个人等保障主体之间的权利与义务，住房保障给付标准的确定与调整，住房保障的管理与投资运营等诸多方面，使住房保障的运作制度化和规范化。

4. 住房保障是社会保障制度的重要内容

健全的社会保障制度是中国社会主义市场经济体制框架的支柱之一。随着社会主义市场经济的发展和住房制度改革的深入，解决居民住房需求，将由计划经济体制下国家、单位统包统揽形式逐步转向与社会主义市场经济相适应的形式。改革福利实物分房制度，推进住房分配货币化，充分发挥市场机制在资源配置中的基础作用。但市场经济并不排斥社会保障的作用，恰恰相反，社会保障是市场机制的必要补充。住房权作为一项基本人权，在社会主义市场经济体制确立和住宅商品化过程中，中低收入家庭的住房保障不能缺位，需要政府为中低收入者承担住房保障的职能和责任，通过政府调控来弥补市场这只"看不见的手"的缺陷，实现中低收入者住房由单位保障向社会保障的转化。

市场经济体制要求社会保障体系中必须包含住房保障内容。因为市场经济条件下各生产部门之间生产力发展水平不同，造成收入分配的不平衡。对社会成员来说，现阶段实行的是按劳分配与按生产要素分配相结合的分配制度，知识、信息、劳动、资本、土地和管理等生产要素按贡献大小参与分配。每一个社会成员拥有的生产要素的差距，必然形成收入上的差距。政府必须高度重视在城镇集中出现的中低收入群体和近年来日益突出的城镇贫困问题。为缩小由于收入差距造成的居住上的不平等，保障中低收入者的住房权利，需要政府在社会保障体系中建立住房保障制度。如对三无人员、病残人员、下岗人员中的特困职工等弱势群体而言，保障他们的最低生活需求，其内容不仅应涵盖营养标准，而且应当包括居住条件，即在社会保障制度中建立住房保障制度。

三 住房保障制度的基本特征

1. 住房保障与其他社会保障体系的共性特征

一是保障的最终责任主体是国家或社会，从而需要由国家或社会统一管理，并体现出社会性（或社会化）。二是保障的目的是稳定社会，促进整个社会经济的协调、稳定发展，从而需要依法（或有关社会政策）实施，并体现出强制性。三是保障的目标是为社会成员的基本生活权利提供安全保障，以确保其不因特定事件的发生而陷入生存困境，并体现公平性。四是保障以国家财政为基本经济后盾，其资金既有来源于政府财政的部分，又有企业或个人缴纳的部分，对受保障者而言，保障显然体现着经济福利性。五是保障的项目以特定的社会问题存在并需要国家采用经济援助的方式解决为设立条件，从而具有变动性、发展性。六是保障的方式是自成体系的国民收入分配与再分配方式，其运行过程具有自己明显的规律，从而具有特殊性。

2. 住房保障与其他社会保障体系相比所具有的个性特征

一是保障内容的单一性。在中国，社会保障的内容比较广泛，是各种社会保险、社会救助、社会福利、军人保障、医疗保障、福利服务以及各种政府或企业补助、社会互助等社会措施的总称。而住房保障是单就解决住房问题而言，其内容具有单一性。二是保障对象的专指性。住房保障供给的对象，是专门针对中低收入群体，为解决他们的住房困难问题而设置的。除个人申请外，需通过政府部门调查核实收入状况和住房状况，并公示确认后，才能享受相关优惠和补贴。三是保障范围的狭窄性。由于住房保障的对象指中低收入住房困难户，其保障范围必然较小。这种住房保障只是针对少数自己无经济能力解决住房的家庭或个人。四是保障时间的动态性。城镇居民及其家庭的收入状况不断变动，如果工资、家庭就业人口、就业状况等出现变动，住房保障的享受对象也要随之改变。在实施保障住房供应工作时，要根据被救济人群经济条件的不断变化和其他人员的经济变化做好调查工作。因为是救济，对被救济者来说，在住房问题上只能是有限的、起码的和低水平的。若被救济者经济条件好转了，超过救济、补助标准线，就应及时停止补贴；若经济条件变差，则要增加补助。还有些人或家庭，因多种原因，如失业、疾病或天灾等，经济条件恶化，本来不属于补贴对象现在降到了救济的范围圈，政府有关部门就应及时加以救济，这样才能体现出社会的公平和公正，保障城镇居民中无力购租住房者有房可住。住房保障是由特定的内容、特定的对象和特定的范围构成的，明确这些特点，对于制定住房保障政策、建立住房保障体系，具有指导性意义。

第二节　住房供给与住房保障制度建设进程

一　中国住房供给状况

1. 住房体制改革前中国城镇住房的主要特点

中国住房市场是随着住房制度改革深化而不断发展的。1949 年以前，中国住房市场已具雏形。计划经济体制时期，住房由政府部门和企事业单位投资、建设、分配和维修，属于福利性消费品；住房用地由国家无偿调拨，不允许出让土地使用权，住房不能买卖；由于实行低工资高就业政策，个人仅需交付少量的房租，住房投资成本难以收回。20 世纪 80 年代随着经济体制改革在不同领域的推进，实行多年的住房福利制度也开始了改革进程。1950～1987 年，国家共投资 1700 多亿元建设住房 13 亿多平方米，城镇居民人均居住面积由 20 世纪 50 年代初期的 4.5 平方米增加到 1987 年的 8.6 平方米。

根据全国第一次房屋普查资料显示：1986 年全国特大城市、大城市、中等城市人均住房面积均低于全国城镇平均水平的 8.04 平方米（见表 7 - 1）。不同省份城镇居民人均居住面积也存在差别，浙江省人均居住面积和城市人均居住面积最高，分别为 7.78 平方米和 7.64 平方米，辽宁省人均居住面积和城市人均居住面积最低，分别为 4.48 平方米和 4.71 平方米；县、镇人均居住面积最高的是新疆，为 8.96 平方米，最低的是辽宁省和吉林省，为 5.20 平方米（见表 7 - 2）。

表 7 - 1 1986 年按城市规模划分的居民家庭居住情况

单位：平方米

指标	全国平均	特大城市	大城市	中等城市	小城市	县、镇
户均居住面积	28.9	22.61	27.39	29.57	34.83	36.59
人均居住面积	8.04	6.23	7.28	7.82	8.68	9.32

资料来源：云志平、白伊宏：《中国住房制度改革》，中国经济出版社，1990。

表 7 - 2 1986 年各省区市城镇居民人均居住面积情况

单位：平方米

区 域	城镇平均	城市	县、镇
北 京	6.67	6.58	7.88
天 津	5.42	5.31	7.71
河 北	7.15	7.10	7.21
山 西	7.07	6.60	7.68
内蒙古	5.66	5.99	5.78
辽 宁	4.48	4.71	5.20
吉 林	5.03	4.93	5.20
黑龙江	5.11	4.93	5.31
上 海	5.27	5.0	8.48
江 苏	7.11	7.07	7.18
浙 江	7.78	7.64	7.91
安 徽	6.59	6.37	6.98
福 建	7.68	7.49	7.87
江 西	6.64	6.36	6.94
山 东	6.92	6.69	7.43
河 南	6.66	6.61	6.74
湖 北	7.20	6.86	7.88
广 东	5.53	5.26	5.86
广 西	6.88	6.08	7.97
四 川	7.28	7.11	7.48
贵 州	6.97	6.70	7.25
云 南	6.26	6.39	6.15
陕 西	6.48	6.55	6.37
甘 肃	6.64	6.65	6.64
青 海	6.18	6.53	5.97
宁 夏	6.48	6.39	6.83
新 疆	7.41	6.65	8.96
全国平均	6.36	6.10	6.84

资料来源：云志平、白伊宏：《中国住房制度改革》，中国经济出版社，1990。

　　这一时期中国城镇住房的主要特征是缺房户、无房户的比例较高。根据1978年对182个城市的统计数据显示：一是人均居住面积降低。1978年全国182个城市人均居住面积为3.6平方米，比1952年的人均居住面积4.5平方米降低20%。二是缺房户多。共有缺房户689万户，占182个城市总户数的35.8%。一般城市缺房户占家庭总户数的1/3。三是住房质量差，大部分住房年久失修，缺少卫生、厨房专用设施。1978年全国失修住房约在50%以上，其中危房占10%左右。造成这种情况的原因主要是住房建设投资不足。

　　进入20世纪90年代，随着中国工业化、城市化进程的加速和社会主义市场经济体制的建立和逐步完善，房地产市场随之加速发展。房地产开发投资占全社会固定资产比例逐年增加。从1998年开始，房地产开发投资增速超过GDP增速和全社会固定资产投资增速（1998年略低），前者占后者的比重逐年提高（见表7-3，个别年份除外）。与此同时，住房市场迅速发展。85%左右的新建商品住房由个人购买。城镇住房自有率迅速提高到60%以上。住房新开工面积及住房销售面积迅速增加。2012年商品住房投资达4.9万亿元，同比增长11.4%，是1998年的23.7倍，占房地产投资的68.8%；商品住房新开工面积达13.1亿平方米，同比下降11.2%，是1998年的7.9倍；商品住房销售面积达9.8亿平方米，是1998年的9.1倍；销售额达5.3万亿元，是1998年的26.6倍（见表7-4）。但是，作为中国住房体制改革配套政策的经济适用住房投资增速2001年开始大幅下降（见表7-5）。1998年全国经济适用住房投资271亿元，占住房投资总额13.0%，2010年经济适用住房投资达1067亿元，虽比1998年增长近3倍，但占住房投资的比重却下降为3.1%（见表7-5）。

表7-3　1990~2012年GDP、全社会固定资产投资、房地产投资及其增长率情况

单位：亿元，%

年份 \ 指标	房地产开发投资额	GDP增长率	全社会固定资产投资增长率	房地产开发投资增长率	房地产开发投资占全社会固定资产投资比重
1990	253	3.8	2.4	-7.1	5.6
1991	336	9.2	23.9	32.7	6.0
1992	731	14.2	44.4	117.5	9.1
1993	1938	14.0	61.8	165.0	14.8

续表

指标 年份	房地产开 发投资额	GDP 增长率	全社会固定资产 投资增长率	房地产开发 投资增长率	房地产开发投资占全社会 固定资产投资比重
1994	2554	13.1	30.4	31.8	15.0
1995	3149	10.9	17.5	23.3	15.7
1996	3216	10.0	14.8	2.1	14.0
1997	3178	9.3	8.8	-1.2	12.7
1998	3614	7.8	13.9	13.7	12.7
1999	4103	7.6	5.1	13.5	13.7
2000	4984	8.4	10.3	21.5	15.1
2001	6344	8.3	13.1	27.3	17.1
2002	7791	9.1	16.9	22.8	18.0
2003	10154	10.0	27.7	30.3	18.3
2004	13158	10.1	26.8	29.6	18.7
2005	15909	11.3	26.0	20.9	17.9
2006	19423	12.7	23.9	22.1	17.7
2007	25289	14.2	24.8	30.2	18.4
2008	31203	9.6	25.9	23.4	18.1
2009	36242	9.2	30.0	16.1	16.1
2010	48267	10.4	12.1	33.2	19.2
2011	61797	9.3	23.8	28.1	19.8
2012	71804	7.8	20.3	16.2	19.2

资料来源：中华人民共和国国家统计局编《中国统计年鉴（2012）》，2013，中国统计出版社，2012年房地产数据来自国家统计局《房地产统计快报》，非房地产数据来自《2012年国民经济和社会发展统计公报》。

2. 住房体制改革以来中国城镇住房的主要特点

一是经济适用住房制度不断完善。1998年国家开始下达经济适用住房建设计划，到2010年年底，经济适用住房共完成投资8876亿元，销售面积4.0亿平方米；初步形成了以租金配租（发放租金补贴）为主、实物配租（分配给低租金住宅）为辅、多种方式并举的制度。廉租住房和经济适用住房在解决中低收入家庭的住房问题上发挥了重要的作用。

二是存量市场迅速发展。2002年中国35个大中城市存量住房交易套数已相当于新建商品房交易套数的75%以上。而2009年存量房数量超过新增住房，住房交易市场的重心开始由增量房向增量与存量房交易并重转移。

表 7 - 4　1998～2012 年全国商品住房开工与销售情况

年份	住房投资			住房新开工		住房销售			
	投资额（亿元）	增长率（%）	占房地产投资比重（%）	面积（万平方米）	增长率（%）	面积（万平方米）	增长率（%）	销售额（亿元）	增长率（%）
1998	2082	35.3	57.6	16638	—	10827	—	2007	42.6
1999	2638	26.7	64.3	18798	13.0	12998	20.0	2414	20.3
2000	3312	25.5	66.5	24401	29.8	16570	27.5	3229	33.8
2001	4217	27.3	66.5	30533	25.1	19939	20.3	4021	24.5
2002	5228	24.0	67.1	34719	13.7	23702	18.9	4958	23.3
2003	6777	29.6	66.7	43853	26.3	29779	25.6	6543	32.0
2004	8837	30.4	67.2	47949	9.3	33820	13.6	8619	31.7
2005	10861	22.9	68.9	55185	15.1	49588	46.6	14564	69.0
2006	13638	25.6	70.2	64404	16.7	55423	11.8	17288	18.7
2007	18005	32.0	71.2	78796	22.3	70136	26.5	25566	47.9
2008	22441	24.6	71.9	83642	6.2	59280	-15.5	21196	-17.1
2009	25614	14.1	70.7	93298	11.5	86185	45.4	38433	81.3
2010	34026	32.8	70.5	129359	38.7	93377	8.3	44121	14.8
2011	44320	30.3	71.7	147163	13.8	96528	3.4	48198	9.2
2012	49374	11.4	68.8	130695	-11.2	98468	2.0	53467	10.9

资料来源：同表 7 - 3。

表 7 - 5　1998～2010 年住房投资情况

指标年份	住房投资（亿元）	经济适用住房投资（亿元）	同比增长（%）	经济适用住房投资占住房投资比重（%）
1998	2081	271	46.0	13.0
1999	2638	437	61.4	16.6
2000	3311	542	24.1	16.4
2001	4216	600	10.6	14.2
2002	5227	589	-1.8	11.3
2003	6776	622	5.6	9.2
2004	8836	606	-2.5	6.9
2005	10861	519	-14.4	4.8
2006	13638	697	34.2	5.1
2007	18005	821	17.8	4.6
2008	22441	971	18.3	4.3
2009	25614	1134	16.8	4.4
2010	34038	1067	-5.9	3.1

资料来源：同表 7 - 3。

三是住房金融发展活跃。随着家庭成为住房市场消费的主体，个人住房信贷得到快速发展。根据中国人民银行公布的《2009 年金融机构贷款投向统计报告》，2009 年，个人消费性住房贷款迅猛增长，同比增长 47.9%，个人住房贷款累计新增 1.4 万亿元，占全年新增 9.59 万亿贷款的 14.6%①。住房金融的发展，提高了居民购房的支付能力，推动了房地产信贷结构的调整。换言之，住房销售量的上升离不开房地产信贷的支持。

四是住房困难群体庞大。首先是城镇最低收入（民政部门统计的低保户）和住房最困难的"双困"群体。各个地方在解决"双困"的住房补贴标准与补贴水平上存在较大差异，大部分城市只能先行解决人均使用 6 平方米以下，甚至 4 平方米以下的"双困"家庭住房问题。同时，出现了新购房困难群体，主要是指在经济发展过程中，由于企业改制、产业结构调整导致一些企业破产、停产等出现的下岗群体，半停产企业的职工，低收入的离退休人员等，他们生活状况和居住条件较差。

五是住房保障逐步受到重视。1998 年住房制度改革后到 2007 年，住房保障制度和保障性住房建设一直落后于住房市场发展，加大了低收入家庭住房问题的积累和矛盾。但住房保障逐步受到重视，十七大报告提出："努力使全体人民学有所教、劳有所得、病有所医、老有所养、住有所居"。"住有所居"的保障标准就是"有房住"。同时还提出："健全廉租住房制度，加快解决城市低收入家庭住房困难。"这是党代会报告中第一次专门提及住房保障制度，更是第一次谈到保障方式和保障对象。这表明我国的住房保障制度已经有了重大调整。建设部的数据显示：截至 2007 年 6 月底，全国 656 个城市中有 586 个建立了廉租住房制度，占 89.3%。2007 年计划安排廉租住房资金达到 79.4 亿元，超过 2006 年之前廉租住房资金总额。

二　住房保障制度建设进程

1. 1998～2003 年——以经济适用住房为主阶段

经济适用住房作为解决城镇中低收入家庭住房问题的主要举措之一，

---

① 资料来源：中国人民银行网站，www.pbc.gov.cn。

出现在 1994 年国务院《关于深化城镇住房制度改革的决定》、1998 年国务院《关于深化城镇住房制度改革加快住房建设的通知》中，要求建立和完善以经济适用住房为主的多层次城镇住房供应体系。2004 年建设部等颁发了《经济适用住房管理办法》，以解决城镇中低收入家庭住房困难为目标。

1998～2003 年经济适用住房投资累计 3061 亿元，占住房投资的比重为 12.6%；经济适用住房竣工面积 2.8 亿平方米，占住房竣工面积的比重为 19.8%。经济适用住房共为 298 万户居民解决了住房，占同期住房供应的 21.6%。[1]

此阶段还存在廉租住房制度，具有救济性质。保障标准是住房面积、家庭收入均为"双困"的家庭。

2. 2004～2006 年——住房保障发展滞后于住房市场阶段

2004～2006 年，城市低收入家庭保障性住房的主要方式——经济适用住房开始萎缩。2004～2006 年经济适用住房累计投资 1822 亿元，占住房投资的比重 5.5%，比 1998～2003 年减少了 7.1 个百分点；经济适用住房竣工面积 0.98 亿平方米，占住房竣工面积的比重为 7.9%，比 1998～2003 年减少了 11.9 个百分点。经济适用住房共为 112 万户居民解决了住房，占同期住房供应的 9.6%，比 1998～2003 年减少 12.0 个百分点。

廉租住房发展也比较缓慢。据建设部、民政部 2005 年的调查和测算，全国人均住房建筑面积 10 平方米以下的低收入住房困难家庭约有 1000 万户。1998～2006 年仅为 54.7 万户的最低收入家庭解决住房问题，2006 年[2] 年底，全国仍然有 145 个城市没有建立廉租住房制度，占 657 个城市的 22.1%。[3]

---

[1] 本章数据没有特殊注明时均来自中华人民共和国国家统计局编《中国统计年鉴 2012》，中国统计出版社，2012；2012 年数据来自房地产统计快报。

[2] 资料来源：2008 年两会住房和城乡建设部新闻发布会，人民网，http://www.people.com.cn。

[3] 资料来源：2006 年数据来自《建设部通报 2006 年城镇廉租住房制度建设情况》，住房和城乡建设部网站，www.mohurd.gov.cn。

3. 2007～2010 年——住房保障较快发展阶段

（1）住房保障制度建设较快

2007 年党的十七大提出了住有所居的目标，同年国务院第 24 号文《关于解决城市低收入家庭住房困难的若干意见》，提出了住房保障制度的目标和框架；住房和城乡建设部及相关部委联合颁发了《经济适用住房管理办法》和《廉租住房保障办法》。2007 年《经济适用住房管理办法》主要是针对经济适用住房制度执行过程中出现的问题和偏颇进行了规范。主要表现在：①淡化商品性、突出保障性。②行政划拨优先供应土地。③单套建筑面积 60 平方米。④销售权重新收归政府，并规定了经济适用住房属于有限产权等；《廉租住房保障办法》明确规定逐步扩大廉租住房制度保障范围。⑤从五个方面入手解决资金来源渠道（财政预算、住房公积金增值收益、土地出让净收益比例不得低于 10%、廉租住房租金收入、社会捐赠）。⑥廉租住房建设用地优先安排。⑦廉租住房单套建筑面积 50 平方米以内。⑧逾半年不交租金应退房等。

2008 年 12 月国务院办公厅 131 号文《关于促进房地产市场健康发展的若干意见》，要求加大保障性住房建设的力度，争取用三年时间基本解决 747 万户城市低收入家庭住房的困难和 240 万户棚户区改造工作。从 2008 年开始每年两会都对住房保障有所阐述，并明确任务。

2009 年国家制定了廉租住房保障规划——《2009～2011 年廉租住房保障规划》，并把任务落实分解到各省（市）。

2010 年《国务院关于坚决遏制部分城市房价过快上涨的通知》中要求确保完成 2010 年建设保障性住房 300 万套、各类棚户区改造住房 280 万套的工作任务。保障性住房、棚户区改造和中小套型普通商品住房用地不低于住房建设用地供应总量的 70%。并提出加快发展公共租赁住房。

（2）保障性住房建设加快

廉租住房保障力度加大。2007 年就有 68 万户是通过廉租住房制度解决困难的低保家庭，比 1999～2006 年的累计数还多。① 累计发放租赁补贴达

---

① 资料来源：中国人民银行网站，www.pbc.gov.cn。

到 229 万户，基本上实现了国务院关于到 2008 年年底对申请租赁补贴的城市低保家庭住房困难户做到应保尽保的目标。① 2009～2011 年计划新增 518.4 万套廉租住房，新增租赁补贴 191 万户。② 2010 年保障性住房和棚户区改造开工建设 590 万套，基本建成 370 万套。③

4. 2011～2015 年——城市低收入家庭住房保障高速发展阶段

2011 年计划建设保障性住房和棚户区改造共 1000 万套④，其中，棚户区改造 400 万套，经济适用住房、两限商品住房约 200 万套，廉租住房 160 万套，公共租赁住房 220 万套⑤。"十二五"期间计划建设保障性安居工程 3600 万套，使保障性住房的覆盖率达到 20%⑥。

第三节　中国住房保障的主要形式及其制度建设

一　廉租住房

廉租住房制度建设在中国现阶段住房保障制度建设中居基础地位。1999 年建设部以第 70 号令颁发了《城镇廉租住房管理办法》（以下简称《旧办法》），《旧办法》在深化城镇住房制度政策、构架多层次的住房供应体系、解决城镇最低收入家庭住房问题等方面发挥了一定的作用。2004 年 3 月 1 日起，全国城镇全面实施由建设部、财政部、民政部、国土资源部和国家税

---

① 资料来源：2009 年两会住房和城乡建设部新闻发布会，人民网，http：//www.people.com.cn。
② 资料来源：《2009～2011 年廉租住房保障规划》，住房和城乡建设部网站，www.mohurd.gov.cn。
③ 资料来源：《中华人民共和国2012年国民经济和社会发展统计公报》，中华人民共和国国家统计局网站，http：//www.stats.gov.cn。
④ 资料来源：2011 年《政府工作报告》，人民网，http：//www.people.com.cn。
⑤ 资料来源：2011 年两会，住房和城乡建设部新闻发布会，人民网，http：//www.people.com.cn。
⑥ 资料来源：2011 年两会，国家发展和改革委员会新闻发布会，人民网，http：//www.people.com.cn。

务总局共同颁布的《城镇最低收入家庭廉租住房管理办法》（以下简称《新办法》），是对《旧办法》的进一步修订，使其更符合实际、更便于运作。与《旧办法》相比，《新办法》有 8 个鲜明的特点。

1. 旨在建立和规范城镇廉租住房制度，逐步完善全国城镇住房供应体系

比较《旧办法》，《新办法》删除了"单位在住房领域实施社会保障职能"，强化了中央和地方政府的住房保障职能，标志着中国城镇住房制度商品化、社会化后住房保障的发展方向，而"单位"不再是解决职工住房问题的主要责任者。

2. 对廉租住房的实施对象进行了更加"切合实际"的定位，起到了稳定社会、促进城市化发展的积极作用

比较《旧办法》，《新办法》删除了"具有城镇常住居民户口的最低收入家庭"，强调了"地方人民政府应当在国家统一政策指导下，根据当地经济社会发展的实际情况，因地制宜"，"根据当地财政承受能力和居民住房状况合理确定"，主要"面向孤、老、病、残等特殊困难家庭及其他急需救助的家庭"。为当地政府实事求是地解决包括非户籍居民在内的最低收入家庭住房问题，提供了较大的自主性和灵活性。

3. 运作程序得到初步细化和规范

比较《旧办法》的"申请→公告→登记→轮候配租"，《新办法》更为具体。①城镇最低收入家庭廉租住房保障对象的条件和标准，由市、县人民政府房地产行政主管部门会同财政、民政、国土资源、税务等有关部门拟定，同级政府批准后公布执行；②廉租住房要经过"书面申请→审核→公示→登记→调查→核实→排队轮候→公布结果"的程序获得；③动态管理、定期核查、依法处罚。这种细化了的程序，体现了公开、公平、公正，更具可操作性，为管好、用好廉租住房奠定了基础。

4. 量化了廉租住房保障面积标准原则

《旧办法》只规定每户最低收入家庭只能租用一处与居住人口相当的廉租住房，对具体的面积标准未做出明确规定。《新办法》则提出其"保障面积标准原则上不超过当地人均住房面积的 60%"。根据当前中国城镇目前人均居住水平、户均 3 人测算，廉租住房户均保障面积约为 50 平方米左右，大致符合中国国情，接近国际通用的一人一间房的"文明标准"。

5. 规定了保障方式

《新办法》指出"城镇最低收入家庭廉租住房保障方式应当以发放租赁住房补贴为主，实物配租、租金核减为辅"。这一规定符合市场经济条件下保障机制的运作规律，与住房保障的进入、退出机制相吻合。

6. 明确了"城镇最低收入家庭廉租住房资金来源，实行财政预算安排为主、多种渠道筹措的原则"

规定市、县财政预算安排的资金、住房公积金增值收益中按规定提取的城市廉租住房补充资金，是廉租住房建设固定的资金来源，体现出各级政府对城市最低收入家庭的支持力度，同时也标志着中国社会救助制度的不断完善。

7. 对廉租住房来源做了规定

《新办法》指出"实物配租的廉租住房应当以收购现有旧住房为主，限制集中兴建廉租住房"，同时明确政府新建的廉租住房实行行政划拨土地及优惠税、费等政策。

8. 规定了廉租住房的租金标准和补贴标准

租金标准由维修费、管理费两项因素构成；补贴标准按照市场平均租金与廉租住房租金标准的差额计算。

以上 8 个特点，构成了《新办法》的核心内容，形成了中国廉租住房制度的主体框架。

二　经济适用住房

经济适用住房概念，最早见于 1993 年 8 月 10 日由建设部、国家土地管理局、国家工商行政管理局、国家税务总局联合颁发的《关于加强房地产市场宏观管理，促进房地产业健康持续发展》文件中。该文件提出"要实行集资建房、合作建房等多种形式加快经济适用住房的建设，保持住宅建设稳定增长。"随后，作为解决城镇中低收入家庭住房问题的主要举措之一，出现在 1994 年国务院《关于深化城镇住房制度改革的决定》、1998 年国务院《关于深化城镇住房制度改革加快住宅建设的通知》中。各地推进经济适用住房建设收到效果的同时，也存在重建设、轻管理，对购买对象审查把关不严、对建设标准缺乏有效控制、户型面积偏大、优惠政策不落实、价格优势不能充分发挥等问题。经国务院批准，2004 年 5 月 13 日建设部、国家发展和改革委员会、国土资源部、人民银行共同颁发了《经济适用住房管理办法》（以下简称《办法》）。《办法》以执政为民的思想为指导，以解决城镇中低收入家庭住房难为目标，对经济适用住房的建设、交易与管理进行了规范。

1. 明确了经济适用住房的性质

规定经济适用住房，是指政府提供政策优惠，限定建设标准、供应对象和销售价格，具有保障性质的政策性商品住房。这一界定，为规范经济适用住房的建设、交易和管理奠定了基础。

2. 规定了国家宏观指导、地方具体规划的原则

对各级政府和管理部门的职责、优惠政策、建设方式、户型标准、定价原则、购买程序、交易原则等做出了统一规定；经济适用住房建设标准、供应范围、供应对象、面积标准、上市年限、补交收益标准等，则由地方政府根据当地经济社会发展水平、城镇居民的收入和住房水平等合理确定，体现了实事求是、因地制宜的指导思想。

3. 提出了发展要求

强调各地要在做好市场需求分析和预测的基础上，编制经济适用住房的年度建设投资计划和用地计划、发展规划；并做好项目储备工作，以保证经济适用住房建设的连续性。

4. 确立了政府的优惠政策

对经济适用住房建设用地实行政府划拨方式供应；减半征收建设和经营中的行政事业性收费；政府负担小区外基础设施建设费用；商业银行可以为建设单位以在建项目作抵押提供开发贷款；个人贷款利率执行人民银行的贷

款利率，不得上浮；住房公积金贷款优先向购买经济适用住房的个人发放，彰显出政府的扶持力度。

5. 确定了户型标准

中套户型面积控制在 80 平方米左右，小套户型面积控制在 60 平方米左右，以适应中低收入家庭的购房需求，有效地发挥经济适用住房的保障功能。

6. 明确了设计标准与建设原则

规划设计坚持标准适度、功能齐全、经济适用、便利节能，并结合全面建设小康社会的目标，优选设计方案。建设必须严格执行国家有关技术规范和标准，积极推广应用先进、成熟、适用的新技术、新工艺、新材料、新设备，提高建设水平。建设单位对工程质量负最终责任，使建设水平和工程质量有了保证。

7. 规范了交易行为

经济适用住房在取得房屋所有权证一定年限后，方可按市价出售，并按差价的一定比例向政府缴纳收益。且不得再购买经济适用住房。需换购时，对方必须是已经取得购买经济适用住房资格者，从而严格限制了供应对象。

8. 明确了集资、合作建房是经济适用住房的组成部分

其建设标准、优惠政策、上市条件、供应对象的审核等，均按照经济适用住房的有关规定，严格执行。严禁任何单位借集资、合作建房名义，变相搞实物分配或商品房开发。集资、合作建房单位只允许收取规定的管理费用，不得有利润。各地可根据当地经济发展水平、住房状况、居民收入、房价等情况，确定是否发展集资、合作建房以及建设规模。这说明，集资、合作建房虽属于经济适用住房，但又不同于一般意义上的经济适用住房，是否发展，地方有自主权。

三　2007 年出台的《廉租住房保障办法》和《经济适用住房管理办法》

2007 年 24 号文件的出台，极大地促进了住房保障制度建设和发展。为了更好地管理和规范廉租住房、经济适用住房，同年出台了《廉租住房保障办法》《经济适用住房管理办法》，分别取代了 2004 年建设部等颁布的《城镇最低收入家庭廉租住房管理办法》和 2004 年版的《经济适用住房管理办法》。2007 年版的两个办法是对 2004 年两个旧办法的完善和规范。

《廉租住房保障办法》明确规定逐步扩大廉租住房制度保障范围；五个方面入手解决资金来源渠道（财政预算、住房公积金增值收益、土地出让净收益比例不得低于 10%、廉租住房租金收入、社会捐赠）；廉租住房建设用地优先安排；廉租住房单套建筑面积 50 平方米以内；逾半年不交租金应退房等。

《经济适用住房管理办法》主要是针对经济适用住房制度执行过程中出现的问题和偏颇进行了规范。主要表现在：淡化商品性、突出保障性；行政划拨优先供应土地；单套建筑面积 60 平方米；销售权重新收归政府，并规定了经济适用住房属于有限产权等。

2010 年建设部出台了《关于加强廉租住房管理有关问题的通知》和《关于加强经济适用住房管理有关问题的通知》。不仅完善住房保障制度，而且加强了对廉租住房、经济适用住房的管理。

四 公共租赁住房

在我国住房保障制度执行过程中，出现了"夹心层"。一是不符合廉租住房准入条件，又买不起经济适用住房的城市低收入住房困难群体；二是不符合经济适用住房申请条件，又买不起限价房或普通商品房的住房困难群体。公共租赁住房就是针对"夹心层"和住房保障体系"空白区"而形成的，是对廉租住房、经济适用住房的补充，也是解决这部分群体的住房困难的重要渠道。如新的大学毕业生、从外地迁入的群体等。

随着廉租住房、经济适用住房建设和棚户区改造力度的逐步加大，城市低收入家庭的住房条件得到较大改善。但是，由于住房保障政策覆盖范围比较小，部分大中城市商品住房价格较高、上涨过快、可供出租的小户型住房供应不足等原因，一些中低收入住房困难家庭无力通过市场租赁或购买住房的问题比较突出。同时，随着城镇化快速推进，新职工的阶段性住房支付能力不足矛盾日益显现，外来务工人员居住条件也亟须改善。大力发展公共租赁住房，是完善住房保障体系、培育住房租赁市场、满足城市中等偏下收入家庭基本住房需求的重要举措，是引导城镇居民合理住房消费，调整房地产市场供应结构的必然要求。

第四节　中国住房保障政策

一　中国住房政策的演变

中国住房政策经历了由政府直接分配住房的福利政策向政府调控住房市场和完善住房保障制度并举的转变过程（见表7-6）。在计划经济体制下，中国住房政策的主要特征，一是住房由政府统一供应，住房建设纳入统一的国民经济计划，由财政拨款，统一规划、建设，排斥市场配置住房资源。二是住房的需求主体是国有和集体企事业单位，企事业单位负有为职工提供住房的义务。三是住房实物分配，采取低租金政策。住房作为福利，以实物形式分配给职工。

表7-6　中国住房政策发展情况

时期	住房政策模式	具体措施
计划经济体制下的住房政策（1949~1977）	住房实物分配、福利化分配	①政府统一建造，无偿提供 ②以实物分配为主 ③住房分配的低租金与等级制度
住房政策的调整阶段（1978~1997）	尝试住房商品化	①以成本价出售公有住房 ②优惠出售公有住房 ③鼓励自建住房 ④提租补贴改革
尝试住房形式商品化和货币化阶段，即住房改革阶段（1998年以后）	住房商品化、住房保障制度建设	①停止福利分房 ②全面推行公积金制度 ③建设经济适用住房、廉租住房 ④《国务院关于深化住房制度改革的决定》出台 ⑤《关于解决城市低收入家庭住房困难的若干意见》出台 ⑥加强廉租住房制度建设写入十七大报告

改革开放后中国住房政策进行了一系列调整。1980 年出台了《全国基本建设工作会议汇报提纲》，1982 年国务院决定在郑州、常州、四平、沙市等四个城市试行补贴出售，实行政府、单位、个人各负担 1/3 的补贴出售住房政策。截至 1985 年年底，全国共有 60 个城市县镇实行了补贴售房，共售出住房 1093 万平方米。1986 年国务院成立住房制度改革领导小组，1988 年出台《关于在全国城镇分期分批推行住房制度改革的实施方案》，开始向居民出售公有住房的试点工作。

1991 年 6 月国务院颁发了《关于继续积极稳妥地进行住房制度改革的通知》。同年 11 月国务院又出台了《关于全面进行城镇住房制度改革的意见》，明确了城镇住房制度改革的总体目标和分阶段目标。标志着中国进入住房公共政策全面调整和配套改革阶段。

住房公共政策的完善和实施阶段。1994 年 7 月国务院《关于深化城镇住房制度改革的决定》发布实施，标志着中国城镇住房改革进入了一个新的阶段。住房制度改革的基本内容有四个：一是改革住房的建设、供给、分配和管理体制；二是建立住房公积金制度；三是发展住房金融与住房保险；四是建立规范化的住房交易市场。实现住房商品化、社会化；逐步建立新的城镇住房制度，加快住房建设，改善居住条件，满足城镇居民不断增长的住房需求成为这一时期的主流。1998 年 7 月国务院发出《关于进一步深化城镇住房制度改革加快住房建设的通知》，要求停止住房实物分配，逐步实行住房分配货币化，建立和完善以经济适用住房为主的多层次城镇住房供应体系，发展住房金融，培育和规范住房交易市场。标志着新的住房改革阶段的开始。

二 解决低收入家庭住房困难政策

国务院《关于解决城市低收入家庭住房困难的若干意见》（以下简称《意见》）于 2007 年 8 月 13 日发布，标志着中国住房保障政策体系走向完善。廉租住房作为住房保障政策体系的基础，其近期和中期目标是：进一步建立健全城镇廉租住房制度，加大棚户区、旧住宅区改造力度，力争到"十一五"末，使低收入家庭住房条件得到明显改善，农民工等其他城镇住房困难群体的居住条件得到逐步改善。

1. 逐步扩大廉租住房制度保障范围

据有关资料显示，大多数不能享受低保的低收入家庭既无力购买经济适用住房，享受廉租住房保障又缺乏政策支持。从总体上看，廉租住房的覆盖面仍然较小。《意见》提出逐步扩大廉租住房制度保障范围，并给出了明确的时间表：2007 年年底前，所有设区的城市要对符合规定住房困难条件、申请廉租住房租赁补贴的城市低保家庭基本做到应保尽保；2008 年年底前，所有县城要基本做到应保尽保。"十一五"期末，廉租住房制度保障范围要扩大到低收入住房困难家庭，即全面覆盖这 1000 万户家庭；其中，东部地区和其他有条件的地区要在 2008 年年底前率先做到这一点。

2. 多渠道筹措廉租住房房源

由于流动人口增加、住房结构调整还不到位、原有公有住房大部分已经房改出售等原因，适合廉租户的小户型租赁住房供应总体短缺，部分城市严重供不应求，如北京市一居室住房供求比为 1∶4。租金补贴是廉租住房保障的主要方式，对于目前享受租金补贴的家庭而言，最大的困扰就是拿着有限的补贴，在市场上租不到合适的房子，这成为当前推进廉租住房制度建设的主要矛盾。《意见》提出，要通过政府新建、收购、改建以及社会捐赠等方式多渠道筹集房源。小户型租赁住房短缺和住房租金较高的地方，要加大建设力度。同时，为避免低收入家庭集中居住可能形成"贫民窟"，新建廉租住房主要在经济适用住房小区和普通商品住房小区中配建，建成后由政府收回或回购。实行配建政策，有利于低收入家庭平等地享受城市发展带来的便捷、高质量的公共服务，有利于发挥房地产开发企业的作用，借助市场力量推进住房保障工作。

3. 廉租住房建设资金以财政为主，由专项资金支持

缺少资金一直是健全廉租住房制度面临的主要问题，根据各地已经公布的住房建设计划，"十一五"期间拟建廉租住房 144.7 万套，平均每年 28.9 万套，年度建设资金需求 285 亿元。如果其他低收入家庭都采用租赁补贴方式，每年需要租赁补贴资金 212 亿元。每年的资金需求至少 497 亿元。目前，中国用于廉租住房的资金来源主要包括三种，都存在一定问题。一是从2006 年开始规定土地出让净收益不低于 5% 用于廉租住房。2005 年全国土地出让净收益约为 2180 亿元，如果按 5% 提取，则可用于廉租住房的资金约为 109 亿元。二是地方财政资金。到 2006 年年底，全国历年累计用于廉租住房的资金仅有 70.8 亿元，由于区域经济发展不平衡，落后地区的地方政府难以在本级财政中安排住房保障支出。三是住房公积金增值收益。1998年以来，全国住房公积金增值收益累计提取廉租住房建设资金约 100 亿元。可以看出，资金缺口大、地区间筹资能力不均衡是廉租住房保障资金面临的主要问题。为确保廉租住房资金来源，《意见》提出，地方财政要将廉租住房保障资金纳入年度预算安排；住房公积金增值收益净收入要全部用于廉租住房建设；土地出让净收益用于廉租住房保障资金的比例提高到"不得低于 10%"，各地还可根据实际进一步适当提高。这样，每年近 500 亿元的资金来源有可能落实。另外，中西部地区将由中央基本建设投资和廉租住房保障专项补助资金给予支持。

4. 明确廉租住房、经济适用住房建设面积，对经济适用住房产权做了进一步界定

新建廉租住房套型面积小于 50 平方米，经济适用住房控制在 60 平方米左右。过去享受过福利分房或购买过经济适用住房的家庭不得再购买经济适用住房。已经购买了经济适用住房的家庭又购买其他住房的，原经济适用住房由政府按规定回购。为了严格控制经济适用住房上市交易，《意见》明确经济适用住房属于政策性住房，购房人拥有有限产权；购买经济适用住房不满 5 年，不得直接上市交易。不满 5 年因故确需转让的，由政府按照原价格并考虑折旧和物价水平等因素进行回购。购房满 5 年，购房人可转让经济适用住房，但应按照届时同地段普通商品住房与经济适用住房差价的一定比例向政府交纳土地收益价款，具体交纳比例由城市人民政府确定，且政府可优先回购；购房人向政府交纳土地收益等价款后，也可以取得完全产权。

5. 对单位集资合作建房加以明确

单位集资合作建房只能由距城区较远的独立工矿企业和住房困难户较多的企业，在符合城市规划前提下，经城市人民政府批准，并利用自用土地组织实施。纳入当地经济适用住房供应计划,其建设标准、供应对象、产权关系等均按照经济适用住房的有关规定执行。

6. 重点发展中低价位、中小套型商品住房

为调整住房供给结构,《意见》要求重点发展中低价位、中小套型普通商品住房,增加住房有效供应。廉租住房、经济适用住房和中低价位、中小套型普通商品住房建设用地的年度供应量不得低于居住用地供应总量的70%。"两限房"是政策性商品住房,只限于本地住房比较困难的居民。

7. 明确了城市政府解决低收入家庭住房的责任

《意见》要求省级人民政府对本地区解决城市低收入家庭住房困难工作负总责,对所属城市人民政府实行目标责任制管理,加强监督指导,纳入对城市人民政府的政绩考核之中。《意见》明确解决城市低收入家庭住房困难是城市政府的重要责任,城市政府要把解决城市低收入家庭住房困难摆上重要议事日程,加强领导,落实相应的管理工作机构和具体实施机构,切实抓好各项工作;要接受人民群众的监督,每年在向人民代表大会所做的《政府工作报告》中报告解决城市低收入家庭住房困难年度计划的完成情况。

第五节　住房保障制度建设存在的问题及对策

一　住房保障制度建设存在的问题

1. 经济适用住房建设萎缩

(1) 经济适用住房投资规模不断扩大,但经济适用住房投资增长率及占住房投资比重呈双降态势

经济适用住房投资由 1998 年的 271 亿元扩大到 2010 年的 1067 亿元,但经济适用住房投资增长率从 2000 年开始低于住房投资增长率(除 2006 年和 2009 年外),其中有 5 个年份差距扩大到 24 个百分点以上,2010 年更是高达 38.7 个百分点;占住房投资比重也由 1999 年的最高点 13.0% 下降到

2010 年的 3.1%。

（2）经济适用住房新开工面积、竣工面积占住房比重双降

2009 年经济适用住房新开工面积为 5355 万平方米，只比 1998 年增加 1889 万平方米，占住房新开工面积的比重仅为 5.7%，比 1998 年下降 15.1 个百分点；竣工面积为 3346 万平方米，只比 1998 年增加 1094 万平方米，占住房竣工面积的比重仅为 5.8%，比 1998 年下降 10.9 个百分点。

2. 房价过快上涨，城市低收入家庭的住房问题凸显

1998～2006 年，解决城市家庭的住房问题主要依靠房地产市场，城市住房保障制度建设、城市保障性住房建设滞后于房地产市场发展。随着 2004 年房价的快速上涨城市低收入家庭的住房问题越发凸显。[①]

2004 年以前我国住房价格基本稳定，之后快速上涨。1998～2003 年住房均价由 1854 元/平方米上涨到 2197 元/平方米，绝对值 5 年仅上涨 343 元/平方米，年均增速为 3.5%，上涨幅度相对较慢，低于同期城市人均可支配收入增长率。2004～2010 年住房均价由 2608 元/平方米上涨到 4724 元/平方米，房价绝对值 6 年上涨 2116 元/平方米，年均增速为 10.4%，住房均价总体上保持快速上涨态势（见图 7-1）。

虽然 1998 年的国发〔1998〕23 号文件中即提出了廉租住房、经济适用住房制度，但住房保障的覆盖面一直处于较低的水平。特别是房价过快上涨后，城市低收入家庭的住房条件改善相对于住房建设的发展速度显得较为缓慢。

城市低收入家庭，是指家庭成员人均收入和家庭财产状况符合当地人民政府规定的低收入标准的城市居民家庭。家庭成员是指具有法定赡养、抚养或扶养关系并共同生活的人员。而低收入标准全国没有统一规定，各省区市政府根据当地的实际情况确定。一般低收入标准实行定期调整、定期公布。如北京低收入家庭认定标准为最低生活保障标准的 170%。

住房价格是家庭购房能力的决定性因素。住房价格与支付能力成反比，

---

① 根据 1998～2003 年国民经济和社会发展统计公报数据，1998～2003 年全国城镇居民人均可支配收入实际增长 5.8%、9.3%、6.4%、8.5%、13.4%、9.0%。

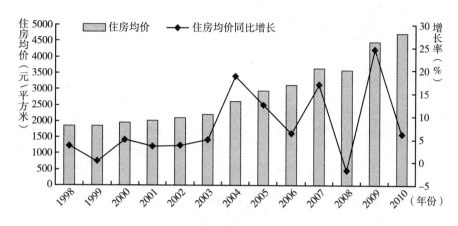

图 7-1　1998～2010 年住房均价及增长

价格越高，支付能力越弱，反之越强。在这一点上对于低收入家庭更是如此。以 2009 年为例，10% 的最低收入家庭全部年收入为 19579 元、10% 的低收入家庭全部年收入为 28931 元，而当年的住房均价为 4459 元/平方米。如果设定最低收入家庭住房标准按廉租住房的建筑面积 50 平方米/套，需要支付 222950 元，相当于最低收入家庭 11.4 年的全部收入；如果设定低收入家庭住房标准按经济适用住房的建筑面积 60 平方米/套，需要支付 267540 元，相当于低收入家庭 9.2 年的全部收入（见表 7-7）。因此，最低收入家庭、低收入家庭在住房价格快速上涨的情况下，通过房地产市场实现"住有所居"是非常困难的。

表 7-7　2009 年按收入划分的城镇家庭情况

项目	全国	按收入等级划分						
		最低收入户（10%）	其中：#困难户（5%）	低收入户（10%）	中等偏下户（20%）	中等收入户（20%）	中等偏上户（20%）	高收入户（10%）	最高收入户（10%）
调查户数（户）	65506	6518	3248	6563	13132	13137	13122	6526	6508
调查户数比重（%）	100	9.95	4.96	10.02	20.05	20.05	20.03	9.96	9.93
平均每户家庭人口（人）	2.89	3.29	3.30	3.23	3.04	2.84	2.71	2.61	2.51

项目	全国	按收入等级划分							
		最低收入户（10%）	其中：#困难户（5%）	低收入户（10%）	中等偏下户（20%）	中等收入户（20%）	中等偏上户（20%）	高收入户（10%）	最高收入户（10%）
平均每人全部年收入(元)	18858	5951	4936	8957	12345	16858	23051	31172	51350
平均每人可支配收入(元)	17175	5253	4198	8162	11244	15400	21018	28386	46826

资料来源：中华人民共和国国家统计局编《中国统计年鉴2010》，中国统计出版社，2011。

3. 住房公积金覆盖面不够广泛、使用效率较低

（1）覆盖人群不够广泛

住房公积金的覆盖人群仅包括有城镇户口的、建立了公积金制度的单位，公积金制度至少将部分人排除在外：一是没有参加公积金制度的集体企业和个体企业的职工；二是相对困难企业的职工；三是在城市工作的农民工。后两部分构成我国的弱势社会群体，他们最需要社会的援助。因此，住房公积金作为一种社会福利，它的覆盖面仍然不够广泛和普遍。

（2）使用效率较低

在实际运行中，由于申请住房公积金贷款手续繁杂、额度有限，使部分人望而生畏，干脆直接申请手续相对简便、服务更加周到的普通商业银行贷款，至2008年年末，全国住房公积金累计缴存总额为20700亿元，职工累计提取公积金8584亿元，占住房公积金缴存总额的41.5%，但真正用于中低收入家庭租房、购房的比重较低。

4. 管理落后于建设

（1）管理人员相对缺乏

以廉租住房为例。2009～2011年较大规模的廉租住房建设后，廉租住房的动态管理就比较重要。部分省市县没有设立廉租住房的管理机构，一些设立了廉租住房管理机构的地方，管理人员多数为兼职。加快保障性住房建设旨在造福于低收入住房困难家庭，但是如果管理滞后将给住房保障的持续

发展带来不利影响。

（2）准入甄别与退出机制的管理力度需要加强

准入甄别、退出管理不到位。我国廉租住房的申报、审核、公布制度尚不健全，难以对廉租家庭收入变动情况进行跟踪管理，让廉租户腾退住房存在困难。监督管理存在漏洞，对廉租住房使用状况的监督力度不够，尤其对家庭违反廉租住房政策、改变廉租住房使用性质，将廉租住房转租、转让或者闲置的制约措施滞后，需要建立廉租住房定期追踪检查、审核、识别等制度。

5. 经济欠发达地区保障性住房建设资金相对短缺

保障性住房建设最关键的两个方面是土地和资金。在土地问题解决的情况下，建设资金成为制约保障性住房建设的关键因素，也是主要问题之一。尽管保障性住房建设资金来源有一定的渠道，但是保障性住房建设资金短缺是不争的事实。特别是具体实施保障性住房建设的区县政府，资金压力更是苦不堪言。从全国看，经济发展相对较差的省份、城市、区县，其财政实力也相对较弱，住房公积金增值收益部分相对较少，土地出让收益同样也有限。

要缩小住房保障的区域性差距。各地发展水平不平衡，地方政府可支配财力相差较大。统计资料显示，2009 年上海市人均财政收入 13224 元，北京市人均财政收入 11549 元，而贵州省人均财政收入才 1097 元。同时，土地收益与城市建设水平正相关。因此，中央政府要着力支持在廉租住房建设上财政支出较困难的地区，缩小住房保障的区域差距。

6. 法律法规制定滞后、制度建设不完善

我国已相继颁布了一系列有关房地产方面的法律、法规，如《城市房地产法》，在房地产开发、经营领域发挥了积极的作用。住房保障在我国的发展历史还较短，还没有建立一套完整的住房保障法律体系，目前各地执行的法律依据是国务院、住房和城乡建设部及各省区市等政府部门颁布的有关经济适用住房、廉租住房等方面的行政法规。作为法治国家，有法可依，才能使保障性住房的资金、建设、使用等问题得以根本解决。

二 住房保障制度建设安排及对策

1. 政府应当成为构建住房保障体系的主体

社会保障理论的两大主题是政府与市场、公平与效率。政府应该在社会保障领域承担主要责任，尤其是充当社会弱势群体的保护伞；同时，市场在配置社会保障资源方面的功能会发挥得淋漓尽致。初次分配领域应坚持效率优先原则，而在再分配领域应该突出强调公平性。依靠经济效率来解放和发展生产力，依靠社会公平使大多数人共同富裕，这是市场经济与社会关怀兼顾且相互联系的两个方面。住房保障作为社会保障制度的一个重要部分，在推进住房制度改革、保障低收入家庭的住房问题上起到了重要的作用。目前，世界各发达国家都已基本建立了完善的、各具特色的住房保障体系，居民尤其是低收入家庭的住房问题得到较好的解决。

政府作为国家的宏观调控者，担负着促进社会全面发展和保障全体居民基本权利实现的职责。建立和完善住房保障制度是政府履行社会管理和公共服务职责的重要体现，是政府社会政策的重要组成部分，政府应当成为构建住房保障体系的主体。住房是一种特殊的商品，城市低收入家庭仅通过市场无力解决自身的住房问题。政府作为公共住房保障制度的主体，应承担起为中低收入家庭提供住房保障的责任，充分发挥政府的调控管理职能，以管理监督者和直接参与者的双重身份干预住房市场，控制土地过量开发，遏制商品房价过快增长，通过政府的调控来弥补市场失灵，以满足低收入住房困难家庭的基本居住需求。

2. 尽快出台《住房保障法》、完善住房保障的配套法规

西方国家涉及住房问题的法律较多，各国基本上都已经形成了相互补充的比较完整和完善的住房保障法律体系，有关住房保障的法律既包括《宪法》《民法》等一般性综合性法律中的诸多有关住房保障的法律条文，又包括综合性的社会保障法律中的诸多有关住房保障的法律条文，同时，几乎所有国家都颁布了有关住房保障的专门性法律。

住房保障制度作为一项重要的社会政策，需要法律保障。我国目前还没有设立专门的公共住房政策法规，《住房法》也尚未出台。因此，应尽快出台《住房保障法》等相关法律法规，为住房保障政策实施提供法律支持。从长远看，一部立法层面较高的《住房法》出台，不仅是住房保障的客观要求，而且是住房市场持续、稳定、健康发展的要求。

3. 多渠道、多元化解决保障性住房建设资金

多渠道、多元化筹集保障性住房建设资金主要是在已有的渠道之外想办法。如保险资金、社保资金、信托资金、产业基金、房产税的一定比例，地方政府发行地方债等均可投入到保障房建设。还可以在保障性住房建设模式上拓宽资金来源渠道，如政企共建、政民共建。在保障性住房建设中商业银行应该成为提供资金的主体之一，即银行贷款的一定比例用于保障新住房建设。

4. 有效甄别、加强动态管理

在加大保障性住房建设力度的同时，要重视保障性住房的有效甄别和公正分配。为了加强保障性住房管理，在适当时候通过立法解决甄别困难和分配问题，用法律制约和惩处虚假信息的提供者。为此要加强基础信息建设，对纳入保障范围的家庭全面建立信息档案，并实施动态监测，不仅要加强人员配备，而且要建立相应的基础数据库，将其纳入到城市社会管理的大环境中考虑。

5. 建立以公共租赁住房为主的住房保障制度

（1）逐步取消经济适用住房

1998年后经济适用住房为部分中等收入家庭解决了住房困难。但在推进经济适用住房建设收到效果的同时，也存在重建设、轻管理，对购买对象审查把关不严，对建设标准缺乏有效控制，户型面积偏大等问题。建立以公共租赁住房为主的城市低收入住房保障体系要针对保障对象收入水平不断变化的实际情况，逐步取消现行经济适用住房，保留廉租住房政策，大力发展公共租赁房政策，在政府主导的保障性住房建设环节建立以公共租赁住房保障制度为主、廉租住房制度为辅的住房保障体系。廉租住房制度是主要以救

助为目的的保障，如无人赡养的孤寡老人、需要救助的残疾人等。其他需要保障的家庭用公共租赁住房政策覆盖。

（2）分类确定保障水平，逐步扩大范围

在公共租赁住房保障范围内，按照"以人定房""以人定租"的原则，以家庭总收入、家庭资产、家庭人均住房面积等指标为依据，在政府主导的保障住房分配环节实施保障家庭的分类保障，确定不同的租金补贴或减免政策标准。同时逐步扩大保障范围，降低公共租赁住房的准入门槛，让更多的中低收入家庭能够通过政策受益，降低居住成本，改善居住条件。

（3）"十二五"或更长时间要将农民工纳入城市住房保障体系中

住房保障是一项长期制度，因此要统筹考虑建立适合我国国情的住房保障制度，并制定相应的发展战略规划。根据经济发展阶段明确保障范围。不同的发展阶段，住房保障的覆盖面有所不同，要根据我国经济发展、城市化、工业化、人口变化等方面情况确定动态和静态相结合的保障范围。

"十二五"期间我国城市化以每年0.8个百分点的速度发展。到"十二五"末城市人口将达到7.2亿人左右。① 随着城市化进程加快，进入城市的农民工将会有很大比例转变为城市常住人口，其中多为中低收入人群。在解决城市低收入家庭住房困难的同时，要适当解决农民工的住房困难，使他们融入到城市中，成为城市的新居民。

参考文献

［1］ 建设部课题组：《多层次住房保障体系研究》，中国建筑工业出版社，2007。

［2］ 尚教蔚：《保障性住房建设与管理：现状、问题及对策》，载潘家华、李景国主编《中国房地产发展报告 No.8》，社会科学文献出版社，2011。

---

① 资料来源：《中华人民共和国国民经济和社会发展第十二个五年规划纲要》，广西民族出版社，2011。

［3］尚教蔚：《我国住房保障制度存在的问题》，《城乡建设》2006 年第 3 期。

［4］刘维新：《"体制与制度创新"是经济适用住房改革的必然选择》，《中国房地产金融》2007 年第 2 期。

［5］文林峰：《城市住房保障》，中国发展出版社，2007。

［6］阿瑟·奥沙利文：《城市经济学》，苏晓燕等主译，中信出版社，2003。

图书在版编目(CIP)数据

中韩房地产研究/李景国等著. —北京：社会科学文献出版社，
2013.11
ISBN 978 – 7 – 5097 – 5307 – 1

Ⅰ.①中… Ⅱ.①李… Ⅲ.①房地产业 – 对比研究 – 中国、
韩国 Ⅳ.①F299.233 ②F299.312.63

中国版本图书馆 CIP 数据核字 (2013) 第 271051 号

中韩房地产研究

著　者/李景国 等

出 版 人/谢寿光
出 版 者/社会科学文献出版社
地　　址/北京市西城区北三环中路甲 29 号院 3 号楼华龙大厦
邮政编码/100029

责任部门/经济与管理出版中心 (010) 59367226　　责任编辑/陈凤玲
电子信箱/caijingbu@ ssap. cn　　责任校对/郭　萍
项目统筹/恽　薇　蔡莎莎　　责任印制/岳　阳
经　　销/社会科学文献出版社市场营销中心 (010) 59367081　59367089
读者服务/读者服务中心 (010) 59367028

印　　装/北京季蜂印刷有限公司
开　　本/787mm×1092mm　1/16　　印　张/17.5
版　　次/2013 年 11 月第 1 版　　字　数/269 千字
印　　次/2013 年 11 月第 1 次印刷
书　　号/ISBN 978 – 7 – 5097 – 5307 – 1
定　　价/59.00 元